UMA INTRODUÇÃO AO DIREITO CIVIL

JOSÉ ROBERTO DE CASTRO NEVES
Doutor em Direito Civil pela Universidade do Estado do Rio de Janeiro
Mestre em Direito pela Universidade de Cambridge
Professor de Direito Civil da Pontifícia Universidade Católica
do Rio de Janeiro e da Fundação Getúlio Vargas-RJ. Advogado.

UMA INTRODUÇÃO AO DIREITO CIVIL

PARTE GERAL

5ª edição

GZ EDITORA
Rio de Janeiro
2020

5ª edição – 2020

CIP – Brasil. Catalogação-na-fonte.
Sindicato Nacional dos Editores de Livros, RJ.

N424i
5. ed.

Neves, José Roberto de Castro
Uma introdução ao direito civil / José Roberto de Castro Neves. - 5. ed. - Rio de Janeiro: GZ, 2020.
290 p.; 25 cm.

Inclui bibliografia e índice
ISBN 978-85-9524-085-8

1. Direito civil - Brasil. I. Título.

20-62886

CDU: 347(81)

contato@editoragz.com.br
www.editoragz.com.br

Av. Erasmo Braga, 299 – Sala 202 – 2º andar – Centro
CEP: 20020-000 – Rio de Janeiro – RJ
Tels.: (0XX21) 2240-1406 / 2240-1416 – Fax: (0XX21) 2240-1511

Impresso no Brasil
Printed in Brazil

Para Doris e Roberto
Non nobis

Desde quando surgiu a ideia deste trabalho até a sua finalização, o Professor Ebert Chamoun foi, sempre, o seu maior incentivador. Mais ainda, foi ele quem me esclareceu uma série de dúvidas, surgidas no caminho, e também quem me apresentou outras questões, para as quais ainda não tenho respostas, mas tornaram, a cada momento, mais interessante o direito e a busca do homem para estabelecer uma sociedade melhor. Para ele, a minha mais profunda gratidão e afeto.

Submeti o trabalho também a diversos amigos, que me ajudaram com críticas e sugestões valiosas. A todos, meu sincero agradecimento.

Minha gratidão vai, também, aos meus amigos e companheiros da Ferro, Castro Neves, Daltro & Gomide Advogados. Tenho a felicidade e honra de trabalhar com pessoas maravilhosas e profissionais extraordinários. Muito obrigado.

Registro, acima de tudo, o estímulo constante da minha mulher Isabel e dos meus filhos Guilherme, João Pedro e Maria Eduarda. Deles, recebo a ajuda mais preciosa: eles dão sentido à minha vida.

Índice Sistemático

Obras do Autor

Livros Publicados:

"O Código do Consumidor e as Cláusulas Penais", Ed. Forense, Rio, 2004; 2ª ed. (2006).

"Uma Introdução ao Direito Civil – Parte Geral", Ed. Letra Legal, Rio, 2005; Ed. Forense, Rio, 2ª ed. (2007); Ed. GZ, Rio, 2011 (3ª ed.).

"Direito das Obrigações", Ed. GZ, Rio, 2008 (1ª e 2ª tiragens), 2ª ed. (2009); 3ª ed. (2012); 4ª ed. (2013); 5ª ed. (2014); 6ª ed. (2016); 7ª ed. (2017)

"Medida por Medida – O Direito em Shakespeare", Ed. GZ, Rio, 2013 (1ª e 2ª ed.); 3ª ed. (2014), 4ª ed. (2015), 5ª ed.; Edições de Janeiro (2016).

"A Invenção do Direito", Edições de Janeiro, Rio, 2ª ed., 2018.

"Contratos I", Ed. GZ, Rio, 2016; 2ª ed. (2017).

"Measure for Measure – The Law in Shakespeare", Edições de Janeiro, Rio, 2016.

"Como os Advogados Salvaram o Mundo", Nova Fronteira, Rio, 2018.

Como coordenador:

O Mundo é um Palco, Rio de Janeiro, Edições de Janeiro, 2016.

Ele, Shakespeare, visto por nós, os Advogados, Rio de Janeiro, Edições de Janeiro, 2017.

Os Grandes Julgamentos da História, Rio de Janeiro, Nova Fronteira, 2018.

Os Advogados vão ao Cinema, Rio de Janeiro, Nova Fronteira, 2019.

O que os Grandes Livros ensinam sobre Justiça, Rio de Janeiro, Nova Fronteira, 2019.

Como co-autor:

"Código Civil Interpretado Conforme a Constituição da República", vol. 1, Ed. Renovar, Rio de Janeiro, 2004;

"Código Civil Interpretado Conforme a Constituição da República", vol. 2, Ed. Renovar, Rio de Janeiro, 2006;

"Código Civil Interpretado conforme a Constituição Federal", vol. 3, Renovar, Rio de Janeiro, 2011.

"Código Civil Interpretado conforme a Constituição Federal", vol. 4, Renovar, Rio de Janeiro, 2014.

Trabalhos publicados:

"Insolvency Law in Brazil" – pela Southwestern University Law Journal, dos Estados Unidos, 1996;

"Boa-fé objetiva: posição atual no ordenamento jurídico e perspectiva de sua aplicação nas relações contratuais" – Revista Forense, Rio de Janeiro, v. 351, 2001;

"O artigo 924 do Código Civil: uma leitura do conceito de equidade nas relações de consumo" – Revista Forense, Rio de Janeiro, v. 360, 2002;

"Coação e Fraude contra Credores", no livro "A Parte Geral do Novo Código Civil", Ed. Renovar, Rio de Janeiro, 2002;

"Uma leitura do conceito de equidade nas relações de consumo", no livro "A Constitucionalização do Direito", Ed. Lúmen Iuris, Rio de Janeiro, 2003;

"Aspectos da cláusula de não concorrência no direito brasileiro" – Revista Trimestral de Direito Civil, v. 12, ed. Padma, Rio de Janeiro, 2003;

"Considerações jurídicas acerca das agências reguladoras e o aumento das tarifas públicas" – Revista dos Tribunais, v. 821, São Paulo, 2004;

"Justiça, segurança, bem comum e propriedade. Uma breve introdução ao direito de propriedade e à sua função social" – Revista da EMERJ, nº 26, Rio de Janeiro, 2004;

"A intertemporalidade e seus critérios" – Revista Forense, v. 382, Rio de Janeiro, 2005;

"O enriquecimento sem causa como fonte das obrigações" – Revista dos Tribunais, v. 843, 2006;

"O enriquecimento sem causa: dimensão atual do princípio no Direito Civil", no livro

"Princípios do Direito Civil Contemporâneo", Ed. Renovar, Rio de Janeiro, 2006;

"O Direito do Consumidor – de onde viemos e para onde vamos", in Revista Trimestral de Direito Civil, v. 26, Padma Editora, 2006;

"Responsabilidade Civil – vinte rachaduras, quebras e desmoronamentos (e uma canção desesperada)", in Revista Trimestral de Direito Civil, nº 33, Padma Editora, 2008;

"As Garantias do Cumprimento da Obrigação", in Revista da EMERJ, nº 44, Rio de Janeiro, 2008;

"O árbitro conhece o direito – Jura novit cúria", in Revista Direito ao Ponto, nº 7, São Paulo, 2011;

"O Arredamento Rural e a sua Contraprestação", in Aspectos Polêmicos do Agronegócio, São Paulo, Ed. Castro Lopes, 2013;

"O Contrato de Fiança", no livro, in: Direito e Justiça social, São Paulo, Atlas, 2013;

"O Contrato Estimatório", in Revista Forum do Direito Civil nº 2, Belo Horizonte, 2013;

"Os Direitos da Personalidade e a Liberdade de Expressão – Parâmetros para a Ponderação", Revista da EMERJ, v. 16, nº 62, Rio de Janeiro, 2013;

"Custas, Despesas e Sucumbência na Arbitragem", in Revista de Arbitragem e Mediação, ano 11, 43, Ed. Revista dos Tribunais, São Paulo, 2014;

"Resolução e Revisão dos Contratos", in Direito Imobiliário, São Paulo, Atlas, 2015.

"Arbitragem nas Relações de Consumo – Uma Nova Esperança", in Arbitragem e Mediação, São Paulo, Atlas, 2015;

"O Contrato de Seguro, sua perspectiva civil-constitucional e sua lógica econômica", In Anais do I Congresso Internacional de Direito de Seguro do Conselho da Justiça Federal e do Superior Tribunal de Justiça, Ed. Roncarati, São Paulo, 2015;

"Shakespeare e os estudantes de direito", in Cadernos FGV Direito Rio, vol. 11, Rio de Janeiro, Edição FGV, 2015.

"O Contrato de Seguro, sua Perspectiva Civil-Constitucional e sua Lógica Econômica", in Direito dos Negócios Aplicado, vol II, São Paulo, Almedina, 2016;

"O Bardo e a Lei", in Suplemento, Belo Horizonte, Imprensa Oficial do Estado de Minas Gerais, 2016;

"A escolha do árbitro como fundamento da arbitragem", in A Reforma da Arbitragem, Rio de Janeiro, Forense, 2016;

"Shakespeare e o espelho do homem público", in O Mundo é um Palco, Rio de Janeiro, Edições de Janeiro, 2016;

"O Canalha em Shakespeare", in Ele, Shakespeare, visto por nós, os Advogados, Rio de Janeiro, Edições de Janeiro, 2017;

"Os honorários advocatícios de sucumbência na arbitragem", in 20 anos da Lei de Arbitragem, São Paulo, Atlas, 2017;

"Contrato de Transporte", in Aspectos do Direito Ferroviário, Ed. Verbatim, São Paulo, 2018;

"O Julgamento de Lutero", in Os Grandes Julgamentos da História, Rio de Janeiro, Nova Fronteira, 2018;

"Por que a Advocacia?", in Deferido – A Advocacia Segundo seus Protagonistas, Rio de Janeiro, ed. Lumen Juris, 2018;

"O Contrato Depois da Constituição de 1998 e a Revogação da Lei de Gérson", in Constituição da República – Um projeto de Nação: Homenagem aos 30 anos, Brasília, OAB, 2018.

"O Comportamento das partes como elemento de integração do contrato", in Direito, Cultura, Método – Leituras da obra de Judith Martins Costa, Rio de Janeiro, GZ Editora, 2019;

"Gloria Feita de Sangue", in Os Advogados vão ao Cinema, Rio de Janeiro, Nova Fronteira, 2019.

"O Processo", in O que os Grandes Livros ensinam sobre Justiça, Rio de Janeiro, Nova Fronteira, 2019;

"O Dia em que a Mediação Salvou a Lilteratura" in Revista da EMERJ, v. 21, nº 3, Rio de Janeiro, Set-dez 2019.

Prefácio

É de se saudar com entusiasmo o aparecimento, que se deve ao jovem Professor José Roberto de Castro Neves, nesta obra, que se destina a alunos e que não se perde em citações (o flagelo das obras jurídicas nacionais) senão se limita a uma exposição clara e sucinta dos conceitos, *quid sit ad quid sit*, tão sucinta e clara que se torna acessível aos menos favorecidos e aos mais desinteressados. E, em ordem a facilitar mais a compreensão, aparecem aqui e ali excertos de obras literárias, insinuadas graças à cultura geral e humanística do Autor, e exemplos de casos vários compatíveis. Nesse particular a obra do Professor José Roberto tem características muito singulares, pois que às vezes vara os limites entre a ciência, que é enriquecida, e a ficção.

Sem dúvida os aplausos irão estender-se à publicação ulterior das demais partes do Direito Civil, que se aguarda o Professor José Roberto venha a fazer. *Aurea prima sata est aetes*.

Ebert Chamoun

Notas do autor

Desde há muito, frequento a casa do Professor Ebert Chamoun – um civilista de mão cheia, integrante do grupo de autores do Código Civil –, não apenas como amigo, mas também para formular consultas de direito. Normalmente, minhas dúvidas são filigranas, detalhes do universo jurídico, que o culto Professor, sempre paciente, debate comigo. Certa vez, o Professor me provocou: ao invés de esmiuçar os pormenores, por quê eu não me dedicava a escrever um texto básico, fácil de ler, destinado aos estudantes de Direito Civil? Por que não?

Se a ideia de fazer esta obra nasceu do estímulo do mestre, o seu maior impulso surgiu exatamente na outra ponta: ouvindo os meus alunos. Embora tenhamos excelentes obras de Direito Civil, fruto de gerações de talentosos tratadistas, a grande parte delas, até mesmo por sua profundidade, revela-se, ao menos em um primeiro momento, de acesso áspero para a maioria dos estudantes. Como professor de Direito Civil na Pontifícia Universidade Católica do Rio de Janeiro, escuto, há anos, a mesma queixa dos iniciantes no mundo jurídico: sentem dificuldades em ler os livros de Direito Civil a que têm acesso, principalmente no início do curso. Essa obra busca preencher essa lacuna; um texto de fácil entendimento, como se fosse uma conversa entre o expositor e o leitor, que estimule o principiante no mundo jurídico para outros – e mais profundos – estudos. Foi com essa ideia, aliás, que o filósofo, prêmio nobel de literatura, Bertrand Russel, escreveu o precioso trabalho *História do Pensamento Ocidental*, que trata, em linguagem acessível a todos, de conceitos filosóficos por vezes complexos. Embora sem a mesma competência, a orientação desta obra foi similar.

Evidentemente, como o objetivo é expor a matéria de forma singela, muitos termos foram tratados sem os tradicionais rigores acadêmicos. Outras discussões, acerca de conceitos complexos, simplificados, tudo com o propósito de atender à finalidade da obra.

Eis a gênese deste manual, que pretende expor conceitos básicos da matéria, visando a ajudar o iniciante (*ad usum scholarum*, diriam os romanos).

A obra tem, ainda, um outro propósito: servir de ponte entre o Código Civil de 1916 e o Código que passou a vigorar em 11 de janeiro de 2003. A parte geral do antigo e do novo Código Civil foi aqui examinada no que têm de igual e de diferente. Aliás, é importante que a leitura deste livro – como, aliás, a de qualquer outro de direito – seja feita na companhia dos dois Códigos, o antigo e o de 2002, para que se possa conhecer e confrontar ambas as leis.

O Código de 1916 é uma obra-prima. Tanto do ponto de vista jurídico, quanto no que se refere à pureza do vernáculo. Mesmo para aqueles que iniciarem o estudo do direito civil depois de janeiro de 2003, conhecer as disposições do antigo Código Civil é fundamental, não apenas porque ele é a base da nova lei (grande parte dos artigos do Código de 2002 repete literalmente a Lei de 1916), mas também porque eruditos civilistas escreveram suas obras com base nos dispositivos do velho texto. É difícil avaliar por quanto tempo sentiremos a influência do antigo Código; só o futuro dirá. De toda forma, familiarizar-se com o Código de 1916 será sempre de grande valia.

Eis a finalidade desta introdução ao Direito Civil: servir de estímulo ao leitor, como o primeiro passo de uma grande jornada.

José Roberto de Castro Neves

Janeiro de 2005

A primeira edição se foi, apesar das suas imperfeições. Em função do estímulo que recebi, apresento, agora, uma nova edição, com acréscimos e melhoramentos.

Agosto de 2006.

Desde o início, a finalidade deste trabalho foi a de oferecer ao estudante, um primeiro contato com o Direito Civil. Idealmente, esse encontro deveria ser instigante, para que o aluno, despertado um interesse pela matéria, fosse à busca de novos desafios na matéria. Fiel a esse propósito, busquei expor os temas sempre da forma mais simples, embora isso, por vezes, não permita avançar em discussões mais profundas. Era, evidentemente, uma escolha que deveria ser feita, em benefício do destinatário.

Recebo, com uma feliz frequência, o carinho de estudantes de Direito, dando-me conta de que esta obra lhes serviu de estímulo. Está, assim, justificado o esforço.

A segunda edição melhorou a primeira. Espero que esta terceira, na qual se buscou aprimorar o trabalho, siga o mesmo caminho.

Outubro de 2010.

A primeira edição deste trabalho foi publicado, pela primeira vez, pouco após a advento do Código Civil de 2002. O objetivo principal da obra era introduzir a parte geral do Direito Civil, notadamente aos estudantes. Na nossa literatura jurídica, encontram-se excelentes livros cuidando da matéria, porém poucos direcionados a esse primeiro encontro. Como professor universitário há muitos anos, sentia essa ausência.

As edições se esgotavam, a medida em que surgiam. Um bom sinal.

Nesta, que o leitor tem nas mãos, contei com a poderosa ajuda de Amilcar Burlamaqui de Carvalho Vianna, Beatriz Ferro Costa de Castro Menezes, Enrico

Mazza Coelho Pereira, Fernanda Coachman Figueira, Luiz Felipe Goes de Andrade Mendes de Almeida e Rodrigo Correa Rebello de Oliveira, brilhantes estudantes de Direito, na pesquisa e atualização, a quem agradeço muito. Espera-se que a obra vá sempre melhorando.

Como a sociedade hoje anda rápido, o Direito segue na mesma velocidade. Os exemplos e os temas mudam. Esta edição buscou ficar em dia com os nossos tempos, mantendo, contudo, sua essência.

Setembro de 2018.

Depois de mais de vinte anos lecionando Direito das Obrigações e Direito dos Contratos, assumi a disciplina da Parte Geral do Direito Civil. Embora eu tivesse elaborado, há quase duas décadas, um manual sobre o tema, a sala de aula se revelou, como de costume, a melhor professora. Com base nessa nova experiência, revi o trabalho, agora oxigenado.

Em 2019, o Professor Ebert Chamoun, um extraordinário mestre e profundo conhecedor do Direito civil, faleceu. Pessoalmente, foi uma perda irreparável. As lições dele seguem vivas na minha memória e, dentro das minhas limitações, nesta obra. Aproveito esta nova edição para reiterar minha gratidão.

Tenho, ainda, a agradecer ao estudante Miguel Martins Fernandes, que me ajudou a reler o manual.

Janeiro de 2020.

1

O Ordenamento Jurídico e o Direito Civil

1.1. As regras sociais

O homem é paradoxal. Sozinho, isolado da sociedade, ele é um ermitão alienado. Por outro lado, em conjunto, o homem entra em conflito com seus semelhantes. Eis o dilema: precisamos uns dos outros, mas, ao mesmo tempo, nossos desejos e pretensões esbarram nas aspirações dos nossos semelhantes. Diante dessa tendência à disputa, o homem precisa, para viver em sociedade, de regras que orientem o seu comportamento. Com razão, São Tomás de Aquino advertia: "O homem com virtude é o melhor de todos os animais; sem lei e sem justiça é o pior de todos eles".

Seguindo o instinto de viver em comunidade, o ser humano organizou sua existência em grupo, por meio de regras e princípios. Essas normas de conduta visam a garantir a harmonia social. Elas existem tanto para compor conflitos, como para organizar a relação entre as pessoas. Direito, pode-se dizer, é o conjunto dessas regras e princípios que regem a vida em sociedade e, em última análise, possibilitam e permitem essa convivência, a coexistência das pessoas.

1.2. *Ubi societas ibi jus*

As regras morais

A sociedade primitiva não se regia por leis expressas, escritas, mas por normas ditadas por valores então vigentes, transmitidos de pai para filho, geração após geração. De acordo com o senso comum, algumas condutas eram aceitas e outras não. Não havia uma distinção clara de quais seriam essas regras, apenas uma tendência de que se adotaria um determinado comportamento. Muitas dessas normas não-escritas, que expressam conceitos e valores da sociedade, denominam-se regras morais.

Até hoje as regras ditadas pela moral desempenharam papel relevante na vida em sociedade. Entre elas se encontram as regras de etiqueta, como, por exemplo, o dever de saudar um conhecido quando ele cruza o caminho, o que está fundado exclusivamente na urbanidade, na educação, uma espécie de regra moral. Mas as regras morais não se limitam aos deveres de cortesia. Também é uma regra de conteúdo moral ajudar a um parente necessitado, ou mesmo dar uma esmola a um pedinte. Cada pessoa tem um juízo acerca do que fazer nessas situações.

Subjetividade, unilateralidade e volatibilidade

Essas regras morais se caracterizam pela subjetividade, unilateralidade e volatilidade. Subjetivas porque variáveis de acordo com a concepção individual (o que para um é sinal de educação, para outro pode não ser). Unilaterais porquanto não vinculam duas pessoas, mas, antes, relacionam-se ao conceito, de um sujeito acerca de outro.

As ordens morais são também voláteis, vivem em constante mutação. Transformam-se, amoldam-se com rapidez. Há algumas décadas, a mulher desquitada era alvo de críticas da sociedade. Hoje já ninguém se incomoda com isso.

Na década de 1960, o presidente Jânio Quadros proibiu que a televisão transmitisse concursos de "miss" onde houvesse mulher desfilando de biquíni. Ele entendeu que as imagens eram imorais.

Eis, literalmente transcrita a ordem legal:

> "Decreto nº 51.182, de 11 de agosto de 1961.
>
> O Presidente da República, usando das autoridades que lhe confere o artigo 87, item I, da Constituição, DECRETA:
>
> Artigo 1º Nos concursos de beleza, seleções de representantes femininas e semelhantes, as competidoras e participantes não poderão apresentar-se ou desfilar em trajes de banho sendo tolerado o uso de saiote.
>
> Artigo 2º As autoridades locais, encarregadas da Polícia de Costumes, tomarão as providências para o fiel cumprimento do estabelecido no artigo anterior.
>
> Artigo 3º O presente Decreto entrará em vigor na data de sua publicação, revogadas as disposições em contrário.

Brasília, DF, 11 de agosto de 1961; 140º da Independência e 73º da República."

Hoje, essa mesma ordem seria considerada retrógrada, isto é, ultrapassada.

Sanção incerta

Por fim, a sanção (ou seja, a punição) emanada das regras morais é incerta e vacilante. Qual a sanção, por exemplo, que sofre um fofoqueiro? Para alguns, a indiferença. Para outros, o completo repúdio. Caso deixássemos de acenar ao conhecido na rua, passaríamos por mal-educados, ou, no mínimo, desatenciosos. Não haveria uma resposta única da coletividade. A sanção social é, portanto, variável.

Normas jurídicas

Entretanto, não se pode conceber uma sociedade desenvolvida regulada por normas hesitantes, cujo conteúdo se desconhece.

Imagine-se a situação de um grupo de pessoas que se reúna para recitar poesias. Inicialmente, há uma certa informalidade: não se sabe ao certo a que horas será o encontro, quantas pessoas irão participar, nem qual será o repertório. Um quer ler Fernando Pessoa, o outro Castro Alves. Um terceiro deseja que a tertúlia se realize pela manhã, em conflito com outro, que apenas admite o encontro aos sábados. Diante de tantos desencontros, os membros dessa comunidade resolvem elaborar um estatuto, uma norma para reger a relação entre eles no empreendimento.

Exatamente assim – como no exemplo do grupo de amantes da poesia – ocorreu na nossa civilização. Inicialmente, os conflitos eram decididos pela adoção de regras morais. Depois, para evitar a insegurança decorrente de normas incertas, nasceu a necessidade de regras precisas, conhecidas de todos os membros da comunidade. São normas que informam como as pessoas devem agir e indicam qual a consequência em caso de desvio do procedimento indicado.

Necessário, como se percebe intuitivamente, que a sociedade ofereça segurança aos seus membros, o que apenas se revela possível com um Estado ordenado de forma eficiente e efetiva para oferecer regras determinadas, sanções específicas, dotado de poder sobre seus membros para fazer valer as diretrizes que instituiu.

Assim, não sem razão, argumenta-se que o Estado nasceu no momento em que o grupo teve força suficiente para impor as regras de conduta aos seus membros. Diz-se: onde há sociedade, há Direito, ou, em latim, *ubi societas ibi jus* (em tempo: no latim clássico, não havia a letra j, que era sempre representada pela letra i. Apenas bem mais tarde, no século XVI, os linguistas acrescentaram o j ao alfabeto latino, porque reconheceram a existência do som. Hoje, admite-se o uso do i ou do j. Assim, podemos encontrar "Direito" como *ius* ou *jus*).

De acordo com os historiadores, o Direito antigo atravessou três estágios de desenvolvimento: num primeiro momento, o Direito provinha dos deuses. Depois, o Direito confundia-se com os costumes. Finalmente, o Direito foi identificado com as leis escritas. Foi um grande avanço passar do Direito revelado por alguma divindade para o Direito criado pelo próprio homem. Isso também porque não era sequer admitido questionar o Direito "divino", enquanto o Direito humano estava, claro, sujeito a críticas.

Hoje, contudo, o Direito é muito mais do que apenas as leis escritas. O ordenamento jurídico é composto e informado por princípios, normas (de diversas hierarquias), precedentes judiciais, os costumes, as convenções celebradas entre as partes e até mesmo por opiniões doutrinárias.

As normas jurídicas são as regras aceitas pelo Estado, cuja finalidade primordial consiste em orientar a conduta dos membros da sociedade, informando as consequências da inobservância dos deveres que elas impõem.

Tanto as regras morais como as regras jurídicas vão atuar sobre a conduta humana. Entretanto, as regras morais incidem apenas sobre o íntimo do transgressor, bem como sobre a opinião de cada membro da coletividade, enquanto as normas jurídicas têm coercitividade emanada pelo Estado.

Inicialmente, as normas de convivência eram bastante singelas. Nas sociedades mais primitivas, como na Idade da Pedra ou nas primeiras civilizações, a regra era a de que se deveria agir como indicava o soberano.

Com o desenvolvimento das sociedades, foi necessário que essas regras ganhassem publicidade, pois apenas assim seus membros desfrutariam de um mínimo de segurança.

Um conhecido exemplo de legislação antiga é o Código de Hamurabi. Trata-se de uma estela de diorito negro, como se fosse uma tábua de pedra, com 2,25 metros de altura, descoberta no final de 1901 por uma expedição de arqueólogos franceses na antiga cidade de Susa, a moderna Shush, no atual Irã, perto da fronteira com o Iraque. Nesse bloco de pedra estão gravadas normas de conduta que regiam o povo babilônico há aproximadamente quatro mil anos. O código de Hamurabi foi levado para o Museu do Louvre, em Paris, onde está até hoje. Nele há bons exemplos de regras jurídicas:

> "§ 1º Se um awilum [na sociedade babilônica, o awilum era o homem livre] acusou um awilum e lançou sobre ele suspeita de morte mas não pode comprovar: o seu acusador será morto."

Veja-se, como outro exemplo, a lei de Talião: "olho por olho, dente por dente". Ela representa um princípio de Direito arcaico, segundo o qual o ofensor se sujeita ao mesmo mal que causou.

No Velho Testamento, Deus indica a Moisés a punição para quem bate em uma mulher grávida: *Reddet... oculum pro oculo, dentem pro dente, manum pro manu, pedem pro pede* ("Restituirá olho por olho, dente por dente, mão por mão, pé por pé").

Nessas regras, apesar de muito antigas, vislumbra-se a conduta preconizada e a sanção previamente estipulada, sendo exemplos bem nítidos de normas jurídicas.

Idealmente, as normas jurídicas não devem desgarrar-se das regras morais. Muito ao contrário. Já se disse que as regras morais e jurídicas são como dois círculos concêntricos, estando as jurídicas contidas nas regras morais (embora isso seja muito questionável, pois há uma série de regras sem qualquer conteúdo ético). Idealmente, entretanto, tanto a norma moral como a jurídica devem ter em comum uma base ética. Não se admite a existência de regra jurídica imoral, embora para muitos juristas haja apenas o interesse de que as normas jurídicas sejam também morais.

A imortal obra dramática de Sófocles, *Antígona*, escrita no século V antes de Cristo, relata o conflito entre a ordem emanada da autoridade e a regra moral. Antígona quer enterrar dignamente seu irmão, Polinices, morto em frente a Tebas. Entretanto, Creonte, rei daquela cidade, proíbe o sepultamento sob o argumento de que Polinices era inimigo de Tebas e não merecia um funeral. Antígona resiste à ordem do rei de Tebas, invocando um valor maior, acima das regras mundanas, de um Direito superior de as pessoas receberem sepultura. A clássica peça resistiu aos séculos pela força de sua mensagem: as normas jurídicas devem ter conteúdo ético.[1]

Nesse sentido, o francês Ripert, em 1949, ainda sensível aos efeitos da 2ª Guerra Mundial, que acabara poucos anos antes, registrou: "Quando o poder político se manifesta em leis que não mais são expressão do direito, a sociedade encontra-se em perigo."

O nazismo alemão representou um daqueles momentos históricos no qual havia leis formalmente perfeitas, mas cujo conteúdo expressava uma afronta aos mais caros valores da

1 Sobre a dramaturgia grega e o Direito, ver José Roberto de Castro Neves, *A Invenção do Direito*, 2ª ed., Rio de Janeiro, Edições de Janeiro, 2018.

humanidade. Ao final da guerra, o homem passou a questionar se os aspectos formais da lei (sem apreciação do seu conteúdo) eram, efetivamente, os fatores mais relevantes na análise de sua validade e eficácia. O tema está longe de uma definição aceita universalmente. Deve-se respeitar uma lei ostensivamente injusta, embora formalmente perfeita?

Há, também, normas desprovidas de qualquer cunho ético. Tome-se, por exemplo, as regras puramente técnicas, como a que estabelece determinado prazo para a interposição de um recurso administrativo.

Objetivamente falando, as leis são definidas, em primeiro lugar, não pelo seu conteúdo, porém pela forma. A lei é um ato promulgado por quem tem poder para tanto, com o fim de vincular todas as pessoas subordinadas àquele poder. Montaigne, no século XVI, já criticava a situação:

Direito natural

"As leis possuem crédito não porque são justas, mas porque são leis. É o fundamento místico da autoridade delas."

Portanto, pode-se diferir claramente o Direito e a lei, pois esta se qualifica como um comando proveniente de um soberano no exercício do poder. O Direito é algo muito maior.

Importante conhecer, ainda, o conceito de Direito natural. Este seria relacionado à essência da natureza humana. Não depende de uma regra jurídica externa, mas é inato ao homem e, portanto, eterno.

A ideia do Direito natural parte do princípio de que existe um ordenamento em um nível mais elevado e distinto do que o das normas emanadas pelo Estado. Em função desse Direito natural, sobranceiro ao Direito oferecido pelos homens, alguns valores, como a liberdade, a moralidade e a razão, são protegidos.

O conceito de Direito natural foi explorado pelos filósofos gregos, passando pelos juristas romanos[2] e medievais,[3] que viam nele a manifestação dos princípios de justiça. O conceito acompanhou todo o desenvolvimento da civilização, servindo, muitas vezes, de contrapeso a uma aplicação severa da norma escrita.

---

2 O conceito de Direito natural variou no curso do tempo. Em linhas gerais, para os romanos o Direito natural era a lei da natureza, não-escrita, baseada na razão e de validade universal. Ulpiano, um jurista do século III, disse que "o Direito Natural é aquele que a natureza nos ensinou."

3 São Tomás de Aquino, no século XIII, definiu o Direito natural como a lei da consciência, escrita no coração dos homens por ordem divina.

Na luta abolicionista, os defensores do fim da escravidão invocavam o Direito natural – que todo homem tem de ser livre – para afastar a aplicação das leis que permitiam essa forma de exploração. Sustenta-se que o Direito natural encontra-se acima da norma escrita, porque assegura às pessoas a proteção aos valores mais elevados do ser humano, como a vida e a liberdade.

Com efeito, idealmente deve haver compatibilidade do Direito natural com as normas jurídicas.

1.3. As normas jurídicas

Preceito e sanção

De acordo com o conceito clássico, a norma jurídica, na sua estrutura interna, é composta de preceito e sanção. Há o que se denomina de pressuposto fático – isto é, a situação prevista – e a consequência jurídica decorrente do descumprimento da regra. A norma deve apresentar uma regra abstrata de conduta e informar a que sanção o infrator dessa ordem se sujeita em caso de desobediência. Essa estrutura é facilmente observável nas regras de Direito penal. Tome-se, por exemplo, a regra do artigo 121 do Código Penal:

> "Art. 121. Matar alguem:
> Pena – reclusão, de seis a vinte anos."

O comportamento proibido é claramente descrito – "matar alguém" – e, em seguida, o legislador apresenta a sanção correspondente.

A sanção, assim, é a reposta do ordenamento jurídico à violação de um dever de conduta.

As normas técnicas

Algumas regras, embora venham com a "roupagem" de norma jurídica, não apresentam essas duas qualidades. Há normas que possuem apenas o preceito, como, por exemplo, a regra do artigo 3º do Código Civil,[4] na qual se definem os incapazes de exercer os atos da vida civil. Essas podem ser qualificadas como normas técnicas, para diferenciá-las das normas jurídicas propriamente ditas.

Outro exemplo de normas que se distanciam das puramente jurídicas são aquelas nas quais o legislador interpreta a própria

4 "Art. 3º São absolutamente incapazes de exercer pessoalmente os atos da vida civil os menores de 16 (dezesseis) anos".

regra. Assim, por exemplo, o artigo 1.224 do Código,[5] que melhor explica o artigo 1.223,[6] tratando de como se considera perdida a posse. No referido artigo 1.224, o legislador indica como deve ser interpretado o dispositivo antecedente.

É a sanção que diferenciará a norma jurídica de um mero conselho, de uma indicação, de uma definição, de um dispositivo legal que apenas revela a opinião do legislador.

Generalidade

As características essenciais das normas jurídicas são a generalidade, a abstração e a obrigatoriedade.

Em primeiro lugar, as normas devem ser gerais: não podem ser direcionadas a uma pessoa específica, mas impõe-se que se dirijam a toda a coletividade. Não se admite que o legislador publique lei para regular a relação de paternidade entre João e João Jr., por exemplo.

Quando muito, a norma pode ser dirigida a um grupo. Editou-se, por exemplo, o Estatuto da Criança e do Adolescente (Lei nº 8.069, de 13.7.1990), com aplicação específica aos menores de 18 anos. Entretanto, não seria admissível a criação de lei para regular a situação de um menor determinado.[7]

Abstração

Além disso, as regras jurídicas jamais cuidam de um fato social concreto e específico, mas tratam de uma hipótese geral. Por isso diz-se que elas são abstratas. Não se admitiria a promulgação de uma lei para reger especialmente a separação de Henrique e Catarina. Há uma lei tratando da dissolução da sociedade conjugal, que será aplicada a todos os casos (no século XVI, Henrique VIII, rei da Inglaterra, buscou obter do Papa Clemente VII autorização para anular seu casamento com Catarina de Aragão. O Papa não se sensibilizou com o pedido régio. Do ponto de vista legal, Clemente VII não admitiu a criação de lei especial que regesse um caso isolado. Entretanto, Henrique VIII se separou mesmo sem a autorização da Igreja e casou-se outras muitas vezes).

5 "Art. 1.224. Só se considera perdida a posse para quem não presenciou o esbulho, quando, tendo notícia dele, se abstém de retornar a coisa, ou, tentando recuperá-la, é violentamente repelido".

6 "Art. 1.223. Perde-se a posse quando cessa, embora contra a vontade do possuidor, o poder sobre o bem, ao qual se refere o art. 1.196".

7 "Que não se estabeleçam privilégios em lei (ou que não se façam leis contra indivíduos)" *previlegium ne irrogantur* – dizia a Tábua Nona, uma das Doze Tábuas, marco da evolução do Direito Romano, que, segundo a tradição, foi elaborada nos anos de 450 a 451 a.C. Daí se pode notar como é antigo o conceito da generalidade da norma.

No Brasil, há um exemplo histórico de uma lei editada para regular uma situação específica. Ocorreu que o jornalista Assis Chateaubriand, um dos homens mais influentes da República, brigava pela guarda de sua filha Teresa, embora a norma então em vigor, o artigo 16 do Decreto-Lei nº 3.200, de 19.4.1941, estabelecesse que a guarda deveria ser exercida "por quem primeiro reconheceu o filho".[8] Isso não ajudava ao magnata, dono de diversos jornais, que, com seu poder e influência, conseguiu que o presidente Getúlio Vargas promulgasse o Decreto-Lei nº 5.213, de 21.1.1943, alterando a redação do referido artigo 16, para que a posse do filho ficasse com o pai, "salvo se o juiz entender doutro modo, no interesse do menor".[9] A norma ficou conhecida como a Lei Teresoca, apelido de Teresa, filha de Chateaubriand, para quem a regra foi criada sob medida. Evidentemente, o caso é absurdo e apenas serve de exemplo de como não deve agir o legislador.

Obrigatoriedade

Por fim, uma terceira característica da norma jurídica consiste na obrigatoriedade. Respeitar a norma não é uma opção, porém um dever. Aquele que não observa o preceito legal sofre uma sanção. Essa obrigatoriedade vai basear-se em duas forças: na coerção, isto é, no poder de o Estado garantir o cumprimento da regra, e na força psíquica, pois as pessoas creem que agir de acordo com a norma é correto e, por isso, pautam sua conduta para atender a lei.

Sanção

Sanção, como vimos, é a resposta que o ordenamento jurídico dá ao desrespeito às regras jurídicas. Violadas a conduta preconizada na regra, o Direito impõe uma sanção ao infrator.

O Estado irá valorar qual o efeito social do desrespeito às regras que impõe. Quanto maiores os danos causados ao Estado, à coletividade, mais violenta será a repreensão.

Direito penal

No Direito penal encontram-se as normas relativas a algumas condutas consideradas muito nocivas à sociedade. Por essa razão, elas recebem um tratamento diferenciado. Em regra, essas normas cuidam dos valores mais elevados da sociedade, como o respeito à vida, a honra e a defesa dos danos corporais. Caso alguém viole essas regras, sofrerá uma sanção mais severa. O

---

8 Redação original do dispositivo: "Art. 16. O pátrio poder será exercido por quem primeiro reconheceu o filho, salvo destituição nos casos previstos em lei".

9 Redação dada pelo Decreto-Lei nº 5.213/1943, revogada posteriormente pela Lei nº 5.582/70: "Art. 16. O filho natural, enquanto menor, ficará sob o poder do progenitor que o reconheceu, e, se ambos o reconheceram, sob o do pai, salvo se o juiz decidir doutro modo, no interesse do menor".

artigo 121 do Código Penal, há pouco mencionado, diz que quem cometer homicídio estará sujeito à pena privativa de liberdade.

Direito civil

Já no Direito civil, encontram-se, em síntese, as normas relacionadas à proteção do patrimônio, às relações familiares e à sucessão (como são transferidos os bens de uma pessoa depois de sua morte). Acima disso, o Direito civil moderno protege a dignidade da pessoa humana – aí inseridos os direitos da personalidade – sempre que esse valor, direta ou indiretamente, esteja em risco.

O Direito civil, assim é, dentre todos os ramos do Direito, o que mais se aproxima dos interesses básicos do homem. Daí a sua singular importância.

Sanções civis

A violação das regras de Direito civil também desencadeará uma sanção. De modo geral, as sanções civis podem ser de coerção ou de natureza patrimonial. Isto é, ou a pena funciona como um constrangimento para que a pessoa cumpra o seu dever jurídico (ajusta-se uma multa se o inquilino deixar de pagar o aluguel) ou consiste na própria satisfação do direito lesado, com o cumprimento do dever à força, retirando um bem do patrimônio de uma pessoa para entregar a outra.

Um exemplo conhecido de pena de coerção no Direito civil (embora excepcionalíssima) é a possibilidade de se determinar a prisão da pessoa que não cumpre com os seus deveres de pagar alimentos (isto é, de ajudar financeiramente com os gastos dos filhos ou do ex-cônjuge com comida, moradia, vestimento, educação etc.). Neste caso, pode o juiz decretar essa sanção, como forma de coagir o faltoso a arcar com a sua obrigação.[10] O artigo 5º, LXVII, da Constituição Federal[11] dispõe não ser possível a prisão civil, salvo em dois casos: para aquele que descumpriu o dever de prestar alimentos, acima mencionado, e no do depositário infiel, isto é, aquele que falha no dever de devolver bem entregue à sua confiança.

Em 1992, o Brasil, aderiu ao Pacto de San José, da Cota Rica (também chamada de Convenção Americana de Direitos Humanos), que limitou a prisão civil por dívida apenas aos casos de descumprimento inescusável de prestação alimentícia.

10 A Lei nº 5.478, de 25.7.68, conhecida como a Lei de Alimentos, no artigo 10, permite ao juiz decretar a prisão do devedor de alimentos faltoso.

11 "LXVII – não haverá prisão civil por dívida, salvo a do responsável pelo inadimplemento voluntário e inescusável de obrigação alimentícia e a do depositário infiel".

Logo, a norma que admitia a prisão do depositário infiel ficou derrogada.[12]

A reação mais comum do Direito civil à violação ao ordenamento jurídico consiste em impor ao infrator que repare o dano causado pelo ilícito cometido. Caso, por exemplo, uma pessoa deixe de pagar sua dívida, pode o credor requerer que o Estado retire bens do patrimônio do devedor, mesmo contra a vontade deste. A sanção, neste último caso, é direta.

Há, em resumo, três espécies de sanção civil: (1) a direta, na qual o condenado é forçado a cumprir o dever jurídico que havia deixado de realizar (como no caso do devedor obrigado a pagar sua dívida); (2) a indireta, em que a pessoa é condenada a repor os danos causados ao lesado pela inobservância da norma (um ilustrativo exemplo é o dever daquele que bateu um carro do outro de reparar o prejuízo); e, por fim, (3) a sanção coercitiva, onde há a adoção de uma medida que constrange a pessoa a cumprir seu dever jurídico. A hipótese mais extrema é a de prisão do infrator, caso raro no Direito Civil. Como antes de mencionou, admite-se, atualmente, pena civil privativa de liberdade somente na hipótese daquele que deixou de cumprir seus deveres de pagar a pensão alimentícia.

Direito objetivo

Ao conjunto das normas jurídicas dá-se o nome de Direito objetivo. São as regras de conduta que o Estado impõe às pessoas e a si próprio. São normas que visam a permitir a vida em sociedade, solucionando os conflitos entre as pessoas.

O Direito objetivo se destina tanto às pessoas quanto ao Estado, que também está sujeito a respeitar o conjunto das regras jurídicas.[13]

---

12 "Ementa: Prisão Civil. Depósito. Depositário infiel. Alienação fiduciária. Decretação da medida coercitiva. Inadmissibilidade absoluta. Insubsistência da previsão constitucional e das normas subalternas. Interpretação do artigo 5º, inc. LXVII e §§ 1º, 2º e 3º, da CF, à luz do artigo 7º, § 7, da Convenção Americana de Direitos Humanos (Pacto de San José da Costa Rica). Recurso improvido. Julgamento conjunto do RE nº 349.703 e dos HCs nº 87.585 e nº 92.566. É ilícita a prisão civil de depositário infiel, qualquer que seja a modalidade do depósito." STF RE 466343/SP – São Paulo, Recurso Extraordinário, Relator Min. Cezar Peluso, Julgamento em 3.12.2008.

13 Convém, ainda que de forma sucinta, fazer um esclarecimento acerca do papel do Estado na construção do ordenamento jurídico. Numa democracia representativa, o Estado não impõe nada a ninguém. Quem impõe é a sociedade à comunidade das pessoas que vivem unidas por um sentimento de grupo, por meio de seus legisladores (o conjunto de pessoas eleito para redigir as leis). Cabe ao Estado, por intermédio de seus poderes (Executivo, Judiciário e Legislativo), expedir as leis (pelo Legislativo), garantir o seu cumprimento (pelo Judiciário) e tornar efetivas as propostas dessa sociedade (pelo Executivo).

Logo se veem as duas funções da norma jurídica: prevenção e repressão. Com a sua existência, as pessoas tendem a proceder em conformidade com o ordenamento. Caso haja violação do preceito, a norma vai reprimir o transgressor, indicando a sanção decorrente da quebra do dever de conduta.

1.4. A estrutura externa das normas jurídicas – as fontes do Direito objetivo

As regras jurídicas podem apresentar-se de diversas formas. São denominadas fontes do Direito a lei, o costume, a analogia e os princípios gerais do Direito. Funcionam também como fonte os negócios que vinculam as partes a adotar certa conduta.

Lei

A mais comum delas é a lei. Esta consiste em uma ordem escrita, emanada da autoridade competente (o Poder Legislativo), que contém uma regra de conduta. Trata-se de um preceito comum e obrigatório, provido de sanção.

A lei não teoriza, não divaga. Ou rege todos, ou não rege ninguém. Exatamente para garantir a sua perfeita aplicabilidade, o Estado criou uma presunção absoluta: a partir da divulgação do preceito em uma publicação especial emanada pelo governo (o *Diário Oficial*), todos têm ciência dele. De acordo com o artigo 3º da Lei de Introdução as Normas do Direito Brasileiro (Decreto-lei nº 4.657, de 4.9.42), "ninguém se escusa de cumprir a lei, alegando que não a conhece."

Assim, para garantir a segurança das relações, o Estado criou essa presunção absoluta, de que a norma é conhecida de todos. Diz-se que essa presunção é absoluta porque sequer se admite prova em contrário.[14]

É evidente, todavia, que muitas pessoas não conhecem a lei. Até mesmo os bacharéis em Direito não têm ciência de todas as regras jurídicas em vigor, relativas às mais variadas matérias. Entretanto, não haveria segurança jurídica caso se admitisse que, para fugir do dever de observar a norma, as pessoas pudessem simplesmente alegar que não sabiam da existência do dever de conduta. Seria o caos.

---

14 A figura do erro de proibição, prevista no art. 21 do Código Penal Brasileiro (Decreto-Lei nº 2.848, de 07.12.1940), é a única exceção à presunção absoluta de conhecimento das leis. Trata-se de uma causa excludente da culpabilidade do agente, que se aplica a pessoa não tinha potencial consciência da ilicitude do fato, isto é, quando o caráter ilícito daquela conduta, inevitavelmente, não poderia ser conhecido pelo agente.

Atualmente, a lei, aí compreendidas todas as formas de ordens emanadas do Estado, tais como decretos, portarias etc., tem papel central entre as normas jurídicas.

Embora haja um conceito de que o juiz conheça a norma (*iura novit curia*), isso não se aplica às regras de Direito estadual ou municipal. O mesmo se pode dizer para o Direito estrangeiro. Nesses casos, o interessado deve demonstrar o que diz a norma. Assim, por exemplo, se a Lei portuguesa se aplica a um determinado caso, cabe à parte interessada explicar a lei.[15]

Tratados Internacionais

São normas jurídicas também aquelas oriundas de tratados internacionais, isto é, acordos feitos pelo Brasil com outros Estados soberanos. Em uma sociedade internacional cada vez mais globalizada, esses tratados guardam enorme repercussão. O Brasil, por exemplo, aderiu, pelo Decreto nº 56.826, de 2.9.65, à Convenção da ONU, a Organização das Nações Unidas, sobre prestação de alimentos no estrangeiro, na qual se facilita a execução de obrigações alimentícias entre pessoas sujeitas a diferentes jurisdições. Os tratados internacionais, dos quais o Brasil é signatário, são incorporados à legislação e passam a valer como normas jurídicas internas, desde que referendados pelo Congresso Nacional por meio de decreto legislativo, e promulgados por decreto presidencial.[16]

Analogia

Imaginou-se, no final do século XIX e no início do passado, que a sociedade poderia ser organizada de forma que as leis abrangessem todas as situações sociais, regulando todo e qualquer caso. A função do juiz, havendo uma legislação de tamanha abrangência, seria apenas a de relacionar o fato à norma para oferecer a resposta já previamente estabelecida pelo ordenamento. O Poder Judiciário atuaria como um autômato, um robô: os interessados apresentariam uma situação litigiosa ao Estado (isto é, ao Poder Judiciário), que, tendo conferido a identidade do caso a uma norma jurídica preexistente, que trata da hipótese específica, apresentaria uma resposta previamente

15 Nesse sentido, o art. 376 do Código de Processo Civil (Lei nº 13.105, de 16.3.2015) estabelece que "a parte que alegar direito municipal, estadual, estrangeiro ou consuetudinário provar-lhe-á o teor e a vigência, se assim o juiz determinar."

16 De acordo com a Emenda Constitucional nº 45, de 8.12.04, os tratados e convenções internacionais referentes a Direitos humanos aprovados pelo Poder Legislativo, por três quintos dos votos, são equivalentes as emendas constitucionais, sobrepondo-se, por conseguinte, a toda legislação infraconstitucional. (artigo 5º, §3º, da Constituição Federal). Segundo o Supremo Tribunal Federal, ainda que a aprovação não obedeça a esse rito, os tratados que versam sobre Direitos humanos ingressam na ordem jurídica interna com status "supralegal", situados acima das leis ordinárias, porém abaixo da Constituição Federal

estipulada. Essa pretensão, contudo, revelou-se utópica. São infinitas as situações sociais e haverá sempre um conjunto de peculiaridades que distinguirá cada uma delas. Não seria possível que a norma escrita abrangesse todas as situações.

Uma das soluções que se pode valer o intérprete – isto é, quem traduzirá o sentido da norma – consiste em fazer uso da analogia. Nos casos em que não exista uma norma específica incidente, deve-se aplicar a regra que trata de situação semelhante, na qual os mesmos valores estejam envolvidos. Trata-se de um exercício de lógica.

Esse mecanismo não é admissível nas leis de exceção,[17] nem, por exemplo, no Direito penal, onde a perfeita adequação do fato ao tipo penal, a exata conduta que a lei considera criminosa, é uma garantia do cidadão.

A analogia, por outro lado, tem grande valia no Direito civil. Tome-se a seguinte situação: promulga-se uma lei que assegura aos médicos o Direito de comprar seus materiais de trabalho pelo preço de custo. Razoável que os dentistas, que não foram referidos expressamente na lei, postulem a aplicação da lei, por analogia, também para eles. Afinal, *ubi eadem ratio ibi eadem legis dispositio*, ou seja, onde houver o mesmo fundamento, deve incidir a mesma regra. Em outras palavras, os casos idênticos devem reger-se por disposições idênticas.

Lacunas da lei

Cumpre fazer uma referência, ainda que sucinta, às lacunas da lei. Afinal, exatamente nessas hipóteses haverá espaço para a analogia. As lacunas da lei são hipóteses não contempladas pelo legislador. Tratam-se, normalmente, situações relacionadas aos avanços tecnológicos, nas quais ainda não existe uma lei regulando a questão. Exemplos recentes são os contratos de criptomoeda, como os bitcoins, ou a situação da barriga de aluguel. Segundo o artigo 140 do Código de Processo Civil (Lei nº

17 As leis de exceção são aquelas que vigoram em momentos excepcionais e sua eficácia perdura enquanto a situação excepcional subsistir. É o que ocorre, por exemplo, na situação de calamidade pública ou em época de guerra. A Lei das Olimpíadas (Lei nº 13.284 de 2016), por exemplo, foi concebida para regulamentar aspectos relacionados à transmissão dos Jogos por veículos de televisão (artigo 13), o trabalho desempenhado pelos voluntários que auxiliam as entidades organizadoras no planejamento (artigo 33), o credenciamento dos atletas que participam das competições (artigo 12), as sanções civis impostas àqueles, sem autorização, promovam atividades publicitárias nos locais oficiais dos eventos (artigo 15). Naturalmente, essa lei foi projetada para vigorar apenas durante o período em que o Brasil sediou os Jogos Olímpicos de 2016, e perdeu sua vigência após o evento esportivo, qualificando-se como uma "lei de exceção".

13.105, de 16.03.2015),[18] o juiz não pode deixar de julgar sob o argumento de haver obscuridade ou lacuna da lei. Não é admissível que o juiz moderno faça como os julgadores romanos que, diante de casos que trouxessem perplexidade, se eximiam de julgar, dizendo "*non liquet*", isto é, não está claro.

Quando a lei for omissa no tratamento de uma determinada situação, deve-se recorrer à analogia, aos costumes e aos princípios gerais do Direito, diz o artigo 4º da Lei de Introdução às Normas do Direito Brasileiro (Decreto-lei nº 4.657, de 4.9.1942).[19] Logo se vê que, com a adoção dos princípios gerais do Direito (dos quais logo adiante se cuidará), será possível obter resposta do ordenamento jurídico às mais inusitadas situações.

Imagine-se a seguinte situação: extraterrestres desembarcam na terra e começam a se relacionar conosco, aborígenes. Qual a lei que regulará a paternidade de um filho de um ET com uma terráquea? Eis um caso de lacuna da lei. Neste exemplo, os princípios jurídicos seguramente indicarão que o tratamento concedido ao rebento da relação interestrelar seja o mesmo dado aos demais filhos regulados pela lei. Os princípios, assim, suprem a ausência de norma.

Costume

Segundo os autores clássicos, são duas as formas pelas quais o Direito se estabelece: (1) pela repetição de atos semelhantes, de modo uniforme, constante e prolongado, certo de que isso traduz uma necessidade jurídica, e (2) pelo preceito universal oferecido pelo Estado. A segunda forma já foi referida, é a lei. A primeira, de que se passa a falar agora, é o costume, a crença generalizada de que agir de uma determinada forma reflete o Direito. Trata-se da forma espontânea de criação de Direitos.

O costume se compõe de dois elementos: um objetivo, consistente numa série de atos semelhantes e uniformes repetidos; e um subjetivo, a convicção de que esses atos representam o Direito (ou seja, a norma de composição de conflitos) ou, ainda, que agir de forma distinta seria contra o Direito. Este elemento subjetivo é também conhecido como *opinio iuris*, isto é, a crença dos membros da coletividade de que certa conduta reflete o Direito existente.

No Direito primitivo, antes de o Estado se organizar, o costume tinha função primordial. As pessoas agiam de determinada

18 "Art. 140. O juiz não se exime de decidir sob a alegação de lacuna ou obscuridade do ordenamento jurídico".

19 "Art. 4º. Quando a lei for omissa, o juiz decidirá o caso de acordo com a analogia, os costumes e os princípios gerais de direito".

forma em atendimento ao costume, isto é, "deve-se fazer isso ou aquilo porque o costume assim determina". Havia a convicção geral de que o costume espelhava o dever jurídico.

Na medida em que a sociedade se estabelecia em bases mais ordenadas, os costumes foram enjaulados em normas escritas, atendendo-se à ideia de que dessa forma a sua aplicação estaria assegurada. Na França, por exemplo, antes da codificação, as regras costumeiras foram colhidas em um repertório, um livro, onde as pessoas poderiam verificar quais os costumes em vigor. Eis a origem da norma positivada. Modernamente, contudo, o papel do costume vem sendo sensivelmente reduzido.

Discute-se o fundamento do costume. Para alguns, resulta da vontade tácita do legislador. Para outros, decorre da consciência popular. Há costumes que se encontram referidos na norma (conhecidos como *secundum legem*, "de acordo com a lei", em latim), aqueles que complementam a lei (os *praeter legem*, "ao lado da lei") e os contrários à lei (*contra legem*).

Em uma sociedade sem um poder ordenado e reconhecido, o costume tem maior relevância. Veja-se, por exemplo, a sociedade internacional, da qual são membros as nações soberanas. Não existe, ao menos do ponto de vista teórico, um poder supremo. Em tese, todos os países são iguais (na famosa comparação, um anão e um gigante são igualmente homens, assim como os países, pequenos ou grandes, têm sempre a mesma natureza). Nessa sociedade, como não há um regulador, um legislador, que possa impor uma conduta aos seus membros, o costume será importante orientador de atuação.[20]

Assim, o costume reconhecido pelos membros da comunidade, desde que não seja vedado por lei, é norma jurídica, embora não haja a manifestação expressa do Estado.

Um exemplo interessante de conflito entre lei e costume ocorreu na Índia, na época da ocupação britânica. Havia um costume hindu, chamado "sutee", pelo qual a mulher, com a morte do marido, deveria pular na pira funerária do falecido, quisesse ela ou não. Os ingleses baniram o costume em 1829, mas os indianos

20 Por essa razão, muito comumente, quando há divergência entre duas nações soberanas acerca de determinada matéria, ajusta-se que a decisão caberá a um árbitro, um terceiro neutro, eleito pelas duas partes em litígio. A nossa história tem exemplos: quando o Brasil disputou com a Argentina a área das Missões, foi entregue ao Presidente dos Estados Unidos, Grover Cleveland, o poder de decidir com quem ficaria a região. Igualmente, quando o Brasil e a França discutiram a posse do Amapá, foi dado à Suíça o poder de decidir, por arbitragem, qual país teria direito à área. O Brasil saiu vitorioso nos dois casos.

protestaram. O Governo inglês replicou: "Minha nação também tem um costume: quando homens queimam as mulheres vivas, nós os enforcamos. Vamos todos agir segundo nossos costumes nacionais." Respeitou-se a lei.

Princípios gerais de direito

O já citado artigo 4º da Lei de Introdução às Normas do Direito Brasileiro estabelece que, na omissão da lei, aplica-se o costume (a norma fala também da aplicação da analogia e dos princípios gerais do Direito, que analisaremos em seguida).

Tratemos, agora, dos princípios gerais de Direito. São eles as linhas mestras que nortearão as demais regras jurídicas, garantindo a harmonia entre elas. Pode-se dizer que, inicialmente, havia somente os princípios. Todas as demais regras jurídicas se formaram a partir deles, como os galhos de uma árvore. Não seria exagero qualificá-los como a espinha dorsal do ordenamento jurídico.

Com efeito, os princípios expressam grandes vetores, de ampla aplicação, ao passo que as regras são, comumente, desdobramentos mais específicos dos princípios, destinadas a regular uma situação particular. O princípio fornece o conceito, ao passo que as regras o esmiúçam, sem jamais perder sua *ratio*, apenas dando um efeito material direto ao conceito mais amplo.

Imagine-se uma pessoa examinando uma pintura impressionista, distante apenas poucos centímetros da tela. O que ela verá? Um borrão, um ponto colorido apenas (se for uma tela de Seurat). Ela dirá: isso é azul, verde ou amarelo, dependendo do seu pequeno foco. Ao dar alguns passos para trás, essa mesma pessoa desfrutará de outra percepção. As pinceladas já não são importantes e ela poderá ver, no mesmo quadro, uma pessoa, um girassol ou uma ninfeia de Giverny. Analisar a regra, sem atentar ao princípio que a orienta pode dar ao intérprete uma noção muito restrita e inacabada do fenômeno. O intérprete, seguramente, não compreenderá toda a essência do dispositivo legal, sem inseri-lo no contexto do princípio que o emanou.

A relação entre a regra e o princípio deve, assim, ser a mais íntima. A regra funciona como uma particularização do princípio, enquanto este, o princípio, é a matéria bruta da regra ou mesmo a sua alma. Dito isso, não pode haver dúvida da importância de se estudar os princípios que animam o Direito. Afinal, a violação a um princípio gera efeitos mais nocivos ao ordenamento jurídico do que o desrespeito a uma regra positivada.

Existem princípios gerais de Direito que permeiam todas as normas, como a da justiça, da equidade, da moralidade, da boa-fé. Outros se referem a casos mais específicos, tais como o de que "ninguém pode transferir mais Direitos do que possui", ou o de que "ninguém se beneficia da própria torpeza".

Há discussão acerca da natureza jurídica dos princípios gerais do Direito: são ou não normas jurídicas? Em um sistema positivista, no qual se valoriza a norma jurídica escrita acima de qualquer outra, os princípios, conceitos abertos, sofrem alguma resistência. Sua aplicação é até mesmo censurada, como se vê da norma do artigo 140, parágrafo único, do Código de Processo Civil,[21]cuja interpretação restritiva é a de que o juiz apenas pode decidir por equidade[22] quando a lei permitir.

Sobre o tema, repita-se o mencionado artigo 4º da Lei de Introdução às Normas do Direito Brasileiro, que admite a aplicação dos princípios gerais de Direito pelo juiz nos casos de omissão da lei. Na ausência de norma escrita, o juiz deve aplicar a analogia, o costume e os princípios, sem que isso represente a impossibilidade de aplicar essas mesmas ferramentas onde houver a norma legal. Pelo contrário, a aplicação de qualquer norma jurídica deve sempre ser norteada pelos princípios. Não sem boa razão, na Itália, eles são denominados de "princípios informantes do ordenamento jurídico do Estado".

Modernamente, verifica-se, no mundo jurídico, uma tendência de afrouxamento dos rigores positivistas. Os princípios justamente, passaram a gozar de maior prestígio. Muitos, hoje, sustentam que os princípios devam ser aplicados na solução de conflitos, tal como as regras escritas (leis), o que permite uma maior flexibilidade ao ordenamento, que, com isso, se aproxima da realização da justiça no caso concreto. Ademais, enquanto a lei comumente se aplica de forma binária (ela incide ou não), os princípios admitem gradações em sua aplicação. Quando, por exemplo, se protege a boa-fé, é intuitivo que há graus de transparência e lealdade. Com base nisso, o aplicador da lei poderá oferecer uma resposta que leve em consideração essas variantes.

21 "Art. 140. (...) Parágrafo único. O juiz só decidirá por equidade nos casos previstos em lei".

22 A equidade é um princípio jurídico difuso. Uma definição conhecida diz que a equidade é a justiça do caso concreto. Julgar por equidade significa que o juiz não precisa necessariamente ater-se a uma regra legal, mas deve adotar uma solução para o litígio que reflita a igualdade, a moderação, a justiça.

Eis os seguintes exemplos: a Constituição Federal diz, no *caput*[23] do artigo 37,[24] que os atos da administração pública, direta e indireta, devem pautar-se por uma série de princípios, tais como a moralidade e a legalidade. Diante disso, os atos da administração que contrariarem esse preceito serão inválidos, dada a violação ao princípio. O mesmo ocorre com o Código do Consumidor, a Lei nº 8.078, de 11.9.90, que, no artigo 6º, IV,[25] garante ao consumidor proteção contra cláusulas abusivas existentes em contratos de consumo. Trata-se de um princípio, cuja violação resultará na sanção de invalidade da disposição contratual.

Ponderação de valores

Por detrás dos princípios, há valores sociais. Os valores são construídos e fixados num processo histórico, gradual e invisível, que leva em conta a cultura de um povo. Os valores justificam os princípios e, em última análise, as próprias regras. Há, por exemplo, um valor social de que ninguém tenha sua intimidade violada. A partir daí, há princípios e regras – a própria Constituição Federal, no seu artigo 5º, X[26] – garante a proteção à intimidade.

Por vezes, pode haver uma situação que coloque em confronto dois valores. Ao proteger um deles, fere-se outro. Nesse momento, deve-se ponderar qual valor prepondera – como se colocassem os dois valores numa balança –; ou seja, qual valor, naquela situação concreta, tem maior peso social.

Imagine-se uma regra que determinasse a todos os empregadores que informassem publicamente o nome dos funcionários que portam certa doença. Essa regra pode ter por propósito a proteção da coletividade contra a contaminação de um mal. De outro lado, essa mesma regra agride o valor da intimidade, tão precioso ao ser humano. Qual valor deve prevalecer? Apenas o exame do caso concreto, com todas as suas peculiaridades, poderá responder a essa questão.

---

23 *Caput* quer dizer "cabeça" em latim. Muitos dispositivos são fracionados, como no artigo 123 do Código Civil. Denomina-se, numa bela metáfora, *caput* a parte inicial do artigo legal.

24 "Art. 37. A administração pública direta e indireta de qualquer dos Poderes da União, dos Estados, do Distrito Federal e dos Municípios obedecerá aos princípios de legalidade, impessoalidade, moralidade, publicidade e eficiência e, também, ao seguinte:".

25 "Art. 6º. São direitos básicos do consumidor: (...) IV – a proteção contra a publicidade enganosa e abusiva, métodos comerciais coercitivos ou desleais, bem como contra práticas e cláusulas abusivas ou impostas no fornecimento de produtos e serviços".

26 "X – são invioláveis a intimidade, a vida privada, a honra e a imagem das pessoas, assegurado o direito a indenização pelo dano material ou moral decorrente de sua violação".

Hoje em dia, com a enorme importância dada aos princípios e aos valores no ordenamento jurídico, a prática da ponderação é cada vez mais frequente.

A análise da norma, a partir do valor que ela defende, tem admirável relevância, até mesmo para compreender o alcance da regra. Afinal, em última análise, a norma repercute socialmente a partir do valor que ela representa. Santo Agostinho registrou: "O que são os Estados sem justiça, senão grandes bandos de ladrões?". Sem algum valor para lhe amparar, a lei é oca.

Jurisprudência

Alguns arrolam também a jurisprudência como norma jurídica, fonte de Direito. A questão é complexa. A jurisprudência é o entendimento formado por reiteradas decisões dos tribunais do Poder Judiciário, no mesmo sentido, acerca de determinada matéria. Ao Direito Civil brasileiro, classicamente, a jurisprudência servia apenas como orientação, fonte informativa, que não obrigava outros tribunais a segui-la. Afinal, o juiz é servo da lei e não o contrário. Admitir que as decisões dos tribunais pudessem vincular cegamente implicaria a substituição do legislador pelo juiz.

No final de 2004, deu-se a publicação da Emenda nº 45 à Constituição Federal, que instituiu o efeito vinculante de decisões reiteradas proferidas pelo Supremo Tribunal Federal, o mais importante órgão julgador do país. Segundo a emenda, as decisões finais do Supremo Tribunal Federal sobre o descompasso entre uma lei e a Constituição Federal terão efeito vinculante sobre os demais órgãos do Poder Judiciário, isto é, todos os demais julgadores terão que acatar e seguir a orientação dada pelo STF, desde que seja aprovada súmula por dois terços daquele Tribunal. Eis a regra incorporada à Constituição:

> "Artigo 103-A O Supremo Tribunal Federal poderá, de ofício ou por provocação, mediante decisão de dois terços dos seus membros, após reiteradas decisões sobre matéria constitucional, aprovar súmula que, a partir de sua publicação na imprensa oficial, terá efeito vinculante em relação aos demais órgãos do Poder Judiciário e à administração pública direta e indireta, nas esferas federal, estadual e municipal, bem como proceder à sua revisão ou cancelamento, na forma estabelecida em lei."

São as denominadas "Súmulas Vinculantes".

O Novo Código de Processo Civil de 2015 mitigou parcialmente o papel secundário historicamente atribuído à jurisprudência, erigindo-a a fonte de Direito ao elencar um rol de decisões judiciais que possuem força vinculante (artigo 927[27]), como, por exemplo, as decisões do Supremo Tribunal Federal em sede de controle concentrado de constitucionalidade e os acórdãos proferidos em incidente de assunção de competência ou de resolução de demandas repetitivas.

Uma decisão judicial vai impor aos sujeitos envolvidos no litígio que solucionou a adoção de certa conduta. A norma jurídica, como se ressaltou, deve ser geral, e a decisão judicial, ao contrário, precisa ser específica, indicando as pessoas que atinge.

Doutrina

Registre-se, por fim, o conceito de doutrina: é a opinião de uma pessoa, normalmente um estudioso da matéria, acerca da interpretação da norma jurídica. Naturalmente, a doutrina mais respeitada – o entendimento, por exemplo, de um jurista reconhecidamente douto, acerca de certa matéria e, principalmente, de um grupo desses estudiosos – serve como excelente forma de interpretação da norma, porém, jamais como fonte isolada de Direito objetivo.

Negócios jurídicos

As pessoas capazes podem celebrar acordos pelos quais ajustam adotar certa conduta. São os negócios jurídicos. Uma pessoa se compromete, por exemplo, a vender certo bem a outra ou a pagar um valor. Promete, por exemplo, dar um prêmio a quem realiza certo feito. Na nossa sociedade, esses negócios são realizados a todo tempo. Quem assume um dever deve respeitá-lo. A parte interessada pode exigir que a atividade seja realizada. Assim, se duas pessoas firmam um contrato, uma parte tem como obrigar a outra a cumpri-lo. Portanto, o negócio jurídico também é fonte do Direito.

27 "Art. 927. Os juízes e os tribunais observarão: I – as decisões do Supremo Tribunal Federal em controle concentrado de constitucionalidade; II – os enunciados de súmula vinculante; III – os acórdãos em incidente de assunção de competência ou de resolução de demandas repetitivas e em julgamento de recursos extraordinário e especial repetitivos; IV – os enunciados das súmulas do Supremo Tribunal Federal em matéria constitucional e do Superior Tribunal de Justiça em matéria infraconstitucional; V – a orientação do plenário ou do órgão especial aos quais estiverem vinculados".

1.5. O desenvolvimento histórico das normas jurídicas

Conteúdo político das normas

Por meio das normas jurídicas, o Estado regula as relações entre seus membros e, até mesmo, as relações entre estes e o próprio Estado. Elas apresentam, portanto, um forte conteúdo político.

Em um Estado comunista, por exemplo, as regras jurídicas relativas ao Direito de propriedade têm orientação oposta às de um Estado que adote o sistema capitalista. Da mesma forma, há países em que a orientação religiosa molda por completo as regras jurídicas, ao passo que nos países laicos não há nelas orientação ou imposições religiosas. Há uma linha econômica, ideológica, social impregnada nas normas, que funcionam como ferramentas do Estado. Este, fazendo valer as regras por ele instituídas, busca atingir o seu objetivo. A Constituição do Brasil, por exemplo, relaciona, no artigo 3º,[28] os objetivos da República, iniciando com a finalidade de construir uma sociedade justa, livre e solidária.

É, pois, muito importante, tanto para interpretar a norma, quanto para prever o seu desenvolvimento, que se conheça um pouco da história do Direito.

Direito Romano

Em termos de evolução histórica, o primeiro sistema plenamente organizado de Direito foi formulado pelos romanos. Os Direitos egípcio, babilônico, mosaico e grego carecem de sistematicidade, de consistência. Neles, há uma ou outra regra interessante, mas, na maioria das vezes, apresentam apenas curiosidades. Todos estão longe do gênio romano.

Com efeito, o maior legado dos romanos à posteridade é o sistema jurídico que conceberam. A influência dele em todos os ordenamentos jurídicos modernos é marcante, mormente nos países latinos. Dos 1.807 artigos do Código Civil brasileiro de 1916, 1.445 têm origem romana. Mais ainda; toda a nomenclatura do Direito civil foi recebida do Direito Romano: propriedade vem de *proprietas*, posse de *possessio*, mútuo de *mutuum*, e por aí em diante. Eis porque o Direito se vale de tantos termos latinos ainda hoje.

Inicialmente, o Direito visou a regular a relação entre as pessoas físicas; era, pois, o Direito Civil por excelência. Apenas com

28 "Art. 3º Constituem objetivos fundamentais da República Federativa do Brasil: I – construir uma sociedade livre, justa e solidária; II – garantir o desenvolvimento nacional; III – erradicar a pobreza e a marginalização e reduzir as desigualdades sociais e regionais; IV – promover o bem de todos, sem preconceitos de origem, raça, sexo, cor, idade e quaisquer outras formas de discriminação".

o Estado mais desenvolvido surgiram normas regulando a relação entre o cidadão e o poder soberano, genes do Direito público.

Como a sociedade romana durou muitos séculos (a fundação de Roma tem a data lendária de 754 a.C. e seu fim, para a maioria dos historiadores, coincide com a deposição de Rômulo Augustino, em 476 d.C.), não se pode falar em um Direito Romano unificado e harmônico, senão em normas e valores que se alteraram ao longo de muitos e muitos anos. Isso sem falar que o Império Romano do Oriente ainda perdurou por séculos, apenas se extinguindo em meados do século XV.

As fases do Direito Romano

De uma forma simplificada, divide-se o estudo desse Direito em três fases: (1) o período pré-clássico, que vai até aproximadamente 125 antes da era cristã; (2) o período clássico, de 125 AEC até 305 da era cristã (o término do reinado de Diocleciano); e, (3) finalmente, há o período pós-clássico, que perdurou até a queda do Império, no ano de 476.

No primeiro período, fortemente marcado pelas regras religiosas, nota-se o profundo apego ao formalismo e à solenidade. Nessa época foi elaborada a Lei das XII Tábuas (450), que representa a codificação de regras costumeiras. Desenvolve-se o *jus civile*, o direito aplicável apenas aos romanos, isto é, entre os "*cives*", cidadãos.

No período clássico, já menos formalista, vê-se a ascensão dos magistrados, dentre eles especialmente os pretores, que passaram a ter enorme poder de decisão. Ao menos sob o ponto de vista teórico, o pretor não podia criar uma norma jurídica, mas, ao contrário, deveria respeitar o Direito antigo (*jus civile*). O pretor, contudo, tinha poder para complementar a norma em vigor e interpretar a regra. Nasce, nesse período, o *jus gentium*, o Direito que regerá não apenas os romanos, mas também os estrangeiros.

No último período já se sente a influência do cristianismo. É dessa época, de 426 da era cristã, a Lei das Citações, instituída pelos imperadores Teodósido II (no oriente) e Valentiniano III (no ocidente). A fim de garantir uma maior certeza na aplicação do Direito, que se achava sujeito a inúmeras influências, deliberou-se que apenas as opiniões de cinco dos grandes juristas do passado gozariam de prestígio nos tribunais: Ulpiano, Paulo, Gaio, Papiniano e Modestino. Se houvesse divergência entre esses cinco mestres do passado, prevalecia a posição da maioria. Se houvesse empate, a opinião de Papiniano deveria ser adotada. Se este não tivesse se manifestado acerca do tema, o tribunal estava liberado para adotar a solução que lhe parecesse melhor. Como todos esses já estavam falecidos havia séculos, essa regra foi chamada de "Tribunal dos Mortos".

Mais tarde, Justiniano, soberano do Império Romano do Oriente, determinou aos juristas de sua época que fizessem uma compilação das leis em vigor, além da opinião dos grandes juristas já mortos. O trabalho, que ficara pronto em 529, foi denominado o *Codex* (palavra que originou o termo código). Ele representou uma evolução tecnológica frente aos pergaminhos e aos livros enrolados. No *codex*, as páginas eram unidas por um lado e numeradas, parecendo muito com um livro, tal como hoje o conhecemos. Mais adiante, Justiniano encarregou o jurista Triboniano de organizar uma seleção das lições dos grandes juristas do passado. Assim, nasceu o *Digesto* (ou *Pandectas*). Além disso, Justiniano mandou fazer um manual de Direito para estudantes, as *Instituitiones*, publicado em 533 da nossa era. Até a morte de Justiniano, em 565, foram lançadas novas leis, codificadas em conjunto e conhecidas como *Novellae*. Esses quatro livros, o *Codex*, o *Digesto*, as *Instituitiones* e as *Novellaes* são conhecidos, em conjunto, como *Corpus Iuris Civilis*.[29] Entretanto, em muitos aspectos o *Corpus Iuris Civilis* era contraditório, refletindo suas diversas fontes. Isso fez com que fossem inseridas ao texto original do *Digesto* e das *Institutas* várias alterações e acréscimos textuais, as chamadas "interpolações", com a finalidade de completá-los e dar-lhes sentido. O monumental trabalho encomendado por Justiniano garantiu a perpetuação do gênio romano.

Com o desmoronamento do Império Romano do Ocidente, um sistema organizado de regras jurídicas deixou de ser aplicado. No oriente, falava-se grego. O Direito Romano era todo em latim, o que impedia a sua ampla difusão e uso.

A baixa Idade Média

Não obstante, muitos dos pequenos Estados da baixa Idade Média aplicavam, ainda que de forma imprecisa, conceitos do Direito Romano. De fato, depois da queda do Império Romano, deu-se a fragmentação do poder. Cada novo Estado emergente formulou as suas próprias regras jurídicas. Os Visigodos se instalaram na Península Ibérica. Tem-se notícia de uma compilação das leis romanas e visigodas, o Breviário de Alarico, de 506. Esse conjunto de leis foi instituído pelo rei visigodo do mesmo nome, com a finalidade de reger as relações entre os romanos dominados

29 O nome *Corpus Iuris Civilis* só foi dado no fim do século XVI.

e esclarecer obscuridades das antigas regras jurídicas. Essa foi uma das normas que regeram a península antes da invasão árabe, no início do século VIII.

A alta Idade Média

Apesar da existência de um ou outro exemplo de sobrevivência de Direito Romano (como no caso do Breviário de Alarico), os povos bárbaros, que retalharam o Império Romano, aplicavam seu Direito costumeiro. Apenas a partir do século X, o Direito Romano voltou a ser estudado com maior atenção. Inicialmente pelos padres, mas, logo em seguida, também por leigos. Chamavam-se glosadores os estudiosos do Direito Romano porque escreviam suas observações ao lado dos textos antigos de Direito Romano, à medida em que estudavam. Eram as glosas. Um pouco mais adiante, vieram os pós-glosadores, que se distinguiam dos primeiros principalmente porque visavam, com seus estudos, a atingir uma finalidade mais prática e não meramente acadêmica: o uso dos conceitos do Direito Romano na sociedade em que viviam.

Um outro interessante exemplo de recuperação do Direito Romano foi o trabalho realizado na Espanha, em meados do século XIII, por Afonso X, rei de Castela. Este soberano determinou que fosse reunida toda a histórica e legislação de sua época, numa espécie de enciclopédia. O resultado foi uma compilação legislativa (*Las Siete Partidas*) que continha várias regras de Direito Romano e outras do Direito costumeiro espanhol.

No século XV, o imperador do Sacro Império Romano-Germânico Maximiliano I decidiu abandonar os usos e costumes que regulavam a ordem jurídica de seu império para adotar o Direito Romano. Já se disse que essa escolha de Maximiliano foi, para o Direito, o que o renascimento foi para as artes. Com isso, o Direito Romano ganhava outra dimensão.

O direito na Idade Moderna

Terminada a Idade Média, com a consolidação dos Estados europeus, o ordenamento jurídico ainda era, em grande parte, costumeiro. Um bom exemplo é a França do século XVII, regida tanto por costumes quanto por normas emitidas, algo desorganizadamente, pelo Estado.

Código Napoleão

O próximo grande passo na evolução jurídica veio com a era das codificações e, mais precisamente, com o Código Napoleão, cuja entrada em vigor, na França, se deu em 1804. Este conjunto de regras representou a vitória da burguesia sobre a nobreza, com a incorporação à norma dos valores consagrados pela Revolução Francesa. O resultado foi uma legislação liberal, que exaltava a propriedade e suas formas de transferência: a propriedade e o contrato eram os dois grandes pilares da lei francesa.

O Código Napoleão, ainda hoje o Código Civil francês, simbolizou, também, o grande marco do movimento do positivismo jurídico, consubstanciado no conceito a ideia de que as normas deveriam estar escritas do modo mais claro possível, organizadas e contidas em um só documento.

Além disso, o conceito de um Código, em comparação com as leis esparsas, representava um grande avanço. No Código, existe uma sistematização, na qual se permite visualizar a inteligência e a lógica interna de um sistema jurídico. Com a codificação, mais do que o corpo, o ordenamento jurídico ganha uma alma coesa, pois se assegura a sua unidade sistemática.

Código Civil alemão

Ainda tratando de marcos da evolução do ordenamento civil, não se pode omitir o Código Civil alemão, publicado em 1896, que passou a vigorar quatro anos depois, em 1900 (na época, cientes de que o Código alemão era uma grande obra, ajustou-se que a Lei deveria entrar em vigor em um ano emblemático: 1900).

O Código Civil alemão distingue-se pelo seu apuro técnico. Foi fruto do trabalho de uma geração dourada de juristas, que organizou o Direito Civil e seus institutos de forma quase matemática, sob uma ideologia marcadamente liberal, burguesa e assumidamente positivista. O Código alemão influenciou sobremaneira o nosso Código Civil de 1916.

Código Civil brasileiro

No que se refere especificamente ao nosso Direito civil, as suas maiores influências, ou as suas fontes históricas, são os Direitos Romano, canônico, português e, como se referiu, o Código Civil alemão de 1896. Evidentemente, é fonte também o Direito brasileiro não mais em vigor.

Enquanto colônia, aplicávamos o Direito de Portugal. Em 1500, estavam em vigor as Ordenações Afonsinas, instituídas por Afonso V em 1446. Em 1521, foi a vez das Ordenações Manuelinas e, depois, com o domínio espanhol sobre Portugal, as Ordenações Filipinas, de 1603. Logo após a independência do Brasil, D. Pedro I fez publicar a Lei de 20 de outubro de 1823, para que a norma civil portuguesa seguisse aplicável no país. As Ordenações vigoraram no Brasil até 1º de janeiro de 1917,[30] quando foram revogadas pelo artigo 1.807 do Código Civil (Lei

30 No longo período em que estiveram em vigor as Ordenações Filipinas, houve uma série incontável de provimentos que, muitas vezes, dificultavam o conhecimento da regra jurídica efetivamente aplicável. Em função disso, para evitar a incerteza, foi publicada em 18.8.1769, a Lei da Boa Razão, segundo a qual as Ordenações Filipinas seguiam em vigor, desde que aplicadas "quando conforme com a boa razão".

nº 3.071, de 1.1.1916).[31] Elas já haviam sido substituídas em Portugal desde 1867.

Depois de 1916, novas leis surgiram, tratando de assuntos que não haviam sido referidos no Código, ou mesmo oferecendo tratamento distinto àquele dado pela Lei Civil de 1916. Isso se deu, por exemplo, com a Lei de Locações e com as normas que tratavam da união estável. O fenômeno é conhecido como descodificação do Direito civil.

Em 1.1.2002, finalmente, depois de quase três décadas de tramitação, foi publicada a Lei nº 10.406, instituindo o novo Código Civil, cujo início de vigência se deu em 12.1.2003.

A Lei de 2002 trouxe de volta ao Código o *status* de centro nevrálgico do Direito civil, no que alguns chamam de neocodificação. Não se pode perder de vista, contudo, que as leis civis estão inseridas em um ordenamento jurídico, cuja harmonia decorre da atenção aos valores que afluem da Constituição Federal. A Constituição une o ordenamento, e, assim, as regras de Direito civil devem ser lidas em harmonia com os preceitos constitucionais.

Uma característica do Código de 2002 é o uso, mais disseminado, de cláusulas gerais, de conceitos jurídicos indeterminados e de normas descritivas de valores. Essa técnica legislativa reflete um moderno conceito de que a norma deve definir modelos de conduta com base em princípios mais abstratos, porém mais abrangentes. Eis um bom exemplo: o artigo 422 do Código Civil de 2002[32] determina às partes contratantes que atuem com boa-fé. Mas, afinal, o que é a boa-fé? Isso o Código Civil não esclarece. Cabe ao intérprete dar o alcance da regra, sempre atento ao seu espírito de prestigiar a conduta transparente, leal e honesta. A adoção pelo Código Civil de 2002 de cláusulas gerais – a denominação se justifica também para diferenciá-las das regras jurídicas que se dirigem, muito claramente, a uma hipótese específica – oferece uma boa mostra da índole da lei.

Modernamente, o Estado assumiu uma posição mais ativa diante das desigualdades sociais. A Constituição de 1988 externa essa preocupação de forma ostensiva. O Direito, então, passa a

31 "Art. 1.807. Ficam revogadas as Ordenações, Alvarás, Leis, Decretos, Resoluções, Usos e Costumes concernentes às matérias de direito civil reguladas neste Código".

32 "Art. 422. Os contratantes são obrigados a guardar, assim na conclusão do contrato, como em sua execução, os princípios de probidade e boa-fé".

ser o instrumento com o qual se busca atingir uma sociedade solidária e justa.

1.6. Classificação das normas jurídicas

Normas supletivas

Nem todas as normas jurídicas contêm um dever intransponível. Muitas vezes, no Direito Civil, a norma apenas indica qual deva ser o procedimento das pessoas na hipótese de não haver estipulação de comportamento diverso.

O artigo 327 do Código Civil[33] diz que o pagamento deve ser efetuado no domicílio do credor, salvo se as partes convencionaram de outro modo. Essa regra é, assim, supletiva, aplicável somente aos casos nos quais as partes não tenham acordado de forma distinta.

Normas imperativas

Noutros casos, diversamente, a regra apresenta uma natureza imperativa ou cogente: o ordenamento jurídico não admite estipulação em contrário. O artigo 1.521 do Código Civil,[34] por exemplo, fulmina de nulidade o casamento edipiano, celebrado entre mãe e filho.

Em determinadas situações, o intérprete da lei vai enfrentar o dilema de indicar se a forma é imperativa ou supletiva. Nesses casos, há duas formas de solucionar o impasse: o critério linguístico e o valorativo. No primeiro, averígua-se a redação da norma, observando-se sua ênfase ao indicar determinado comportamento (como exemplo, a regra "a transferência de propriedade de imóvel apenas se dá com o registro", que é, evidentemente, imperativa). Contudo, o modo mais seguro de indicar a natureza da norma consiste em avaliar se a regra jurídica compreende o interesse público ou meramente particular. Apenas na primeira hipótese ela será cogente. Desse modo, a norma que tratar dos deveres inerentes à paternidade, por sua relevância social, será sempre imperativa, como todas as demais regras que refletirem a proteção da ordem pública.

33 "Art. 327. Efetuar-se-á o pagamento no domicílio do devedor, salvo se as partes convencionarem diversamente, ou se o contrário resultar da lei, da natureza da obrigação ou das circunstâncias".

34 "Art. 1.521. Não podem casar: I – os ascendentes com os descendentes, seja o parentesco natural ou civil; II – os afins em linha reta; III – o adotante com quem foi cônjuge do adotado e o adotado com quem o foi do adotante; IV – os irmãos, unilaterais ou bilaterais, e demais colaterais, até o terceiro grau inclusive; V – o adotado com o filho do adotante; VI – as pessoas casadas; VII – o cônjuge sobrevivente com o condenado por homicídio ou tentativa de homicídio contra o seu consorte".

Normas interpretativas

Alguns doutrinadores ainda arrolam uma terceira espécie de normas, as interpretativas. Estas servem apenas para definir conceitos, a serem utilizados por outras regras, como acontece, para citar um elucidativo exemplo, com o artigo 1.196 do Código Civil,[35] que informa em quais casos a lei considera certa pessoa como possuidor de um bem. Aqui, a lei não cria um dever jurídico, não impõe uma sanção; ela apenas define um conceito.

Veja-se, em boa hora, outro exemplo: publica-se uma lei que obriga os supermercados a venderem a preço de custo todos os gêneros alimentícios de primeira necessidade. Só que esta lei deixou de indicar quais seriam esses gêneros alimentícios. Diante disso, outra lei é publicada, em seguida, para dizer quais são os alimentos referidos na primeira norma. Ora, esta segunda regra apenas define o que seriam os alimentos de primeira necessidade. Ela esclarece um conceito.

Normas rígidas e elásticas

Uma outra classificação diz respeito às normas rígidas e às elásticas. Nas primeiras, há um conceito preciso e o aplicador apenas deve apreciar a ocorrência do fato referido na regra. Já nas normas elásticas, cabe ao intérprete fazer uma comparação posterior para averiguar se a norma incidirá no caso concreto. Quando se fala, por exemplo, em "uso nocivo da propriedade", competirá ao aplicador identificar o que é "uso nocivo" e, depois, apontar se, no caso, isso ocorreu. As normas elásticas trazem em si um conceito aberto, indeterminado, como a regra do artigo 1.962 do Código,[36] segundo a qual os ascendentes podem deserdar seus descendentes (isto é, afastar deles o Direito de herança sobre seus bens) se praticarem injúria grave. Ora, o conceito de "injúria grave" é abstrato, elástico. Caberá analisar a casuística para aferir se, na hipótese, ocorreu injúria grave ou não.

Normas gerais e específicas

Ainda, as normas jurídicas podem ser gerais ou de incidência específica, em função de sua aplicação ser indistinta a todas as pessoas ou se destinada apenas a um grupo determinado. Há vários exemplos de norma específica, como o Estatuto da Criança e do Adolescente (Lei nº 8.069, de 13.7.1990) e o Código do Consumidor (Lei nº 8.078, de 11.9.1990).

35 "Art. 1.196. Considera-se possuidor todo aquele que tem de fato o exercício, pleno ou não, de algum dos poderes inerentes à propriedade".

36 "Art. 1.962. Além das causas mencionadas no art. 1.814, autorizam a deserdação dos descendentes por seus ascendentes: I – ofensa física; II – injúria grave; III – relações ilícitas com a madrasta ou com o padrasto; IV – desamparo do ascendente em alienação mental ou grave enfermidade".

Uma divisão conhecida é aquela que se separa as normas entre constitucionais e ordinárias. Como o próprio nome indica, as constitucionais são aquelas que se encontram impostas pela Constituição Federal. Estas são as normas de maior relevância hierárquica.

As normas ordinárias, ou infraconstitucionais, não podem contrariar o conteúdo das constitucionais, que funcionam como vértice do ordenamento jurídico. As leis ordinárias têm diversas naturezas: penal (como o Código Penal), administrativas (como o Código de Obras, o Código Florestal), comercial (Lei de Falência), civil (o Código Civil), entre outras.

Normas de direito material e de direito processual

Diz-se que são normas de Direito material aquelas destinadas a reger uma situação concreta, como, por exemplo, a do artigo 308 do Código,[37] segundo o qual o pagamento deve ser feito ao credor ou a quem ele represente. Diferem destas as regras de Direito processual, que não regulam uma situação, mas servem como instrumento para que o Direito seja implementado. É o caso da regra jurídica que fixa um prazo para apresentar uma petição ou diz quantos dias a parte tem para questionar determinado ato do juiz. Aliás, estas normas são muitas vezes denominadas "adjetivas" porque apenas acompanham o Direito principal, assim como, na gramática, os adjetivos vivem em função dos substantivos, qualificando-os.

Normas de exceção

Por fim, as normas, já se disse, podem ser extraordinárias, surgindo em casos excepcionais, como uma regra que, em tempo de guerra ou diante de uma catástrofe natural, admite, por exemplo, que as pessoas invadam casas desocupadas.[38] Foi o que aconteceu, para citar um exemplo histórico, com a Lei de 8 de julho de 1865, em decorrência da Guerra do Paraguai. Com ela, fixou-se, excepcionalmente, uma completa subversão da hierarquia militar. Segundo a norma, "o Governo é autorizado a preencher por merecimento, durante a guerra, todas as vagas nos Corpos da Armada e classes anexas, dispensando as regras estabelecidas na legislação...". Findo o conflito, a norma perdeu sua eficácia.

37 "Art. 308. O pagamento deve ser feito ao credor ou a quem de direito o represente, sob pena de só valer depois de por ele ratificado, ou tanto quanto reverter em seu proveito".

38 Note-se, em tempo, que a Constituição Federal proíbe, expressamente, juízo ou tribunal de exceção (artigo 5º, XXXVII). Isso não veda, contudo, a eventual edição de leis de exceção.

1.7. A vigência da lei

Dentre as normas jurídicas, a lei tem destaque. É a mais comum delas e a de mais fácil e corrente aplicação. Como a escola juspositivista dominou os sistemas jurídicos nos dois últimos séculos, a lei surge como o maior exemplo de norma jurídica.

Início de vigência da lei

No Brasil, salvo disposição em contrário, a lei passa a vigorar no país 45 dias após a sua publicação oficial, registra o artigo 1º da Lei de Introdução às Normas do Direito Brasileiro (Lei nº 4.657, de 4.9.1942).[39] Outras vezes, a lei informa que a vigência é imediata, iniciando-se, a partir de sua publicação.

Com relação à eficácia da norma nos Estados estrangeiros, a regra passa a ter força num prazo maior, de três meses de sua publicação, diz o § 1º do artigo 1º da Lei de Introdução.[40]

Segundo o § 1º do artigo 8º da Lei Complementar nº 95/98,[41] na contagem do prazo para início da vigência de lei, inclui-se o dia da publicação e o último dia do prazo, de sorte que a norma passa a vigorar no dia seguinte à consumação integral do prazo.

No que se refere às normas definidoras de direitos e garantias fundamentais, o artigo 5º, § 1º, da Constituição Federal[42] determina que sua aplicação é imediata.[43]

Vacatio legis

Denomina-se *vacatio legis* o período que separa a publicação da lei de sua entrada em vigor.

A primeira finalidade da *vacatio legis* é a de permitir que o maior número de pessoas tome ciência da lei, adaptando-se a ela. Outro propósito consiste em corrigir eventuais equívocos no texto publicado (os erros podem ser, inclusive, de natureza ortográfica).

39 "Art. 1º. Salvo disposição contrária, a lei começa a vigorar em todo o país quarenta e cinco dias depois de oficialmente publicada".

40 "§ 1º. Nos Estados, estrangeiros, a obrigatoriedade da lei brasileira, quando admitida, se inicia três meses depois de oficialmente publicada".

41 "§ 1º A contagem do prazo para entrada em vigor das leis que estabeleçam período de vacância far-se-á com a inclusão da data da publicação e do último dia do prazo, entrando em vigor no dia subseqüente à sua consumação integral".

42 "§ 1º As normas definidoras dos direitos e garantias fundamentais têm aplicação imediata".

43 Vale transcrever, nesse passo, o artigo 8º da Lei Complementar nº 95, de 26.02.1998: "Art. 8º A vigência da lei será indicada de forma expressa e de modo a contemplar prazo razoável para que dela se tenha amplo conhecimento, reservada a cláusula 'entra em vigor na data de sua publicação' para as leis de pequena repercussão."

Se for necessário publicar novamente alguma parte da lei, o § 3º do artigo 1º da Lei de Introdução[44] diz que haverá o reinício do início do prazo para a sua vigência. Essa nova contagem para início do prazo de vigência se refere apenas à parte da lei republicada. Assim, para a parte novamente publicada haverá reinício do prazo, isto é, uma nova *vacatio legis*. Todavia, para o resto da lei, não haverá reinício da *vacatio*.

Irretroatividade da lei

Em regra, a lei não surtirá efeitos retroativos. A lei é expedida para regular atos futuros, realizados na sua vigência, sob pena de atingir os atos jurídicos perfeitos – já concluídos –, o que traria uma indesejável instabilidade às relações. Ademais, as pessoas adotam condutas na crença de que elas sentirão os efeitos conforme a lei em vigor. Nesse sentido, a Constituição Federal arrola, entre as garantias e direitos fundamentais, o de que a lei não afetará o ato jurídico perfeito e o direito adquirido e a coisa julgada (artigo 5º, XXXVI).[45] Assim, vige o princípio da irretroatividade das leis, cujo objetivo consiste em garantir a segurança das relações.

No mesmo sentido da garantia constitucional, o artigo 6º da Lei de Introdução às Normas do Direito Brasileiro[46] informa que a lei, ao entrar em vigor, não afetará o ato jurídico perfeito (aquele já concluído conforme a lei então em vigor), o direito adquirido e a coisa julgada.

Para verificar se há afronta ao direito adquirido, cumpre averiguar se o titular já poderia exercer o tal direito, ou se ele tinha apenas uma expectativa. Não se protege a expectativa diante de uma nova lei, apenas aquelas situações jurídicas já consolidadas, plenamente incorporadas ao patrimônio do titular.

Digamos, por exemplo, que seja editada lei nova tratando da sucessão dos bens da pessoa depois da morte, na qual se determine que tudo que pertencera ao falecido será entregue ao primogênito. Caso essa lei passe a vigorar depois do falecimento do pai de dois filhos, ela não se aplicará com relação àquela sucessão, pois isso atingiria o direito adquirido do segundo filho de receber a sua parte da herança. Com efeito, o direito de receber

---

44 "§ 3º. Se, antes de entrar a lei em vigor, ocorrer nova publicação de seu texto, destinada a correção, o prazo deste artigo e dos parágrafos anteriores começará a correr da nova publicação".

45 "XXXVI – a lei não prejudicará o direito adquirido, o ato jurídico perfeito e a coisa julgada".

46 "Art. 6º. A Lei em vigor terá efeito imediato e geral, respeitados o ato jurídico perfeito, o direito adquirido e a coisa julgada".

a herança já estava incorporado ao patrimônio do caçula a partir do falecimento do pai. Se, por outro lado, o pai ainda estivesse vivo no momento em que a lei passou a vigorar e morresse logo em seguida, a situação seria distinta; nesse caso, o filho mais novo não teria direito adquirido, e os bens seriam, como estabeleceu a nova lei, entregues somente ao primogênito.

Além do direito adquirido, o princípio da irretroatividade das leis, referido na Constituição Federal, informa que a lei não pode violar a coisa julgada. Coisa julgada é a decisão judicial definitiva, isto é, aquela sobre a qual já não caiba mais qualquer recurso. A nova lei, igualmente, respeitará a decisão.

Dessa forma, a lei rege os atos futuros, jamais os pretéritos. Quando muito, a lei pode tratar dos fatos pendentes. A irretroatividade da lei decorre, portanto, do respeito ao direito adquirido. Admitir que a lei pudesse alterar a situação jurídica já consolidada traria uma indesejável insegurança social.

Fim da eficácia das normas

O artigo 2º da Lei de Introdução[47] indica o prazo final da eficácia da norma: até que outra a modifique ou a revogue. Essa revogação pode ser expressa, com a edição de nova lei que faça referência à anterior e diga que a substituirá. Pode, ainda, ser tácita, se a nova lei, apesar de não referir à antiga, tratar da mesma matéria, mas oferecer solução distinta. Neste caso, haverá a revogação tácita, por incompatibilidade.

Em 1944, uma mulher foi condenada na Inglaterra por ler a sorte das pessoas. Havia uma lei contra a feitiçaria, de 1735, absolutamente em desuso, porém em vigor. Os ingleses citam o caso para deixar claro que o tempo, por si só, não revoga as leis. Para que a lei perca sua eficácia, deve ser editada outra norma, de grau hierárquico igual ou superior, que a revogue expressa ou tacitamente.

Revogação total e parcial

No que diz respeito à extensão, a revogação da lei pode ser total (ab-rogação) ou apenas parcial (derrogação), conforme a nova regra jurídica altere por completo, ou apenas parte da antiga norma.

Há certos casos – como antes mencionado – nos quais a lei foi promulgada para vigorar apenas provisoriamente, ou para regular uma circunstância especial. Na hipótese, por exemplo, de uma enchente, que danifique severamente uma cidade, pode-se fazer publicar uma lei que autorize, enquanto durar a calamidade,

47 "Art. 2º. Não se destinando à vigência temporária, a lei terá vigor até que outra a modifique ou revogue".

que os habitantes daquele lugar possam retirar alimentos dos mercados sem nada pagar. Finda a enchente, essa norma deixa de ter eficácia, voltando a vigorar a regra anterior, ordinária, segundo a qual a aquisição dos bens alimentícios dos mercados deve dar-se mediante uma contraprestação.

Repristinação

O fato de uma lei perder sua vigência não faz ressuscitar a lei que ela a revogou. Assim, se for revogado o Código Civil de 2002, não haverá o automático revigoramento da Lei de 1916. O nome dessa retomada de vigor é repristinação, que não foi adotada no nosso ordenamento jurídico, garante o § 3º do artigo 2º da Lei de Introdução às Normas do Direito Brasileiro.[48]

1.8. Interpretação da norma jurídica

Eis o segundo dos dez mandamentos que, como ensina a Bíblia, Moisés ouviu do próprio Deus: "Não farás para ti escultura, nem figura alguma do que está em cima, nos céus, ou embaixo, sobre a terra, ou nas águas, debaixo da terra. Não te prostrarás diante delas e não lhes prestarás culto". Qual o significado dessa ordem divina? Teria Michelangelo, ao pintar a criação na Capela Sistina, no Vaticano, violado tal regra e, por consequência, cometido um pecado? Logo se vê que as determinações, as regras, necessitam de interpretação. Interpretar é extrair da norma o seu significado e alcance. Há quem defenda que a norma nasce com a interpretação que lhe é dada. Mais importante do que atentar à letra da lei é salvar-lhe o espírito. Michelangelo não pecou porque sua obra apenas realçou a grandeza do mesmo Deus que falou com Moisés no Monte Sinai. A finalidade determinada pelo segundo mandamento estava assegurada.

Hermenêutica

Acima, deu-se uma interpretação do mandamento, mas há opiniões em contrário, radicalmente divergentes. A interpretação coloca o intérprete diante de opções. A hermenêutica, o estudo das formas de interpretação de um texto, é tão complexa e fascinante quanto necessária.

Como a norma é geral e abstrata, impõe-se aplicá-la ao caso concreto. Cumpre ao intérprete conhecer a lei e fazê-la incidir nas hipóteses pertinentes. Diante do fato, deve-se avaliar qual a norma jurídica que com ele se relaciona. Uma pessoa faz um contrato vendendo um rio. Acontece que o artigo 99 do Código

48 "§ 3º. Salvo disposição em contrário, a lei revogada não se restaura por ter a lei revogadora perdido a vigência".

de 2002[49] informa que os rios são bens públicos e o artigo 100 da Lei[50] indica que esses bens são inalienáveis. Em vista da situação – o contrato no qual se alienou o rio –, o intérprete aplicará os dispositivos acima indicados para concluir que esse ato não será reconhecido pelo ordenamento jurídico pela impossibilidade legal de alienação do objeto negociado.

Para aferir se o fato se amolda à norma, muitas vezes não se fazem necessárias grandes elucubrações. Comumente, a norma é clara e a aplicação ao caso concreto é evidente. Diz-se *in claris non fit interpretario*, ou seja, nas hipóteses nas quais a norma é clara não há lugar para divagações acerca de sua interpretação. Entretanto, na verdade, quando se diz que a norma é clara, já se interpretou a regra.

Tronchet, o presidente da comissão que elaborou o Código Napoleão (o Código Civil francês, de 1804), orientou-se, na elaboração do trabalho, pela ideia de que os artigos do Código deveriam ser compreendidos por qualquer cidadão; bastaria ao homem comum ler a norma e tomar ciência de como deveria proceder, sem necessidade de recorrer a nenhuma outra fonte. Contudo, sempre será necessário extrair da letra da lei o seu significado. Muitas vezes, esse trabalho será simples; noutras hipóteses essa interpretação, a hermenêutica jurídica, pode revelar-se extremamente complexa. Interpretar chega a ser perigoso: a interpretação malfeita pode levar o aplicador a distanciar-se do real propósito da regra. De fato, "quem não sabe rezar, xinga o santo...". Por essa razão, há fundado interesse em conhecer as formas mais adequadas de encontrar o verdadeiro conteúdo da norma e mensurar seu alcance.

Para demonstrar a dificuldade e a importância da interpretação das normas, imaginou-se a situação do hospital que proibira a entrada de cães. Um dia apareceu um cego doente, que tinha por guia um pastor alemão treinado. Como a regra proibia o acesso dos cães, o deficiente não pôde ser internado. Pouco depois, surgiu um visitante acompanhado de um urso. Admitiram o ingresso

49 "Art. 99. São bens públicos: I – os de uso comum do povo, tais como rios, mares, estradas, ruas e praças; II – os de uso especial, tais como edifícios ou terrenos destinados a serviço ou estabelecimento da administração federal, estadual, territorial ou municipal, inclusive os de suas autarquias; III – os dominicais, que constituem o patrimônio das pessoas jurídicas de direito público, como objeto de direito pessoal, ou real, de cada uma dessas entidades".

50 "Art. 100. Os bens públicos de uso comum do povo e os de uso especial são inalienáveis, enquanto conservarem a sua qualificação, na forma que a lei determinar".

do animal (pois não havia uma regra proibida a entrada de ursos). Mas, afinal, qual seria a finalidade da regra que vedava a entrada de cães? Pode-se argumentar que se ela fosse aplicada não de modo literal, como foi no exemplo, mas a fim de garantir a sua razão de ser (sua *ratio*, diriam os romanos), o cachorro treinado seria admitido no hospital e o urso barrado.

Outro caso. Num bar, há o seguinte cartaz: "Compre um pastel de carne e ganhe um de queijo". Um cliente, então, compra um pastel de carne e recebe apenas um de queijo, nada mais (ou seja, não recebem o pastel de carne que comprou). Ao reclamar da falta do pastel de carne, o cliente recebe uma ríspida resposta do dono do estabelecimento. Para este, a placa era clara: ao comprar um pastel de carne, ganhava-se um de queijo... A interpretação deveria ser absolutamente literal.

Veja-se um exemplo histórico: o Marechal Deodoro, o primeiro presidente do Brasil, renunciou ao seu cargo em 1891. O vice-presidente, Floriano Peixoto, assumiu o poder. Ocorre que a Constituição Federal, então vigente (a de 1891), estabelecia no seu artigo 42:

> "Se, no caso de vaga, por qualquer causa, da presidência ou da vice-presidência, não houverem decorrido ainda dois anos do período presidencial, proceder-se-á à nova eleição."

Não havia "decorrido dois anos". A interpretação literal era a de que se deveria proceder à nova eleição. Entretanto, Floriano Peixoto não convocou nova eleição. Ele alegou que a norma apenas se aplicava aos presidentes eleitos pelo povo (daí por que a regra falava em "nova eleição"). Como Deodoro havia sido eleito indiretamente, ou seja, sem eleição pelo povo, mas pelo Congresso Nacional, ele, Floriano, poderia permanecer ocupando a presidência até o fim do mandato. A interpretação da regra legal, neste caso, alterou a história do nosso país.

Veja-se, em boa hora, como faz diferença uma interpretação literal e restritiva da norma daquela leitura mais ampla. Existe, até hoje, na Abadia beneditina de St. Gall, na Suíça, uma regra expressa que proíbe às mulheres pisar na soleira da porta dos mosteiros. Com isso, mulher alguma poderia entrar na Abadia. Ocorreu que, no século X, o mantenedor, patrono e protetor do Mosteiro era a Duquesa da Suábia. Essa nobre decidiu que queria visitar o Mosteiro. Ninguém conseguiu dissuadi-la. Instaurou-se um grande impasse. Os monges beneditinos, então, se reuniram. Era costume deles ouvir a todos, em ordem inversa à sua idade. O mais novo frade ponderou o seguinte: "A duquesa quer nos visitar na condição de patrono de nossa Abadia. Portanto, nessa qualidade, ela vem como homem. Além do mais, se a nossa regra é estrita, que ela entre sem pôr os pés na soleira da porta." Com essa interpretação restritiva, os monges solucionaram o problema – e a Condessa foi carregada para dentro da abadia.

Idealmente, a norma deveria prescindir de maiores discussões para reconhecer o seu comando. Em tese, bastaria a leitura da regra para lhe delimitar a força. No Código de Baviera de 1812, por exemplo, a interpretação da lei estava expressamente proibida. O juiz deveria aplicar a lei tal qual estava escrita. Essa ideia revelou-se inócua. Melhor seria oferecer as bases para a hermenêutica.

O intérprete pode socorrer-se da doutrina, ou seja, dos comentários feitos por estudiosos do Direito, que expressam as suas opiniões acerca do conteúdo da regra jurídica. Pode também valer-se da jurisprudência, isto é, das decisões reiteradas e uniformes oferecidas pelos tribunais ao julgar as situações idênticas ou análogas que lhes são submetidas, ou, até mesmo, dos trabalhos de preparação do Poder Legislativo na elaboração da regra. Por fim, há a interpretação autêntica, oferecida pelo próprio legislador, que formula uma norma jurídica para o fim de esclarecer o significado de outra lei.

A finalidade da interpretação consiste em determinar o sentido da lei, o seu propósito. Deve-se notar que, uma vez em vigor, a lei passa a ter vida própria, independentemente da vontade do legislador. Tal como ensina Pirandello – um dramaturgo italiano que morreu em 1936 – na sua genial peça *Seis personagens em busca de um autor*, qualquer obra, depois de exteriorizada, já não pertence a quem escreveu. Na peça, os personagens se rebelam contra o autor do texto, numa eloquente metáfora. O mesmo ocorre com a norma escrita. Com efeito, a lei não é o que o legislador queria que ela fosse, mas como ele se expressou. A lei tem vida própria e pode ser mais ou menos inteligente do que o legislador. As vezes, ela alcança menos do que o legislador previu. Noutras, a lei vai atingir situações não previstas no momento de sua elaboração. Para interpretar a lei, avalia-se a sua finalidade objetiva, a sua teleologia (a razão de ela existir) – em latim, diz-se a *mens legis* ("a intenção da lei")

–, e nunca os desejos íntimos e as pretensões do legislador (que seria a *mens legislatoris*, "a intenção do legislador").

Métodos de interpretação

São métodos de interpretação: (1) o literal, que se limita ao valor das palavras, pela análise morfológica das construções adotadas pelo legislador para extrair o significado da regra; (2) o método histórico, no qual se avalia o desenvolvimento da regra, em comparação com as legislações anteriores e, até mesmo, a circunstância histórica do momento em que a lei foi elaborada (*ocasio legis*, ou seja, a ocasião ou a circunstância da lei); (3) o método lógico ou teológico é aquele no qual se considera a razão de ser da lei, a finalidade racional da norma; e (4) o método sistemático, pelo qual se observa o dispositivo legal em harmonia com o resto do ordenamento, de forma que a sua expressão seja coerente com o sistema jurídico.

Todos esses métodos devem interagir. A soma deles indicará o sentido da norma. Na dúvida, deve-se sempre procurar a interpretação mais razoável, a de mais fácil compreensão, que menos se desvie do ordinário, levando-se em conta o ordenamento jurídico como um todo e os objetivos últimos da regra.

Evidentemente, a razão de ser da norma pode alterar-se. O legislador deve sempre aplicar a norma sensível à realidade do seu tempo, aos valores sociais daquele momento. A finalidade da norma sempre deve ser moderna, pulsante, viva.

Fins sociais

Ao explicitar o significado da lei, vale respeitar a regra do artigo 5º da Lei de Introdução às Normas do Direito Brasileiro, segundo a qual, "na aplicação da lei, o juiz atenderá aos fins sociais a que ela se dirige e às exigências do bem comum". A ferramenta do intérprete é a norma, mas o substrato é a vida em sociedade. O Direito foi construído para reger a sociedade, protegendo seus elevados e legítimos fins. Quem quer que se afaste dessa premissa estará interpretando a norma de forma estéril.

Esse fim social apenas pode ser atingido se o intérprete tiver presente que a sua atividade de exteriorizar a extensão da norma não se limita a uma atuação individual, mas que, ao dar vida à norma, ele próprio cumpre uma função na sociedade. A própria segurança jurídica passa por essa compreensão de que o intérprete deve dar à norma a força que ela própria possui e nunca fazer da lei uma refém de suas convicções pessoais.

Antinomia

Registre-se, ainda, o conceito de antinomia. Trata-se da divergência de duas normas jurídicas que incidem sobre a mesma situação prática. Em outras palavras, ocorre a antinomia se duas normas regulam o mesmo caso, mas oferecem soluções distintas. Há, pois, um conflito de normas. Evidentemente, a antinomia é uma aberração. O ordenamento jurídico deve ser harmônico, coeso. Por isso, a verdadeira antinomia muito raramente ocorre.

Há, entretanto, casos de aparente antinomia. Nessas hipóteses, o sistema jurídico oferece critérios que visam a esclarecer o suposto conflito de normas. Em primeiro lugar, a lei hierarquicamente superior prevalece sobre a de nível inferior. A norma constitucional tem primazia sobre todas as demais regras jurídicas de natureza infraconstitucional (diz-se: *lex superior derogat legi inferiori*, ou "a lei superior derroga a lei inferior"), assim como as regras estabelecidas em lei federal (como o Código Civil) têm prevalência, por exemplo, aos decretos, que são normas jurídicas criadas pelo Poder Executivo para explicar ou tornar efetiva alguma lei.

Além disso, a norma especial tem ascendência sobre a geral. Isto é, se há alguma regra referente a uma situação específica, ela deve suplantar a genérica. Veja-se a seguinte hipótese: o Código de Processo Civil, no artigo 37,[51] diz que quem alega um fato em juízo deve prová-lo. Trata-se de uma norma geral. De outro lado, o artigo 6º, VIII, do Código do Consumidor (Lei nº 8.078, de 11.9.90)[52] admite a inversão do ônus da prova em favor do

51 "Art. 37. O pedido de cooperação jurídica internacional oriundo de autoridade brasileira competente será encaminhado à autoridade central para posterior envio ao Estado requerido para lhe dar andamento".

52 "Art. 6º. São direitos básicos do consumidor: I – a proteção da vida, saúde e segurança contra os riscos provocados por práticas no fornecimento de produtos e serviços considerados perigosos ou nocivos; II – a educação e divulgação sobre o consumo adequado dos produtos e serviços, asseguradas a liberdade de escolha e a igualdade nas contratações; III – a informação adequada e clara sobre os diferentes produtos e serviços, com especificação correta de quantidade, características, composição, qualidade, tributos incidentes e preço, bem como sobre os riscos que apresentem; IV – a proteção contra a publicidade enganosa e abusiva, métodos comerciais coercitivos ou desleais, bem como contra práticas e cláusulas abusivas ou impostas no fornecimento de produtos e serviços; V – a modificação das cláusulas contratuais que estabeleçam prestações desproporcionais ou sua revisão em razão de fatos supervenientes que as tornem excessivamente onerosas; VI – a efetiva prevenção e reparação de danos patrimoniais e morais, individuais, coletivos e difusos; VII – o acesso aos órgãos judiciários e administrativos com vistas à prevenção ou reparação de danos patrimoniais e morais, individuais, coletivos ou difusos, assegurada a proteção Jurídica, administrativa e técnica aos necessitados; VIII – a facilitação da defesa de seus direitos, inclusive com a inversão do ônus da prova, a seu favor, no processo civil, quando, a critério do juiz, for verossímil a alegação ou quando for ele hipossuficiente, segundo as regras ordinárias de experiências; IX – (Vetado); X – a adequada e eficaz prestação dos serviços públicos em geral".

consumidor quando houver uma gritante disparidade entre este e o fornecedor, ou seja, o consumidor, em alguns casos, não precisa provar o que alega em juízo. Embora as normas ofereçam regras discrepantes (uma impõe a quem alegar o fato o dever de demonstrá-lo e a outra registra o oposto), não há choque entre elas, pois uma lei é especial (refere-se à relação que se estabelece entre consumidores e prestadores de serviços ou fornecedores), ao passo que a outra, do Código de Processo Civil, é geral.

Por fim, outra forma de verificar a prevalência de uma regra sobre outra reside no momento de sua promulgação. Normas mais recentes, de mesma hierarquia e que tratem do mesmo assunto, revogam as anteriores.

Acaso, mesmo verificados os critérios acima arrolados, subsista o confronto, haverá a verdadeira antinomia. Torne-se o seguinte exemplo: a citada Lei do Consumidor registra ser inválida a cláusula de contrato de consumo que estabeleça a "utilização compulsória da arbitragem" (artigo 51, VII)[53]. Ocorre que a Lei de Arbitragem (nº 9.307, de 23.9.96), no artigo 4º, § 2º,[54] registra que nos contratos de adesão (nos quais as cláusulas já vêm previamente estipuladas por uma das partes e a outra, se quiser contratar, apenas assina, concordando com todos os termos) pode ser ajustada a arbitragem, se a cláusula específica que tratar do assunto estiver em destaque e o aderente oferecer um visto especial, ratificando a sua concordância.

Na hipótese, a Lei dos Consumidores informa ser inválida a estipulação, mas a Lei de Arbitragem a admite, se ela for redigida em destaque. Ambas as leis possuem a mesma hierarquia (são leis federais). Cada uma trata de uma matéria específica: uma da relação entre fornecedor e consumidor e a outra da arbitragem. Se, por um lado, a Lei de Arbitragem é mais recente, de outro a Lei do Consumidor carrega um interesse social mais elevado. Nos casos de real antinomia, o intérprete deve valer-se do disposto no artigo 5º da Lei de Introdução às Normas do Direito Brasileiro,[55]

---

53 "Art. 51. São nulas de pleno direito, entre outras, as cláusulas contratuais relativas ao fornecimento de produtos e serviços que: (...) VII – determinem a utilização compulsória de arbitragem".

54 "§ 2º Nos contratos de adesão, a cláusula compromissória só terá eficácia se o aderente tomar a iniciativa de instituir a arbitragem ou concordar, expressamente, com a sua instituição, desde que por escrito em documento anexo ou em negrito, com a assinatura ou visto especialmente para essa cláusula".

55 "Art. 5º. Na aplicação da lei, o juiz atenderá aos fins sociais a que ela se dirige e às exigências do bem comum".

atendendo aos fins sociais e às exigências do bem comum, para, analisando o caso concreto, oferecer uma resposta.

1.9. O Direito civil, a Constituição e as leis especiais

Normas de Direito Privado e Público

Como se ressaltou, inicialmente o Direito se preocupava apenas em regular a relação entre os membros da sociedade. Classicamente, o direito entre os civis, o Direito privado por excelência. O Direito era – e segue sendo – o instrumento que visa a regular a convivência humana, de preferência para facilitá-la. O artigo 1° do Código Civil de 1916[56] refletia esse conceito ao estipular que "este Código regula os Direitos e obrigações de ordem privada concernentes às pessoas, aos bens e às suas relações".[57]

Ainda em Roma, desenvolveu-se o Direito público, com o propósito de cuidar das relações entre as pessoas e o Estado, ou tratar das situações onde há interesses preponderantemente coletivos.

Tanto o Direito privado (que, em um primeiro momento, era apenas o que hoje chamamos de Direito Civil) quanto o Direito público ganharam, ao longo dos séculos, inúmeras ramificações. Como representantes do Direito público temos, por exemplo, o Direito constitucional, o administrativo, o tributário. De outro lado, como exemplo de espécie do gênero privado, há o Direito comercial.

Atualmente, debate-se se ainda permanece válida a divisão entre o Direito público e o privado. Para muitos, essa dicotomia já perdeu a sua razão de existir e tem finalidade meramente didática, pois os interesses públicos e privados, na contemporânea concepção de Direito, se interpenetram de forma indissociável. Um bom exemplo disso é o Direito do consumidor e as relações que ele rege; é difícil saber onde começa o interesse público e onde termina o privado.

Igualdade formal

A grande conquista das codificações modernas, capitaneadas pelo Código Napoleão, consistiu em garantir a igualdade formal entre os cidadãos. A norma aplica-se igualmente a todos, sem distinção. As pessoas são, ao menos formalmente, iguais. Esse

56 "Art. 1°. A lei obriga em todo o território brasileiro, nas suas águas territoriais e, ainda, no estrangeiro, até onde lhe reconhecerem exterritorialidade os princípios e convenções internacionais".

57 Não existe regra similar no novo Código.

princípio se antepunha ao que vigia antes: as pessoas estavam divididas em classes e, destas, a nobreza tinha privilégios.

Igualdade material

Mais recentemente, contudo, percebeu-se que somente a igualdade formal, embora refletisse um grande avanço, não era suficiente. Pior: em muitas situações a igualdade formal acabava funcionando como fonte de iniquidades, pois o Direito tratava de forma igual pessoas de realidades desiguais.

Assim, surgiu a preocupação em garantir também a igualdade material entre as pessoas, de modo a equilibrar as relações. O exemplo mais antigo entre nós está no Direito do trabalho. Entendeu-se que a relação que vincula o trabalhador e seu patrão é, por natureza, desigual. Justifica-se, portanto, que o empregado receba um tratamento diferenciado, com a proteção do Estado, por meio da promulgação de leis específicas. Para tanto, foi criado, no Brasil, um ramo especial do Poder Judiciário, como o propósito de dirimir os litígios decorrentes da relação de emprego.

Em março de 1991, passou a vigorar a Lei dos Consumidores (Lei nº 8.078, de 11.9.90), mais conhecida como Código de Defesa do Consumidor, porque assim batizado pelo artigo 48 do Ato das Disposições Constitucionais Transitórias.[58] Essa norma prevê uma série de regras de proteção ao consumidor, parte que o Estado reconhece como a mais frágil nas relações de consumo.

Essas leis, e tantas outras, vão restringir a aplicação do Direito Civil "puro" que, na época da promulgação do Código Civil de 1916, regia a quase totalidade das relações entre as pessoas. Atualmente, todas essas regras convivem e devem ser interpretadas como integrantes do mesmo ordenamento jurídico.

Constitucionalização do direito civil

A Constituição Federal de 1988 cuida de uma série de temas antes tratados apenas pelo Direito Civil, como, por exemplo, a forma de exercer a propriedade privada. A tendência moderna do Direito constitucional consiste em oferecer princípios, normas abertas, que se vão emprenhar nas regras infraconstitucionais, aderindo à alma das normas. A Constituição passa a servir de prisma das normas de Direito civil, em fenômeno conhecido como a constitucionalização do Direito civil.[59] De fato, sendo a Constituição o vértice do ordenamento, seus valores devem espraiar-se sobre todas as demais normas jurídicas que compõem

58 "Art. 48. O Congresso Nacional, dentro de cento e vinte dias da promulgação da Constituição, elaborará código de defesa do consumidor".

59 O professor Ebert Chamoun registrava, com humor, que, na realidade, estamos diante do fenômeno da "civilização do direito constitucional".

o sistema. Pode-se dizer ainda mais: a Constituição tem o papel de organizar o sistema de fontes do Direito.

Estaria o Direito civil condenado a encolher indefinidamente, para funcionar apenas excepcionalmente, quando não incidisse qualquer especialidade? Certamente não.

Uma visão mais aberta de todos esses fenômenos recentes, tanto da constitucionalização do Direito, como da existência das leis especiais (que, para alguns, criam microssistemas), permite ver que elas representam mais do que apenas um novo perfume do Direito civil, porém uma nova fase do Direito privado, integrado e em harmonia com o ordenamento jurídico, e com uma missão social mais ambiciosa, colocando os interesses relacionados à dignidade da pessoa humana em primeiro lugar.[60]

Finalidade do direito civil

O Direito Civil vai-se movimentando em conjunto com essas tendências, incorporando seus valores e emprestando seus institutos. A sociedade muda e com ela alteram-se as regras de conduta de seus membros. Por outro lado, o ordenamento é um só. O Estado não pode ter duas respostas para a mesma situação.

Sobre três valores se assentam as normas jurídicas: a justiça, a segurança e o bem comum. A justiça é a medida do que cada um merece, é o equilíbrio da relação entre as pessoas, é o que a nossa humanidade nos ensina como sendo o correto. Segurança representa a certeza de estabilidade das relações jurídicas e o bem comum consiste na harmonia social, com o propósito de atingir o interesse geral da comunidade.

Quando a lei diz que quem comete um dano deve repará-lo, fala-se de justiça. Se a norma impede que se edite uma lei com efeitos retroativos, quer-se garantir a segurança social. Finalmente, se há uma regra jurídica impondo a desapropriação de uma área para a construção de uma praça pública, estamos diante de uma disposição que busca o bem comum.

As normas jurídicas ganharão legitimidade em função da sua proximidade com esses valores, tão preciosos para a sociedade.

O desafio atual do Direito civil consiste em incorporar todos esses valores para, ao final, oferecer ao homem, cidadão, membro da sociedade, o mesmo que Ulpiano havia preconizado, há dois mil anos, como o conteúdo da norma jurídica: viver honestamente, não lesar a ninguém e dar a cada um o que é seu.

---

60 Ver Pietro Perlingieri, *Perfis do Direito Civil – Introdução ao Direito Civil Constitucional*, Rio de Janeiro: Renovar, 1997.

Organização das matérias no Código civil

Atualmente, embora as normas de Direito civil estejam espalhadas por uma vastíssima legislação – e até mesmo na Constituição Federal –, ainda se pode dizer que, de forma majoritária, suas regras estão expostas no Código Civil, a Lei nº 10.406, de 10.1.2002, que entrou em vigor em 12.1.2003 (valendo ressaltar que, para muitos, o Código passou a vigorar em 11.1.2003).

O Código Civil transitou durante quase três décadas nos gabinetes do Legislativo, sob o nome de Projeto 634/75. Foi elaborado – por um grupo de notáveis juristas, dentre os quais José Carlos Moreira Alves, Agostinho Alvim, Silvio Marcondes, Ebert Chamoun, Clóvis do Couto e Silva, Torquato Castro e Miguel Reale, respectivamente relatores da parte geral, Direito das obrigações, Direito da empresa, direito das coisas, Direito de família e Direito das sucessões. Coube a Miguel Reale, jurista e filósofo, presidir a comissão. Entre a data de início de sua elaboração e a data em que foi publicado, uma nova Constituição Federal entrou em vigor, fazendo com que o Código já nascesse, principalmente na parte que disciplina o Direito de família, defasado.

O Código Civil de 2002 inicia com uma parte geral, seguida de parte especial. Nessa parte especial, há cinco livros (eram, antes, quatro e, agora, encontram-se organizados em outra ordem): Direito das obrigações, Direito de empresa (que se deveria chamar "Direito das empresas"), Direito das coisas, Direito de família e Direito das sucessões.

A disposição da nova Lei Civil segue um critério lógico (não faz sentido estudar Direito de família sem conhecer os institutos do Direito das obrigações). O Código de 1916 tratou, após a parte geral, de Direito de família, depois o das coisas, o Direito das obrigações e, por fim, o das sucessões. A lei anterior seguiu uma ordem que valorizava primeiro a família, depois a propriedade, ficando as obrigações em segundo plano. A nova Lei, já se disse, foi prática – seguindo a sequência adotada pelo Código Civil alemão –, no que andou muito bem.

Na parte geral do Código se estabelecem definições e princípios refletidos por todo o ordenamento jurídico. A parte geral garante a unidade do Código. É na parte geral, por exemplo, que se estabelece quem são as pessoas capazes de realizar os atos da vida civil, ou quais os bens que podem ser negociados. Trata-se, portanto, do primeiro capítulo da viagem pelo mundo do Direito civil.

2

A Relação Jurídica e seus Elementos

Qual seria o objeto das regras sociais? Sobre que substrato elas incidiriam? A resposta é simples: sobre as relações em sociedade.

Relações sociais são todas aquelas situações nas quais as pessoas interagem. Nem todas têm repercussão no mundo jurídico. Agradecer um favor consiste numa relação social, mas, a princípio, não tem qualquer relevância na esfera jurídica. Já se disse que cumprimentar um conhecido na rua representa apenas uma regra de educação, que não afeta qualquer norma jurídica.

Direito objetivo

O direito objetivo – o conjunto das normas jurídicas – rege as relações em sociedade, nas quais, segundo o ordenamento legal, a sua tutela é necessária. É uma opção do legislador que determinada situação seja regulada pela norma. Tempos atrás, discutia-se se o dano puramente moral seria indenizável. Não havia regra jurídica indicando expressamente que esse prejuízo deveria ser ressarcido. Com a Constituição Federal de 1988, no artigo 5º, X,[1] o legislador fez uma escolha: o dano moral deve ser indenizado. Assim, o direito objetivo indica seu campo de atuação, ou seja, sobre quais relações sociais ele irá incidir.

Relações jurídicas

As relações sociais cujo conteúdo interessa ao direito denominam-se relações jurídicas. A relação jurídica será, então, aquela que o ordenamento entender como digna de ser tutelada.

Ao se comprar um imóvel, por exemplo, estamos diante de uma relação jurídica que se estabelece entre o comprador e o vendedor, tendo o Estado interesse em regular esse vínculo e os efeitos dele decorrentes. Se o vendedor se recusar a entregar o bem, o credor poderá exigir do Estado que ampare seu direito de receber a coisa.

O mesmo se dá no casamento. A relação que passa a existir entre marido e mulher será protegida pelo ordenamento jurídico.

---

1 "X – são invioláveis a intimidade, a vida privada, a honra e a imagem das pessoas, assegurado o direito a indenização pelo dano material ou moral decorrente de sua violação".

Dessa forma, diz-se, sem medo de errar, que as normas jurídicas têm por objeto regular as relações jurídicas.

Elementos das relações jurídicas

Para melhor entender as relações jurídicas – e, até mesmo, para as distinguir das relações sociais sem qualquer relevância para o Direito – é tarefa fundamental destrinçar os seus elementos. Como numa aula de anatomia, cumpre distinguir um a um dos componentes das relações jurídicas, pois apenas assim se terá clara compreensão do fenômeno.

Toda e qualquer relação jurídica é composta de cinco elementos: sujeitos, fato, norma, vínculo e objeto. A falta de qualquer um deles torna inexistente a relação; ou melhor: ela sequer chega a se formar.

Toda a relação jurídica terá, necessariamente, sujeitos (as pessoas envolvidas), um fato (um acontecimento que os uniu), uma norma (a regra jurídica que se dá ao fato uma consequência), um vínculo (a relação de poder, dever ou sujeição que se estabelece pela conjunção dos sujeitos, do fato e da norma), e, finalmente, um objeto (o bem jurídico atingido).

Cada um desses elementos merece uma análise detida. Convém introduzi-los desde logo, para não se perder a visão do sistema.

1º elemento: os sujeitos das relações jurídicas

Em primeiro lugar, é fundamental que existam ao menos dois sujeitos para que possa haver relação. De um lado está o sujeito ativo, o titular da proteção, e, do outro, o sujeito passivo, aquele que sofre a sujeição imposta pela norma jurídica.

Em uma situação de crédito, apontar os sujeitos da relação é tarefa de razoável facilidade: são o credor e o devedor. No direito de propriedade, a relação vai estabelecer-se entre o titular do direito, o dono da coisa, e, do outro lado, toda a coletividade (um sujeito passivo indeterminado, pois todas as pessoas devem respeitar a propriedade alheia).

Caso não existam os sujeitos, não se pode falar em relação jurídica. Não havia, por exemplo, qualquer relação social – e, muito menos, jurídica – enquanto Robinson Crusoé habitava, solitário, a sua ilha. Apenas com a chegada de Sexta-Feira, o nativo que o náufrago conheceu, nasceram as relações sociais e jurídicas.

Tenha-se presente que somente as pessoas podem ser sujeito de direito. Um cachorro, uma pedra, um poema não podem celebrar contrato ou receber herança. Apenas as pessoas, físicas ou jurídicas, têm a capacidade de participar como sujeito de uma relação jurídica.[2]

Verificados os sujeitos, é necessário que exista um fato, uma situação qualquer que una as pessoas: a celebração de um acordo, uma batida de carro, uma promessa de recompensa.

2º elemento: o fato jurídico

Evidentemente, o fato propulsor de uma relação precisa ter relevância no mundo jurídico. Uma onda que quebra na areia não tem, em regra, qualquer interesse para o ordenamento jurídico. Entretanto, se essa mesma onda derrubar um quiosque situado na orla, que se encontrava segurado contra acidentes, a situação muda completamente. Nesse caso, o fato desencadeou um dano ao proprietário do quiosque e essa perda pode ser cobrada da sociedade seguradora.

Há, assim, que se ver, em primeiro lugar, se o fato tem relevância, ou seja, se ele vai importar criação, alteração ou extinção de alguma situação jurídica.

Ato jurídico

Veja-se que o fato pode decorrer de um acontecimento natural, derivado de fenômeno da natureza, como o vento, a chuva. Pode, ainda, ser fruto de um proceder humano. Ao fato procedente de uma pessoa com repercussão no mundo jurídico denomina-se ato jurídico.

Negócio jurídico

Admite-se ainda uma outra subdivisão: o ato jurídico pode ter sido realizado com a finalidade específica de produção de um determinado efeito legal. Isto é, houve a vontade do sujeito direcionada para um fim com repercussões jurídicas. O caçador que atinge sua presa não está, necessariamente, buscando realizar um ato com desdobramentos jurídicos, ao passo que quem assina um contrato de compra e venda seguramente deseja que sua atividade adquira efeitos legais. O negócio jurídico é o ato realizado com a finalidade de atingir um resultado jurídico.

2 Atualmente, há um projeto de lei tramitando na Câmara dos Deputados (PLS 351/2015) visando à "descoisificação" dos animais, em consonância com a tendência capitaneada por vários países europeus, os quais vêm alterando seus códigos civis para declarar expressamente que os animais não são objetos. O mais recente foi a França, cujo Código Civil foi alterado em fevereiro de 2015 passando a prever no art. 515(14) que os animais não são coisas e sim "seres sencientes": "*Les animaux sont des êtres vivants doués de sensibilité. Sous réserve des lois qui les protègent, les animaux sont soumis au régime des biens.*"

No Código Civil de 1916, o artigo 81[3] denominava ato jurídico o que, na verdade, era negócio jurídico. O Código Civil atual, mais técnico neste ponto, trata diretamente do negócio jurídico, distinguindo-o, expressamente, do ato jurídico, como se pode aferir da leitura do artigo 185 da nova Lei.[4] O negócio jurídico, então, é um ato de vontade, no qual o sujeito declara seu interesse com o propósito de obter algum resultado no mundo jurídico.

Ato ilícito

O fato originador do vínculo entre os sujeitos não será necessariamente lícito. Muitas vezes, o ato que desencadeará uma relação jurídica é contrário a certa regra legal. Uma batida de carro é um fato que agride o preceito de que ninguém deve lesar bem alheio. Esse ato cria, para o seu autor, o dever de reparar a vítima do dano, vinculando os sujeitos envolvidos no acidente numa relação jurídica. Esse fato violador da norma jurídica recebe o nome de ato ilícito.

3º elemento: norma jurídica

O outro elemento constitutivo das relações jurídicas é a norma jurídica incidente. Isto porque, além dos sujeitos e do fato, é necessário que haja uma regra jurídica que atuará como liame, tal qual o cimento, a atar os dois primeiros elementos.

Resgatando o exemplo prosaico da batida de carro, o ato ilícito, consistente no dano causado ao proprietário do automóvel, vinculará os sujeitos porque há uma norma, o artigo 927 do Código Civil,[5-6] segundo a qual o responsável pela ofensa ao Direito de outrem fica obrigado a reparar o dano.

Caso não haja uma norma jurídica atrelando o fato aos sujeitos, não haverá relação jurídica apta a invocar a proteção do ordenamento.

---

3 "Art. 81. Todo o ato licito, que tenha por fim imediato adquirir, resguardar, transferir, modificar ou extinguir direitos, se denomina ato jurídico".

4 "Art. 185. Aos atos jurídicos lícitos, que não sejam negócios jurídicos, aplicam-se, no que couber, as disposições do Título anterior".

5 "Art. 927. Aquele que, por ato ilícito (arts. 186 e 187), causar dano a outrem, fica obrigado a repará-lo".

Confiram-se os artigos 159 e 1.518 do Código Civil de 1916.

6 Confiram-se os seguintes artigos 159 e 1.518 do Código Civil de 1916:

"Art. 159. Aquele que, por ação ou omissão voluntária, negligência, ou imprudência, violar direito, ou causar prejuízo a outrem, fica obrigado a reparar o dano A verificação da culpa e a avaliação da responsabilidade regulam-se pelo disposto neste Código, arts. 1.521 a 1.532 e 1.542 a 1.553".

"Art. 1.518. Os bens do responsável pela ofensa ou violação do direito de outros ficam sujeitos à reparação do dano causado; e, se tiver mais de um autor a ofensa, todos responderão solidariamente pela reparação".

4º elemento: vínculo

Dessa relação jurídica advém um vínculo entre os sujeitos. Trata-se da situação de poder, dever ou sujeição que a norma jurídica indica para os sujeitos envolvidos em um determinado fato. Em outras palavras, os sujeitos relacionados a certo fato recebem uma resposta do ordenamento pela incidência de uma norma.

Quando, por contrato, se compra um bem, o devedor passa a ter o dever de entregar o objeto ajustado ao credor. Aí está o vínculo: uma pessoa tem o poder de exigir de outra a entrega do bem. O devedor dessa relação, por sua vez, fica com o dever de dar a coisa. Nesse caso, o vínculo será o poder de a pessoa exigir a aplicação da norma.

O vínculo pode ficar apenas em potência, sem necessidade de exposição. No caso do direito de propriedade, o titular do domínio terá uma relação jurídica com toda a coletividade – um sujeito passivo universal -, que ficará sujeita a respeitar o poder de domínio do titular. Caso a propriedade seja invadida, o titular poderá fazer valer o seu direito, exigindo do Estado que projeta sua situação, ou, até mesmo, retirar, por sua própria conta, o invasor de seu bem, desde que a sua reação seja imediata e não se cometam excessos.[7] Entretanto, se ninguém afrontar seu direito, o vínculo da relação de propriedade continua existindo. Nesses casos, o poder do titular seria como um vulcão em repouso, que, apesar de aparentemente inofensivo, encontra-se pronto para entrar em erupção.

Acepções da palavra "direito"

Para melhor expor a situação do vínculo, convém mencionar as diferentes acepções da palavra Direito. Muitas vezes se afirma: "eu tenho direito de fazer isso". Noutras, "É preciso ver o que o Direito diz sobre esse tema". Nas duas situações o vocábulo "direito" é utilizado em sentidos completamente distintos: na primeira, direito é a prerrogativa, o poder. Na segunda, Direito quer dizer o ordenamento jurídico, o direito objetivo. Quando se fala do vínculo, trata-se do poder, da possibilidade de uma pessoa exigir de outra um certo comportamento, ou alterar a situação jurídica alheia, ou, ainda, de praticar certo ato, sem que ninguém possa impedi-la.

Direito subjetivo

O poder – o vínculo – normalmente consiste em agir de acordo com a norma, isso é, fazer valer um determinado disposi-

7 Veja-se o § 1º do artigo 1.210 do Código Civil: "1º. O possuidor turbado, ou esbulhado, poderá manter-se ou restituir-se por sua própria força, contanto que o faça logo; os atos de defesa, ou de desforço, não podem ir além do indispensável à manutenção, ou restituição da posse".

tivo legal. Cuida-se da proteção que a lei dá a um interesse, ou, segundo uma definição clássica, é o interesse juridicamente protegido.

O artigo 313 do Código Civil diz: "O credor não é obrigado a receber prestação diversa da que lhe é devida, ainda que mais valiosa." Diante disso, o credor tem o poder de agir conforme a regra, impondo ao devedor que respeite o dispositivo legal, para exigir o pagamento tal como devido. Como se disse, dá-se a esse poder o nome de direito subjetivo, que consiste no poder de uma pessoa fazer outra cumprir a regra legal ou derivada de um contrato.

Não se deve, contudo, confundir direito subjetivo com o amparo da vontade. O direito subjetivo pode existir mesmo contra vontade do seu titular. O direito subjetivo é a aplicação individualizada do direito objetivo. Como o Direito subjetivo consiste no poder e agir de acordo com a norma, esta norma garante a pretensão do titular do direito. Por consequência, o direito subjetivo nasce depois do direito objetivo.

São, pois, duas coisas diferentes: o direito subjetivo e a vontade do titular de um direito. Hoje, entende-se que o interesse do titular de um direito, de fazer valer esse direito, passa por um filtro do ordenamento jurídico. O direito subjetivo não é o que o titular quer, porém o que o ordenamento entende correto daquela pretensão.

Uma pessoa pretende cobrar de seu devedor uma multa altíssima – de, digamos, 100% do valor devido – pelo atraso de um dia no pagamento de uma dívida. Isso é feito com base num contrato que prevê precisamente essa elevada multa. Ocorre que, embora o contrato tenha sido celebrado pelas partes (espelhando a vontade delas), nosso ordenamento não permite multa tão elevada. Logo, a vontade do credor, de cobrar a multa, vai, ao ser analisada pelo Estado, passar por um prisma, para, ao final, receber uma resposta do ordenamento jurídico: não se permite a cobrança como pretendido. A vontade do titular do direito vai ter que se moldar para chegar ao que o ordenamento em vigor admite.

Portanto, o direito subjetivo será sempre exercido na medida em que ele for aceito pelo ordenamento jurídico.

Dever jurídico

Enquanto o sujeito ativo tem um direito subjetivo, o sujeito passivo possui um dever jurídico, consistente em respeitar o interesse legítimo do titular do direito subjetivo. Assim, quem compra, por exemplo, um carro, tem direito a recebê-lo. Quem vendeu, por sua vez, tem o dever jurídico de entregá-lo.

Direitos subjetivos absolutos

Os direitos subjetivos se subdividem em absolutos e relativos. Nos absolutos, o poder do titular é oponível a toda a coletividade, isto é, *erga omnes* – contra todos. Já nos relativos, o direito pode ser exigido de apenas uma pessoa específica ou de um grupo determinado. Os direitos subjetivos absolutos são os direitos personalíssimos, como o direito ao nome[8] e à integridade física, para citar dois exemplos. Todas as pessoas devem respeitar o nome alheio. Outra espécie do gênero dos direitos subjetivos absolutos é o Direito das coisas (também chamado de Direitos reais), que regula a situação existente entre os sujeitos e as coisas. É o que ocorre na propriedade, onde todos devem observar o direito do titular do domínio, do dono da coisa. O sujeito passivo desta relação é a coletividade.

Direitos subjetivos relativos

De outro lado, há os direitos subjetivos relativos: o Direito de família e o Direito obrigacional. O de família se estabelece entre pessoas ligadas pela procriação e pelo casamento. Trata-se, por exemplo, do dever de alimentar que um pai tem em relação ao filho. Veja-se que esse dever e poder existem apenas entre aquelas pessoas e a ninguém mais ele é oponível. Também possui essa característica o Direito obrigacional, a relação que se dá entre credor e devedor. O credor apenas pode exercer a sua pretensão contra a pessoa do devedor. Por isso se diz relativo o seu direito subjetivo.

Qualidades jurídicas

Não se confundem com o direito subjetivo as qualidades jurídicas. Estas são atributos que aderem à personalidade do titular, estabelecendo a posição do sujeito no mundo jurídico, como ser filho de fulano, ou ser casado com sicrana. As qualidades, na maioria das vezes, são pressupostos para realização de direitos subjetivos.

Direito potestativo

Situação distinta é aquela na qual o sujeito tem o poder de realizar um ato, que atingirá a esfera jurídica de outra pessoa, que nada pode fazer senão sofrer as consequências da vontade do titular do direito. Isto é, o titular pode influir na situação jurídica de outrem, que deve sujeitar-se. É o caso da revogação de uma procuração, que pode ser desfeita a qualquer momento por quem a concedeu, sem que nada possa fazer o procurador. De fato, seria mesmo absurdo admitir que uma pessoa representasse outra, contra a vontade do representado.

8 Artigos 16 a 18 do Código Civil.

Nessas situações, o conteúdo do vínculo, como se vê, é distinto: o titular possui um direito potestativo, que se distingue do direito subjetivo, porque o sujeito ativo do direito tem poder de influir na esfera jurídica do sujeito passivo, sem que este tenha como impedir. O exercício do direito potestativo não exige qualquer ação ou omissão do sujeito passivo. Este arcará com as consequências, queira ou não.

Faculdades jurídicas

Finalmente, há, ainda, as faculdades jurídicas. É o que ocorre, para dar exemplos, com a possibilidade de casar, ou de construir uma casa sobre um terreno. Nessas duas situações, o titular tem a faculdade de realizar – ou não – os atos. Em tais casos, não haverá sujeição, ao contrário do direito potestativo, como também não se irá impor a outrem a adoção de certa conduta, como ocorre nos direitos subjetivos.

5º elemento: o objeto da relação jurídica

Como se mencionou, na formação das relações jurídicas é essencial que se encontrem os sujeitos, o fato, a norma, o vínculo e, por derradeiro, o objeto. Este último vai consistir no bem jurídico sobre o qual recai a relação. É o último dos elementos exatamente porque, do ponto de vista prático, é o resultado da relação jurídica.

Não existirá relação se o poder que dela resulta não estiver vinculado a um bem jurídico.

Para deixar clara a íntima relação entre o objeto e o direito, o artigo 77 do Código Civil de 1916 [9] asseverava que, perecendo o objeto, deixa de existir o direito.[10] Mais adiante, no artigo 78 do Código de 1916,[11] enumeravam-se as hipóteses nas quais se considerava perdido o objeto.[12] Caso uma pessoa tenha a propriedade de um bolo e este seja ingerido por terceiro, sem autorização, deixará de haver a coisa e, portanto, o direito se extinguirá. O antigo proprietário fica, contudo, habilitado a reclamar uma indenização de quem quer que tenha sido o culpado pela perda. O objeto, neste caso, passou a ser o direito de receber indenização pelo ato ilícito – e não mais o bolo.

Nas relações obrigacionais – nas quais uma pessoa (o credor) tem o poder de exigir de outra (o devedor) a adoção de certa

9 "Art. 77. Perece o direito, perecendo o seu objeto".

10 Não há artigo semelhante no Código de 2002.

11 "Art. 78. Entende-se que pereceu o objeto do direito: I. Quando perde as qualidades essenciais, ou o valor econômico. II. Quando se confunde com outro, de modo que se não possa distinguir. III. Quando fica em lugar de onde não pode ser retirado".

12 O Código Civil não traz regra idêntica, mas o princípio segue válido: sem objeto não há direito.

atividade – há uma divisão do objeto, que pode ser imediato e mediato. O objeto imediato consiste na conduta imposta ao devedor e o objeto mediato é o bem jurídico.

Assim, o objeto imediato será o comportamento do devedor, que o credor pode exigir (como entregar um carro, por exemplo). O objeto mediato, na hipótese que se acabou de referir, será o carro.

Tome-se qualquer relação; observe-se um a um de seus elementos, como se se procedesse a uma dissecação. Na compra de uma bola, por exemplo, os sujeitos são o credor e o devedor. O fato: o contrato de compra e venda. A regra incidente é a relativa à compra e venda (o artigo 481 e seguintes do Código Civil), enquanto o vínculo consiste no poder de o comprador exigir a entrega do bem. O objeto imediato da relação, nesse caso, é a conduta consistente no dever de entregar a bola e o objeto mediato é o bem jurídico: a bola.

Outra situação: a paternidade. Os seus sujeitos são os pais e os filhos. Há uma série de possíveis relações de poder e dever daí decorrentes (como, por exemplo, o dever de prestar alimentos, pois a lei determina a certos familiares a obrigação de prestar auxílio recíproco). O vínculo está no poder de exigir essa ajuda alimentar. Finalmente, o objeto consiste no bem entregue com essa finalidade.

Por fim, examinemos a situação que se estabelece entre o proprietário de um bem e toda a coletividade. Os sujeitos são o proprietário, de um lado, e, de outro, todas as pessoas, que estão sujeitas a respeitar a coisa alheia. O fato é a propriedade (veja-se, não o direito, mas a situação de domínio de uma pessoa sobre uma coisa). A norma se encontra no artigo 1.228 do Código Civil,[13] que dá ao dono da coisa o poder de proteger seu bem. Acabamos de dizer qual o vínculo que vai atrelar os sujeitos: exatamente o direito de preservar a sua situação relativamente à coisa. Finalmente, o objeto é a coisa protegida.

Em toda e qualquer relação haverá esses elementos. A análise detida deles não apresenta apenas interesse científico. Muitas vezes, para resolver casos complexos, revela-se essencial ter claro se esses elementos estão presentes e quais as suas características.

13 "Art. 1.228. O proprietário tem a faculdade de usar, gozar e dispor da coisa, e o direito de reavê-la do poder de quem quer que injustamente a possua ou detenha".

3

Os Sujeitos da Relação Jurídica

3.1. A personalidade

Personam tragicam forte vulpes viderat:
"O quanta species" inquit "cerebrum non habet".

Essa é a fábula da raposa e a máscara, ou, no original de Fedro, o poeta romano, *Vulpes ad personam tragicam*. A raposa vê a máscara usada no teatro e fica admirada com a sua beleza ("*o quanta species*", exclama). Depois, contudo, verifica que a máscara é oca, não tem cérebro. A moral da fábula é clara: não nos devemos impressionar com as aparências. Mas, além dessa grande lição, a história serve para lembrar que a palavra "personalidade" tem origem nas máscaras usadas nos teatros antigos. Na antiguidade, os atores usavam máscaras que amplificavam as suas vozes. Eram as "*personae*" que projetavam a voz. Daí a etimologia, algo profunda, de pessoa e personalidade.[1]

Como se ressaltou, a relação jurídica, como espécie de relação social, só se dá entre pessoas, os seus sujeitos. Tautologias à parte, todas as pessoas têm direito de ter direito. O ordenamento não admite a existência de pessoa que não possa ser sujeito de uma relação jurídica.

Capacidade jurídica

O poder de ter direitos ou contrair deveres denomina-se personalidade, ou capacidade jurídica ou, ainda, capacidade de direito. Já se frisou: todas as pessoas são dotadas de personalidade.

Para a pessoa física, basta respirar para adquirir personalidade. Mais especificamente, a primeira troca óxico-carbônica marca o nascimento com vida e, por consequência, o recebimento desses *status*. De outra ponta, a personalidade, a aptidão de ser sujeito de uma relação jurídica, só se perde com a morte. Dessa forma, é melhor entender que a personalidade não é um direito subjetivo (ou um "super" direito subjetivo), mas ao pressuposto de todos os direitos subjetivos, um feixe de direitos.

---

1 "*Persona*" é latim. A palavra correspondente, em grego, à máscara usada nos teatros é "*prosopon*", que originou o termo prosopopeia, a figura de linguagem que designa dar vida e voz às coisas inanimadas. A figura também é chamada de "personificação".

Nascituro

A lei admite, muito excepcionalmente, personalidade fictícia. São hipóteses nas quais o ordenamento concede a uma situação de fato uma proteção jurídica, embora não desfrute de personalidade. É o caso, por exemplo, do nascituro, isto é, do feto em gestação, amparado pelo ordenamento, consoante o artigo 2º do Código Civil,[2] embora ainda não tenha nascido (o termo latino *nasciturus* significa precisamente o que está por nascer).

Veja-se, contudo, que a aquisição de personalidade pelo feto está condicionada ao seu nascimento com vida. O nascituro, enquanto no ventre de sua mãe, recebe proteção jurídica, como se seus direitos estivessem em potência, aguardando um fato futuro – o nascimento – para que eles passem a valer. O Código chega a indicar a hipótese na qual haverá a curatela do nascituro (artigo 1.779[3]). Os romanos viam os fetos como parte das vísceras da mulher – *portio mulieris vel viscerum* –, sem direito a qualquer tutela especial. Essa concepção muito se distancia da atual. Hoje, a tendência é a de se reconhecer maior proteção ao nascituro, havendo, até mesmo, quem defenda que a personalidade começa com a concepção.

3.2. Capacidade de fato

A personalidade não se confunde com o poder de praticar atos jurídicos e, por meio deles, adquirir, resguardar, modificar, transferir e cancelar direitos, além de ficar sujeito a deveres. A personalidade se tem, é uma graça adquirida pelo fato de pertencer ao grupo dos seres humanos, como explica o artigo 1º do Código Civil.[4-5] A capacidade de fato, por outro lado, se conquista.

Um bebê pode ser o proprietário de um castelo. O ordenamento admite que qualquer pessoa seja titular do direito de propriedade. Entretanto, a criança sozinha não poderá vendê-lo. Isto porque se entende que, pela sua pouca idade, ele não possui discernimento do que significa o negócio de alienação do bem. Diante disso, o ordenamento não outorga a um bebê a capacidade

2 "Art. 2º. A personalidade civil da pessoa começa do nascimento com vida; mas a lei põe a salvo, desde a concepção, os direitos do nascituro".

3 "Art. 1.779. Dar-se-á curador ao nascituro, se o pai falecer estando grávida a mulher, e não tendo o poder familiar".

4 "Art. 1º. Toda pessoa é capaz de direitos e deveres na ordem civil"

5 O artigo 1º do Código Civil apenas trocou a palavra "homem", da redação do artigo 2º do Código de 1916, por "pessoa".

de fato para alienar seu bem. Em última análise, o direito quer protegê-lo, impedindo a disposição de seu patrimônio, até que tenha plena ciência das implicações de seu ato.

Do ponto de vista prático, a capacidade de fato consiste no poder de realizar negócios jurídicos, ou seja, de agir intencionalmente a fim de alterar alguma situação jurídica. A regra é a da capacidade e a lei relacionará as hipóteses nos quais esse poder é restrito.

Quanto à capacidade, as pessoas estão divididas em três categorias: (1) os absolutamente incapazes, (2) os relativamente incapazes e (3) os capazes.

Na sua redação original, o Código Civil de 2002 previa um extenso rol de pessoas consideradas absolutamente ou relativamente incapazes. Estes eram pessoas a quem o legislador reconheceu um discernimento inexistente (ou reduzido, no caso dos relativamente incapazes), motivo pelo qual se lhes restringiu a capacidade para a prática de determinados atos.

Dentre essas pessoas, estavam "o*s que, por enfermidade ou deficiência mental, não tiverem o necessário discernimento para a prática desses atos*" e "*os que, mesmo por causa transitória, não puderem exprimir sua vontade*". No rol dos relativamente incapazes, estavam aqueles que "*por deficiência mental, tenham o discernimento reduzido*" e "*os excepcionais, sem desenvolvimento mental completo*".

Com o advento da Lei nº 13.146, de 6.7.2015 (Estatuto da Pessoa com Deficiência), o tratamento dado àquelas pessoas foi radicalmente alterado. Atualmente, em vez de se exigir que estas pessoas estejam representadas ou assistidas por um curador, o ordenamento jurídico lhes atribui plena capacidade para que possam praticar os atos da vida civil de forma livre e desimpedida.

Não obstante, pode a pessoa com deficiência eleger duas pessoas idôneas, com a qual mantenha vínculos e que gozem de sua confiança, para lhe prestar apoio na tomada de decisões, a partir de elementos e informações constantes de um termo por ela mesma escrito.

Incapacidade como uma forma de proteção

Bem analisada a situação, declarar a falta de capacidade ou incapacidade de um sujeito é, ao contrário do que pode parecer, um benefício ao incapaz. Isto porque o objetivo do ordenamento, ao impedir ou limitar que um incapaz realize atos da vida civil, é, essencialmente, de protegê-lo.

Imagine-se se um louco pudesse gerir seu patrimônio. Rapidamente, ele dilapidaria tudo o que tem. E se fosse permitido a uma criança rica decidir livremente o que fazer com a sua fortuna? Com a velocidade que o diabo esfrega os olhos, ela poria tudo a perder. Nesses casos, parece evidente que o ponto em comum entre o louco e a criança é o de que a vontade deles, isto é, a sua faculdade mental e psíquica de tomar decisões, encontra-se reduzida. Um louco não age racionalmente e a criança sequer sabe o que deve fazer. Como a vontade dessas pessoas é deficiente, o ordenamento irá podar as suas capacidades, limitando o seu poder de agir.

Dificilmente um louco irá requerer ao juiz que declare a sua demência. Em regra, uma pessoa próxima – alguém de sua família – solicita o reconhecimento judicial da senilidade. Reconhecida a insanidade, o louco será interditado e uma pessoa indicada para representá-lo. Como não é o reconhecimento judicial o marco inicial da loucura – evidentemente, o interditado já havia perdido suas faculdades mentais antes da declaração do juiz –, podem-se considerar nulos os atos realizados antes da interdição, desde que demonstrado que o interditado já não tinha a adequada consciência de sua conduta.

Absolutamente incapazes

O artigo 3º do Código Civil[6] denomina de absolutamente incapazes as pessoas com nenhum discernimento. Os atos realizados exclusivamente por essas pessoas não geram efeitos, são considerados nulos. Diz-se "exclusivamente" porque, como veremos, mesmo os absolutamente incapazes podem realizar atos desde que representados por quem a lei indica.

Importante destacar que, com o advento do Estatuto da Pessoa com Deficiência, o rol dos absolutamente incapazes foi reduzido. Não mais se consideram absolutamente incapazes – ou sequer incapazes, como se viu – os que, "por enfermidade ou deficiência mental", não teriam o necessário discernimento para a prática dos atos da vida civil.

Menores de 16 anos

O Código Civil, como se disse, trata no artigo 3º dos absolutamente incapazes. Mesmo em sua redação original, a sua lista era mais restrita do que aquela mencionada no artigo 5º do antigo Código.[7] Em sua redação atual, o artigo 3º qualifica como

6 "Art. 3º. São absolutamente incapazes de exercer pessoalmente os atos da vida civil os menores de 16 (dezesseis) anos".

7 "Art. 5º. São absolutamente incapazes de exercer pessoalmente os atos da vida civil: I. Os menores de dezesseis anos. II. Os loucos de todo o gênero. III. Os surdos-mudos, que não puderem exprimir a sua vontade. IV. Os ausentes, declarados tais por ato do juiz".

incapazes somente os menores de 16 anos. Até atingir essa idade, o menor será representado pelos seus pais, estipula o artigo 1.634, V, do Código de 2002.[8]

O absolutamente incapaz não participa do ato. Quem atua é o seu representante. Se ele age, o seu ato será nulo, indica o artigo 166, I, do Código.[9]

Relativamente incapazes

Como se viu, os incapazes são aqueles que não possuem discernimento. Por isso, não podem realizar os atos da vida civil, mas devem ser representados, isto é, outra pessoa, indicada pela lei, vai agir por elas. Digamos que uma criança de cinco anos seja dona de um imóvel. Ela não pode vender o seu bem. Mas os seus pais, por força do artigo 1.634, V, do Código Civil,[10] têm como alienar o bem, porque representam o menor, ou sejam, agirão em nome dele, suprindo-lhe a incapacidade.

O Código Civil, nos artigos 115 a 120, cuida da representação, que será nosso assunto adiante.

O ordenamento trata de forma diferente os relativamente incapazes. Estes, ao contrário dos absolutamente incapazes, têm poder de manifestar sua vontade. Entretanto, porque essa vontade

8 "Art. 1.634. Compete a ambos os pais, qualquer que seja a sua situação conjugal, o pleno exercício do poder familiar, que consiste em, quanto aos filhos: I – dirigir-lhes a criação e a educação; II – exercer a guarda unilateral ou compartilhada nos termos do art. 1.584; III – conceder-lhes ou negar-lhes consentimento para casarem; IV – conceder-lhes ou negar-lhes consentimento para viajarem ao exterior; V – conceder-lhes ou negar-lhes consentimento para mudarem sua residência permanente para outro Município; VI – nomear-lhes tutor por testamento ou documento autêntico, se o outro dos pais não lhe sobreviver, ou o sobrevivo não puder exercer o poder familiar; VII – representá-los judicial e extrajudicialmente até os 16 (dezesseis) anos, nos atos da vida civil, e assisti-los, após essa idade, nos atos em que forem partes, suprindo-lhes o consentimento; VIII – reclamá-los de quem ilegalmente os detenha; IX – exigir que lhes prestem obediência, respeito e os serviços próprios de sua idade e condição".

9 "Art. 166. É nulo o negócio jurídico quando: I – celebrado por pessoa absolutamente incapaz".

10 "Art. 1.634. Compete a ambos os pais, qualquer que seja a sua situação conjugal, o pleno exercício do poder familiar, que consiste em, quanto aos filhos: I – dirigir-lhes a criação e a educação; II – exercer a guarda unilateral ou compartilhada nos termos do art. 1.584; III – conceder-lhes ou negar-lhes consentimento para casarem; IV – conceder-lhes ou negar-lhes consentimento para viajarem ao exterior; V – conceder-lhes ou negar-lhes consentimento para mudarem sua residência permanente para outro Município; VI – nomear-lhes tutor por testamento ou documento autêntico, se o outro dos pais não lhe sobreviver, ou o sobrevivo não puder exercer o poder familiar; VII – representá-los judicial e extrajudicialmente até os 16 (dezesseis) anos, nos atos da vida civil, e assisti-los, após essa idade, nos atos em que forem partes, suprindo-lhes o consentimento; VIII – reclamá-los de quem ilegalmente os detenha; IX – exigir que lhes prestem obediência, respeito e os serviços próprios de sua idade e condição".

não é perfeita (o discernimento deles ainda não é absolutamente maduro, ou encontra-se perturbado por uma situação, como a dependência química, por exemplo), os relativamente incapazes não podem atuar sozinhos, mas devem ser assistidos.

Com o advento do Estatuto da Pessoa com Deficiência, algumas pessoas a quem o Código atribuía capacidade relativa foram excluídas desse rol, tornando-se plenamente capazes. São elas "*os que, por deficiência mental, tenham o discernimento reduzido*" e "*os excepcionais, sem desenvolvimento mental completo*".

Por outro lado, "*aqueles que, por causa transitória ou permanente, não puderem exprimir sua vontade*", antes considerados absolutamente incapazes, passaram a ser considerados relativamente incapazes.

Portanto, o artigo 4º da Lei civil,[11] que se ocupa do assunto, relaciona, dentre os relativamente incapazes, os menores de 18 anos e maiores de 16 (inciso I); os ébrios habituais e viciados em tóxico (inciso II); aqueles que, por causa transitória ou permanente, não puderem exprimir sua vontade (inciso III) e os pródigos (inciso IV).

Os atos realizados pelos relativamente incapazes, sem a devida assistência, são anuláveis, diz o artigo 171, I, do Código Civil.[12]

Em regra, desaparecendo a causa que justificou a incapacidade relativa, ela também cessa, voltando a pessoa a fruir da capacidade plena. Dessa forma, "curado" o alcoólatra, ele voltará a ser plenamente capaz.

Menos de 18 anos e maiores de 16

Segundo o artigo 5º do Código,[13] a pessoa física torna-se capaz ao completar 18 anos. A partir de então, o sujeito está plenamente apto a realizar os atos da vida civil, ou seja, terá plena

11 "Art. 4º. São incapazes, relativamente a certos atos ou à maneira de os exercer: I – os maiores de dezesseis e menores de dezoito anos; II – os ébrios habituais e os viciados em tóxico; III – aqueles que, por causa transitória ou permanente, não puderem exprimir sua vontade; IV – os pródigos".

12 "Art. 171. Além dos casos expressamente declarados na lei, é anulável o negócio jurídico: I – por incapacidade relativa do agente".

13 "Art. 5º. A menoridade cessa aos dezoito anos completos, quando a pessoa fica habilitada à prática de todos os atos da vida civil.

Parágrafo único. Cessará, para os menores, a incapacidade: I – pela concessão dos pais, ou de um deles na falta do outro, mediante instrumento público, independentemente de homologação judicial, ou por sentença do juiz, ouvido o tutor, se o menor tiver dezesseis anos completos; II – pelo casamento; III – pelo exercício de emprego público efetivo; IV – pela colação de grau em curso de ensino superior; V – pelo estabelecimento civil ou comercial, ou pela existência de relação de emprego, desde que, em função deles, o menor com dezesseis anos completos tenha economia própria".

capacidade de fato. De outro lado, será relativamente incapaz o menor de 18 e maior de 16 anos. Esse menor poderá realizar os atos da vida civil desde que assistido pelos seus pais.

O ordenamento jurídico, entretanto, aponta diversas situações nas quais o menor relativamente incapaz age livremente, sem a necessidade de assistência. Isso vai ocorrer com o seu poder de ser eleitor (artigo 14, II, da Constituição Federal[14]), de receber procuração (artigo 666 do Código de 2002[15]) e de ser testemunha (artigo 228, I, da nova Lei civil[16]).

Emancipação

Permite-se, ainda, que, em algumas situações, referidas no parágrafo único do artigo 5º do Código Civil, essa capacidade seja antecipada. Trata-se da emancipação. A primeira hipótese referida na Lei é a emancipação outorgada por ambos os pais do menor, ou só por um deles, se o outro faltar (art. 5º, I). A emancipação vai ocorrer também se o relativamente incapaz se casar (inciso II),[17] passar a exercer emprego público efetivo (inciso III), colar grau em curso de ensino superior (inciso IV), ou passar a viver com seus próprios ganhos, fruto de seu trabalho (inciso V). Quanto ao último inciso do artigo 5º, basta que o menor tenha regular vínculo de trabalho pelo qual consiga o próprio sustento.

Indígenas

A emancipação deve constar de escritura pública,[18] a fim de dar publicidade ao novo *status* jurídico. Depois de concedida, ela é irrevogável e definitiva.

Caso Ceci se casasse com Peri, o bom indígena do romance de José de Alencar, seria necessário que a Fundação Nacional do Índico, a FUNAI, autorizasse a união. Nada romântico. Isto porque os indígenas estão sob a tutela do Estado, apenas se emancipando os que já se integraram à sociedade, assim declarados pelo juiz.

14 "Art. 14. A soberania popular será exercida pelo sufrágio universal e pelo voto direto e secreto, com valor igual para todos, e, nos termos da lei, mediante: I – plebiscito".

15 "Art. 666. O maior de dezesseis e menor de dezoito anos não emancipado pode ser mandatário, mas o mandante não tem ação contra ele senão de conformidade com as regras gerais, aplicáveis às obrigações contraídas por menores".

16 "Art. 228. Não podem ser admitidos como testemunhas: I – os menores de dezesseis anos".

17 Segundo o artigo 1.517 do Código Civil de 2002, a idade mínima para casar, independentemente do sexo, é de 16 anos. Depois dos 16 anos, mas antes de completar 18, o menor só poderá casar-se com a autorização dos pais.

18 Inciso II do artigo 9º do Código Civil: "Art. 9º Serão registrados em registro público: (...) II – a emancipação por outorga dos pais ou por sentença do juiz".

O Estatuto do Indígena, Lei nº 6.001, de 19.12.73, apresenta, no artigo 9º,[19] os requisitos dessa emancipação, dentre eles o de falar português, o rude e doloroso idioma, tal como referido pelo poeta Olavo Bilac. Admite-se, também, a emancipação a coletiva, por decreto do Presidente da República (artigo 11 do Estatuto[20]).

Os silvícolas, no antigo Código, eram considerados relativamente incapazes. No Código Civil, diz o parágrafo único do artigo 4º,[21] a sua capacidade será regulada por lei especial. É o que já ocorria, pois o mencionado Estatuto do Indígena trata da capacidade civil do indígena.

Portanto, os indígenas, salvo aqueles já integrados à nossa cultura, são considerados incapazes para os atos da vida civil.

Pródigos

Denomina-se pródiga a pessoa dissipadora de seu patrimônio. Em uma sociedade de consumo como a nossa, o gastador não é exceção. Para merecer uma declaração judicial nesse sentido, é necessário que a pessoa pratique atos irresponsáveis de transferência de seu patrimônio. A interdição, nesses casos, se dá apenas na esfera patrimonial, consoante o artigo 1.782 do Código Civil.[22] O pródigo, portanto, segue capaz para realizar os demais atos da vida civil nos quais não haja transferência de patrimônio (pode, por exemplo, servir de testemunha).[23]

Houve o caso de uma senhora que, recém-convertida a uma religião, passou a fazer expressivas doações ao seu templo. Seus filhos, muito preocupados, já que a generosidade era muito superior ao que suportava o patrimônio da mulher, foram ao Judiciário, a fim de obter a declaração de prodigalidade da mãe

19 "Art. 9º Qualquer índio poderá requerer ao Juiz competente a sua liberação do regime tutelar previsto nesta Lei, investindo-se na plenitude da capacidade civil, desde que preencha os requisitos seguintes: I – idade mínima de 21 anos; II – conhecimento da língua portuguesa; III – habilitação para o exercício de atividade útil, na comunhão nacional; IV – razoável compreensão dos usos e costumes da comunhão nacional".

20 "Art. 11. Mediante decreto do Presidente da República, poderá ser declarada a emancipação da comunidade indígena e de seus membros, quanto ao regime tutelar estabelecido em lei, desde que requerida pela maioria dos membros do grupo e comprovada, em inquérito realizado pelo órgão federal competente, a sua plena integração na comunhão nacional".

21 "Parágrafo único. A capacidade dos indígenas será regulada por legislação especial".

22 "Art. 1.782. A interdição do pródigo só o privará de, sem curador, emprestar, transigir, dar quitação, alienar, hipotecar, demandar ou ser demandado, e praticar, em geral, os atos que não sejam de mera administração".

23 Em situação semelhante se encontra o falido, pois as restrições a ele impostas pela Lei de Falências (artigo 40, § 1º, do Decreto-Lei nº 7.661, de 21.6.1945) se relacionam aos atos de gestão dos bens da sociedade em bancarrota, podendo ele realizar os demais atos da vida civil.

e, com isso, evitar a dissipação total dos seus bens. Nesse caso especificamente, a mãe, graças à criatividade dos seus advogados, conseguiu escapar da declaração, utilizando o argumento de que ela apenas exercia o seu direito, constitucionalmente garantido, de liberdade de culto religioso (artigo 5º, VI, da Constituição Federal[24]). Isso impressionou o julgador, que deixou de examinar o ponto nevrálgico: a efetiva transferência de patrimônio de forma lesiva a ela própria.

Viciados

No Código Civil, foram arrolados como relativamente incapazes os ébrios habituais (alcoólatras) e os viciados em tóxico (que, antes, eram considerados absolutamente incapazes, por força do Decreto nº 24.559/34).

Já se disse, e vale repetir, que apenas os alcoólatras ou os toxicômanos assim declarados por ato judicial ensejam a anulação do ato por eles realizado. Caso uma pessoa se embriague e assine algum documento nesse estado, pode-se requerer a invalidação do ato por erro (como se verá adiante: a pessoa tinha um falso conhecimento dos fatos pelo seu estado), mas não com base na incapacidade. Ninguém é incapaz para um ato e capaz para outro, poucos momentos depois. Isso causaria uma enorme e indesejável instabilidade à segurança dos atos jurídicos. Caso se pretenda obter a declaração de incapacidade, ela deve ser requerida ao juiz, sob pena de o terceiro de boa-fé sustentar a validade do negócio celebrado com o viciado.

Há um procedimento específico para a declaração judicial da interdição, previsto nos artigos 747 e seguintes do Código de Processo Civil. Não apenas a lei indica, no artigo 747 do Código de Processo,[25] quem são os legitimados a requerer a interdição, como também, no artigo 753 do Código Processual[26], informa

24 "VI – é inviolável a liberdade de consciência e de crença, sendo assegurado o livre exercício dos cultos religiosos e garantida, na forma da lei, a proteção aos locais de culto e a suas liturgias".

25 "Art. 747. A interdição pode ser promovida: I – pelo cônjuge ou companheiro; II – pelos parentes ou tutores; III – pelo representante da entidade em que se encontra abrigado o interditando; IV – pelo Ministério Público.

Parágrafo único. A legitimidade deverá ser comprovada por documentação que acompanhe a petição inicial".

26 "Art. 753. Decorrido o prazo previsto no art. 752 , o juiz determinará a produção de prova pericial para avaliação da capacidade do interditando para praticar atos da vida civil.

§ 1º. A perícia pode ser realizada por equipe composta por expertos com formação multidisciplinar.

que, antes de se pronunciar acerca dela, o juiz, conjuntamente com um especialista, deve examinar pessoalmente o interditando.

Ao mencionar quem são os legitimados a iniciar o processo de interdição, a lei fala dos parentes. Deve-se, contudo, entender que parentes são apenas aqueles mais próximos, como pais, filhos ou netos.

Aquelas que não podem exprimir sua vontade

O inciso III do artigo 3º do Código Civil, agora revogado, informava que também eram incapazes aqueles que não pudessm exprimir sua vontade, como o surdo-mudo analfabeto, ou o acidentado que não conseguiam comunicar-se. Essa incapacidade perdura enquanto a pessoa não tiver como se manifestar, ainda que a situação seja transitória, ensina o dispositivo legal. Embora a regra tenha sido revogada pela Lei nº 13.146, de 6.7.2015 – no denominado Estatuto da Pessoa com Deficiência –, ela oferecia uma proteção a quem tivesse uma dificuldade em se manifestar. Agora, na forma do artigo 2º do referido Estatuto,[27] haverá uma avaliação do grau de deficiência, a fim de aferir a capacidade.

Lúcido intervalo

Muito rica a discussão acerca do lúcido intervalo. Ocorre que, muitas vezes, um determinado sujeito alterna momento de loucura com outros de completa lucidez. É o caso, apenas para citar exemplos fictícios, porém conhecidos, do "incrível" Hulk ou do Dr. Jekill e Mr. Hyde. O pacato médico poderia evidentemente adquirir um carro, mas seria temerário consentir que o grotesco monstro esverdeado tivesse poder de realizar qualquer ato da vida civil. Nessas hipóteses da ficção, fica muito claro distinguir o momento em que a pessoa está fora de si, até porque, nos dois casos referidos, a aparência física se transforma junto com o discernimento. Na vida real, todavia, isso não acontece. Como, então, resolver esse dilema, que não é tratado pela lei? Uma solução radical, porém segura, seria simplesmente não reconhecer o lúcido intervalo. Declarado o período pretérito no qual se considera o sujeito debilitado, todos os atos são nulos. Essa resposta, adotada pela maioria da doutrina, não é justa em uma série de situações. Para solucionar a controvérsia, parece ser mais razoável, caso haja dúvida sobre o estado de con-

§ 2º. O laudo pericial indicará especificadamente, se for o caso, os atos para os quais haverá necessidade de curatela".

27 "Art. 2º. Considera-se pessoa com deficiência aquela que tem impedimento de longo prazo de natureza física, mental, intelectual ou sensorial, o qual, em interação com uma ou mais barreiras, pode obstruir sua participação plena e efetiva na sociedade em igualdade de condições com as demais pessoas".

sciência do sujeito, analisar economicamente o ato, para ver se o interditado sofreu prejuízo financeiro. Caso não tenha havido dano, e provado que a outra parte agiu de boa-fé, deve-se garantir a validade do negócio, até mesmo para proteger o ato jurídico e garantir segurança ao mercado. O artigo 1.860 do Código inova,[28] excepcionando a regra geral. Para o citado dispositivo, não pode fazer testamento quem, no ato, não tiver "pleno discernimento". Assim, pode ser anulado o testamento caso se prove que o testador enfrentava um acesso de raiva no momento em que realizou o ato.

E o intervalo da loucura? Como o ordenamento vê a situação do sujeito que tem acessos de raiva e realiza atos impensados? Admitir a possibilidade de alguém, depois de realizado o negócio, suscitar a sua nulidade porque o realizou durante, digamos, um acesso de raiva, resultaria num abalo do interesse do ordenamento jurídico em garantir a segurança dos negócios. Com negócios. Com razão, não se permite esse fundamento para anular os atos, salvo se comprovado que a outra parte tirou proveito do estado de descontrole emocional.

Fixação do termo inicial da incapacidade

Questão complexa consiste na fixação dos efeitos retroativos da incapacidade. Naturalmente, depois de reconhecida a incapacidade, os atos praticados pelo incapaz não têm validade. Entretanto, o mesmo incapaz pode ter realizado atos antes da declaração judicial, quando ele já não tinha discernimento.

Tome-se a situação da senhora de idade que decide vender seu único imóvel por preço vil, muito abaixo do valor de mercado. Fez isso porque perdeu o juízo. É razoável que sua filha promova a interdição da mãe e reclame a anulação do ato que alienou o imóvel, porque realizado por pessoa que não tinha a correta avaliação do que fazia, faltava-lhe discernimento. Caso a outra parte, que negociou com a senhora desmiolada, tinha, ou poderia facilmente ter, ciência da condição da vendedora do bem, a anulação do ato revela-se ainda mais pertinente. Cumpre ao juiz analisar, casuisticamente, cada ato realizado antes da interdição para avaliar se deve haver o reconhecimento de sua invalidade.[29]

---

28 "Art. 1.860. Além dos incapazes, não podem testar os que, no ato de fazê-lo, não tiverem pleno discernimento.

Parágrafo único. Podem testar os maiores de dezesseis anos".

29 Transcreve-se a seguinte decisão do Superior Tribunal de Justiça: "Direito e processo civil. Interdição. Atos anteriores à sentença. Nulidade. Imprescindibilidade de prova convincente e idônea. Cerceamento. Inocorrência. Honorários na execução. Recurso não conhecido. Para resguardo da boa-fé de terceiros a segurança do comércio jurídico, o reconhecimento da nulidade dos atos praticados anteriormente à sentença de interdi-

Assistência

Ao contrário dos absolutamente incapazes, que são representados, os relativamente incapazes são assistidos. A vontade deles tem relevância, mas, para que o ato no qual eles estão engajados se aperfeiçoe, necessária a assistência de outra pessoa, referida na lei.

Não estando a situação da pessoa referida em nenhuma das hipóteses dos artigos 3º ou 4º do Código Civil, o sujeito é capaz. A capacidade, assim, funciona por exclusão.

Senilidade

Uma última observação sobre capacidade de fato: a idade avançada não acarreta por si só a perda do poder de realizar atos da vida civil. Se o ancião centenário seguir consciente de seus atos, manterá plenamente a sua capacidade.

3.3. Pessoas físicas (ou naturais)

Há dois tipos de pessoa: as físicas (também chamadas de naturais) e as jurídicas. As físicas somos nós, seres humanos mortais, cheios de qualidade e defeitos.

O início: nascimento

Já se disse que o nascimento marca o início de nossa existência jurídica, assim como a morte o nosso fim (como explicita o artigo 6º do Código Civil[30]).

O fim: morte

A morte acarreta a extinção de todas as relações jurídicas das quais fazia parte o falecido, pelo fato de que, como já vimos, não há relação sem sujeito. *Mors omnia solvit* (a morte tudo destrói), diziam os romanos.

O Código Civil, inovando em relação ao seu antecessor, cuida, no artigo 7º,[31] da morte presumida. Em regra, para que seja dado o atestado de óbito, é preciso que haja o corpo do morto. Entretanto, em algumas situações excepcionais, o corpo da pessoa não pode ser encontrado, embora seja certo que ela faleceu. Digamos, por exemplo, que uma pessoa estava em um avião que explodiu. Dificilmente seu corpo será identificado, mas não há

ção reclama prova inequívoca, robusta e convincente da incapacidade do contratante". (REsp. 9077/RS, 4ª Turma do STJ, Relator Ministro Sálvio de Figueiredo Teixeira, DJ 30.03.92, p. 3.992).

30 "Art. 6º. A existência da pessoa natural termina com a morte; presume-se esta, quanto aos ausentes, nos casos em que a lei autoriza a abertura de sucessão definitiva".

31 "Art. 7º. Pode ser declarada a morte presumida, sem decretação de ausência: I – se for extremamente provável a morte de quem estava em perigo de vida; II – se alguém, desaparecido em campanha ou feito prisioneiro, não for encontrado até dois anos após o término da guerra".

dúvida quanto à ocorrência de sua morte. Caso fosse exigido o corpo para declarar a morte, haveria um terrível impasse. O artigo 88 da Lei dos Registros Públicos (Lei nº 6.015, de 31.12.73)[32] admite a emissão do atestado de óbito para pessoas desaparecidas em acidentes. O Código Civil vai além. Permite, no artigo 7º, a declaração da morte presumida, desde que esgotadas as buscas e averiguações do corpo (parágrafo único do referido artigo).

Comoriência

Dá-se a comoriência, como expõe o artigo 8º do Código Civil,[33] quando pessoas falecem na mesma ocasião, sem que se possa indicar quem morreu primeiro. O nosso ordenamento, seguindo a linha adotada pelo Código Civil alemão, optou por considerar que, nessas situações, as pessoas morreram ao mesmo tempo. O Código Civil, no particular, desviou-se da orientação romana, que era no sentido de criar uma série de presunções, como a de que os mais novos morrem depois dos mais velhos, dentre outras. Nisso fez muito bem a nova lei, pois apresentou uma resposta simples a um possível impasse.

A comoriência, para fins de sucessão em decorrência do falecimento, costuma ter sensíveis repercussões. Caso morram, num mesmo acidente, pai e filho (este sem descendentes e solteiro), e não se possa apreciar quem faleceu primeiro, entende-se, por força do referido artigo 8º, que o passamento se deu ao mesmo tempo. Na hipótese, caso o pai tenha ascendentes vivos, estes herdarão seus bens.[34] Quanto aos bens do filho sem descendentes, herdará a mãe, sua ascendente viva. A resposta seria distinta se se presumisse que os mais velhos morressem antes. Neste caso, o filho herdaria do pai e, depois, todo o patrimônio, dos dois falecidos, seria entregue à mãe, herdeira do filho.

32 "Art. 88. Poderão os Juízes togados admitir justificação para o assento de óbito de pessoas desaparecidas em naufrágio, inundação, incêndio, terremoto ou qualquer outra catástrofe, quando estiver provada a sua presença no local do desastre e não for possível encontrar-se o cadáver para exame".

33 "Art. 8º. Se dois ou mais indivíduos falecerem na mesma ocasião, não se podendo averiguar se algum dos comorientes precedeu aos outros, presumir-se-ão simultaneamente mortos".

34 O Código Civil de 1916 trazia a seguinte ordem de sucessão, referida no artigo 1.603: os descendentes, os ascendentes, o cônjuge e os parentes, até certo grau. A classe mais próxima excluía a mais remota. Assim, se o morto tivesse filhos (da classe dos descendentes), não herdaria a mãe do falecido (da classe dos ascendentes). No Código Civil em vigor, o cônjuge sobrevivente, a princípio, terá sempre parte da herança, não obstante a existência de descendentes e ascendentes, consoante o artigo 1.829. Veja-se, a ordem de sucessão segue a mesma (descendentes, ascendentes, cônjuge e parentes colaterais), mas o cônjuge recebe juntamente com os descendentes e ascendentes.

Atos sujeitos a registro e a averbação

Para garantir a segurança jurídica, o Código Civil estabelece que certos fatos da vida da pessoa física devem ser informados aos registros públicos. Como saber, por exemplo, se uma pessoa é casada? Basta proceder a uma pesquisa no Registro de Pessoas Civis de onde ela vive para obter a resposta.

O artigo 9º do Código[35] indica quais os atos que devem ser registrados, como o nascimento, o casamento, o óbito. O artigo 10 da Lei de 2002,[36] por sua vez, trata dos casos de averbação. A averbação é uma anotação acerca de certo fato feito no registro já existente. É o que vai ocorrer, por exemplo, se duas pessoas põe fim à sua relação conjugal, devendo o divórcio ser averbado no preexistente registro de casamento. A averbação só se dá por ordem de juiz, que determina ao responsável pelo Registro que se realize a anotação.

Os fatos apontados no Registro Público gozam de presunção de veracidade. Até que se prove o contrário, as informações ali obtidas são verdadeiras.

3.4. Direitos da personalidade

No romance *As Aventuras de Huckleberry Finn*, de Mark Twain, há uma passagem na qual uma senhora pergunta ao menino, que dá nome ao título da obra, se alguém ficara ferido com uma explosão na caldeira de um navio a vapor. Huckleberry Finn responde: "Não senhora, só matou um negro." A senhora ainda retruca: "Bem, que sorte! Às vezes alguém realmente se machuca." Para nós, os valores inseridos nesse diálogo são absolutamente repugnantes (embora não custe lembrar que esse livro foi publicado nos Estados Unidos em 1884, enquanto havia ainda escravos no Brasil). O romance, aliás, é muito crítico com relação à necessidade de valorar o ser humano. O século XX, que viu duas grandes guerras e consolidou uma sociedade de consumo de massa, teve que encontrar também algum valor supremo para se apegar: o ser humano.

35 "Art. 9º. Serão registrados em registro público: I – os nascimentos, casamentos e óbitos; II – a emancipação por outorga dos pais ou por sentença do juiz; III – a interdição por incapacidade absoluta ou relativa; IV – a sentença declaratória de ausência e de morte presumida".

36 "Art. 10. Far-se-á averbação em registro público: I – das sentenças que decretarem a nulidade ou anulação do casamento, o divórcio, a separação judicial e o restabelecimento da sociedade conjugal; II – dos atos judiciais ou extrajudiciais que declararem ou reconhecerem a filiação".

A Constituição Federal de 1988 indica, entre os fundamentos da República, no artigo 1º, III,[37] a dignidade da pessoa humana. A Constituição menciona, ainda, em seu artigo 3º, como os objetivos fundamentais do país, (I) a construção de uma sociedade livre, justa e solidária e (IV) a promoção do bem de todos, sem quaisquer preconceitos ou discriminações.[38] O Código Civil, em sintonia com a Constituição, traz artigos específicos acerca dos Direitos da personalidade. Trata-se de novidade em relação à Lei de 1916, que não examinava o assunto.

Com efeito, a referência expressa na Constituição a todos esses princípios impõe uma nova leitura das normas nas quais estejam em jogo valores referentes ao ser humano, para começar com o respeito à vida, à integralidade física, passando pela honra e à imagem.

O Código Civil de 2002, sensível ao interesse especial de proteção ao ser humano, arrola, nos artigos 11 ao 21, dispositivos sob a rubrica "Dos Direitos da personalidade". São direitos absolutos, oponíveis a todas as pessoas. Mais ainda: trata-se de direitos absolutos, inalienáveis, indispensáveis e imprescindíveis (não se perdem pelo decurso do tempo).

O Código não define os direitos da personalidade; apenas cuida de suas características e efeitos. Os direitos de personalidade são todos aqueles relacionados à dignidade da pessoa, tais como o nome, a honra, a imagem, o direito à filiação e à nacionalidade. É também direito da personalidade a garantia da integridade física.

Inclui-se também entre os Direitos da personalidade o de liberdade de expressão. Compõe o conceito de dignidade da pessoa humana a possibilidade de, sem ofensa ou maldade, extravasar e dividir os pensamentos e opiniões. O evangelho de Mateus já dizia: "A boca fala da abundância do coração"; ora, se não fosse possível ao homem deixar fluir seus sentimentos em palavras, ditas ou escritas, o homem seria menos do que é. Assim, esse direito também se encontra inserido entre os personalíssimos.

37 "Art. 1º A República Federativa do Brasil, formada pela união indissolúvel dos Estados e Municípios e do Distrito Federal, constitui-se em Estado Democrático de Direito e tem como fundamentos: (...) III – a dignidade da pessoa humana".

38 "Art. 3º. Constituem objetivos fundamentais da República Federativa do Brasil: I – construir uma sociedade livre, justa e solidária; II – garantir o desenvolvimento nacional; III – erradicar a pobreza e a marginalização e reduzir as desigualdades sociais e regionais; IV – promover o bem de todos, sem preconceitos de origem, raça, sexo, cor, idade e quaisquer outras formas de discriminação".

Assegura o artigo 11 do Código[39] as qualidades de direitos absolutos (esses direitos são oponíveis a toda coletividade), intransmissíveis e irrenunciáveis, não admitindo nem mesmo limitação voluntária. Assim, não se permite que alguém sofra humilhação, mesmo que o lesado consinta com o ato.

É conhecida a história do bar situado nos arredores de Paris, onde se celebrava a curiosa competição de arremesso de anões à distância. Os verticalmente prejudicados eram projetados à distância e nisso consistia a atração do local. Os anões aprovavam a brincadeira porque recebiam um pagamento pela participação. Discutiu-se judicialmente se o jogo era lícito, especialmente porque atingia a honra e a integridade física dos anões. Entendeu-se que a competição era ilegal, porquanto violadora desses direitos de personalidade dos anões, os quais nem os próprios titulares poderiam abrir mão.

Os direitos de personalidade são ainda vitalícios, embora alguns deles tenham seus efeitos prolongados para mesmo depois da morte. A Lei nº 9.434/97, relativa à remoção de órgãos e tecidos do cadáver, deixa transparecer o cuidado com o corpo do morto, que deve ser condignamente recomposto antes do sepultado.

Aliás, o parágrafo único do artigo 12 do Código[40] garante que os direitos de personalidade do falecido podem ser protegidos pelos seus herdeiros. Assim, os direitos de personalidade terão uma sobrevida em relação à pessoa. Nestes casos, haverá um direito especial.

Disposição do corpo humano

Em *O Mercador de Veneza*, famosa peça teatral de Shakespeare, Antônio dá em garantia de uma dívida uma libra de sua própria carne. Eponine, personagem do romance *Os Miseráveis*, de Victor Hugo, vende suas madeixas, seus longos cabelos, em troca de dinheiro. Esses personagens fictícios negociam partes de seu corpo. Hoje, para o nosso ordenamento jurídico, isso não se admite.

39 "Art. 11. Com exceção dos casos previstos em lei, os direitos da personalidade são intransmissíveis e irrenunciáveis, não podendo o seu exercício sofrer limitação voluntária".

40 "Art. 12. Pode-se exigir que cesse a ameaça, ou a lesão, a direito da personalidade, e reclamar perdas e danos, sem prejuízo de outras sanções previstas em lei.

Parágrafo único. Em se tratando de morto, terá legitimação para requerer a medida prevista neste artigo o cônjuge sobrevivente, ou qualquer parente em linha reta, ou colateral até o quarto grau".

O artigo 13 do Código,[41] em consonância com os valores mais caros ao Direito moderno, veda, salvo se por exigência médica, a disposição do próprio corpo. É possível, contudo, permitir o uso do corpo para depois da morte, desde que esse ato seja gratuito (artigo 14 do Código Civil[42]). Por motivos de ordem moral, não se admite o comércio de partes do corpo humano, mesmo depois do falecimento.

Tratamento médico que coloque em risco a vida

O dispositivo do artigo 15 do Código Civil[43] traz outra inovação, cuja leitura deve ser feita com muita sensibilidade, sempre observado o bom senso. Segundo a norma, "ninguém pode ser constrangido a submeter-se, com risco de vida, a tratamento médico ou a intervenção cirúrgica". O objetivo do legislador foi muito claro: evitar que uma pessoa seja forçada a realizar um tratamento médico complexo, quando isso importe perigo à sua vida. Entretanto, muitas vezes, o risco de vida é absolutamente inevitável. Nos casos em que a pessoa sofre um ataque cardíaco e precisa colocar um marca-passo, é evidente o risco de vida na cirurgia, mas, por outro lado, o enfartado não sobreviverá sem a intervenção médica. Nesse exemplo, há um confronto de valores (a busca pela vida, de um lado, e o risco de morrer, do outro) que determina relaxamento da regra do artigo 15 do Código, para que seja aplicada a norma do artigo 13.

Em muitos casos, pouco importa a vontade da pessoa para a realização da cirurgia. A ordem, como se mencionou, do artigo 15 do Código está sujeita a um sem-número de exceções. Se a pessoa sofre um acidente e é internada inconsciente, necessitando de uma urgente e complexa cirurgia é evidente que a sua vontade não poderá ser aferida. Aliás, mesmo que o acidentado pudesse exprimir a sua vontade, a inteligência dos artigos 11 e 13 do Código impede que se renuncie aos direitos de personalidade, dentre eles o principal: a vida.

---

41 "Art. 13. Salvo por exigência médica, é defeso o ato de disposição do próprio corpo, quando importar diminuição permanente da integridade física, ou contrariar os bons costumes.

Parágrafo único. O ato previsto neste artigo será admitido para fins de transplante, na forma estabelecida em lei especial".

42 "Art. 14. É válida, com objetivo científico, ou altruístico, a disposição gratuita do próprio corpo, no todo ou em parte, para depois da morte.

Parágrafo único. O ato de disposição pode ser livremente revogado a qualquer tempo".

43 "Art. 15. Ninguém pode ser constrangido a submeter-se, com risco de vida, a tratamento médico ou a intervenção cirúrgica".

Houve o caso do homem cuja religião proibia a transfusão de sangue. Após sofrer um acidente, o tal sujeito, ainda desacordado, recebeu uma transfusão e, graças a ela, sobreviveu. Depois, contudo, a rígida comunidade desse homem muito apegada aos seus ditames religiosos, o rejeitou, porque ele havia descumprido a regra que vedava o recebimento de sangue alheio. O homem propôs uma ação contra o hospital no qual foi internado. No caso, embora se possa invocar o direito à livre escolha de orientação religiosa, deve-se reconhecer que a vida é o bem maior, situado no topo de cadeia axiológica. Todos os demais interesses devem ceder diante da vida. Para salvar a vida, não há regra ou valor que se sobreponha.

Nome

Ainda em referência aos direitos da personalidade, o Código Civil dá especial proteção ao nome. Com efeito, o nome representa a própria pessoa, sendo impossível dissociar uma coisa da outra. O artigo 16 do Código Civil[44] garante que toda pessoa tem direito ao nome, composto do pronome e do sobrenome (ou apelido de família). Não havia dispositivo semelhante no Código de 1916.

Acertadamente, arrolou-se o direito à proteção ao nome dentre os direitos da personalidade. O nome, afinal, identifica a pessoa, sua família, sua cultura, seu passado. Se conhecermos uma pessoa chamada Pietro Verdi, logo imaginaremos que ela ou seus pais são italianos e, até mesmo, que possa ser um descendente do famoso autor de óperas. O nome, assim distingue a pessoa.

O prenome é a designação individual de cada um: Marcelo, Luiz, Daltro. É o que se denominava de nome de batismo. O sobrenome (ou apelido de família), por sua vez, é a designação da família, como Silva, Pereira, Gomes. O sobrenome pode, ainda, ser composto. Registre-se, ainda, o agnome, que consiste em um acréscimo ao nome, para distinguir de outra pessoa, normalmente parente, com o mesmo nome. Os agnomes mais comuns são "Júnior", "Filho", "Neto".[45]

O sobrenome, em regra, se adquire com o nascimento, mas pode ser obtido de outras formas, como no caso de a paterni-

44 "Art. 16. Toda pessoa tem direito ao nome, nele compreendidos o prenome e o sobrenome".

45 Uma curiosidade: na Rússia, a pessoa que se chama Fiodor Mikhailovitch Dostoievski tem Fiodor por nome, Mikhailovitch é o patronímico, isto é, o nome do pai (Mikhail) acrescido de "vitch", e, por fim, Dostoievski, que é o sobrenome. Se fosse mulher, seria Ana Mikhailievna Dostoievski (o nome patronímico das mulheres tem final distinto). Assim, sabe-se, pelo nome, qual a família da pessoa e quem é o pai.

dade ser reconhecida depois de feito o registro de nascimento, ou – no mais comum dos casos – com o casamento. O artigo 1.565, § 1º, do Código Civil,[46] inovando, admite que, com o casamento, qualquer um dos cônjuges pode fazer acrescer ao seu sobrenome o do outro. Antes, somente a mulher poderia acrescer o sobrenome do marido (artigo 240, parágrafo único, do Código de 1916[47]).

Não há qualquer impedimento a que uma pessoa seja registrada apenas com o sobrenome da mãe ou do pai. Tampouco há regra legal que imponha usar primeiro o sobrenome da mãe e depois o paterno. Ainda, não há limite para o número de sobrenomes (em Portugal, existe uma limitação da quantidade de sobrenomes: no máximo são quatro – essa regra foi respeitada por Dom Pedro I, nosso imperador, que só tinha dois sobrenomes. Contudo, seu nome era gigantesco: Pedro de Alcântara Francisco António João Carlos Xavier de Paula Miguel Rafael Joaquim José Gonzaga Pascoal Cipriano Serafim de Bragança e Bourbon).

Em princípio, o nome da pessoa é inalterável, havendo, até mesmo, interesse público de que a pessoa mantenha sua identificação. Admite-se a alteração apenas nas hipóteses nas quais o nome exponha a pessoa a situações humilhantes, ou houver evidente equívoco de grafia (artigos 57 e 58 da Lei dos Registros Públicos, Lei nº 6.015, de 31.12.75[48]).

Diferente do nome é o apelido. Trata-se de alguma alcunha pela qual a pessoa fica conhecida. Alguns apelidos ficam de tal forma incorporados à pessoa que o artigo 58 da Lei dos Registros Públicos (Lei nº 6.015, de 31.12.73) permite que sejam acrescentados ao nome. Há exemplos famosos, como o da Xuxa e o do Lula, que acrescentaram aos seus nomes seus notórios apelidos.

---

46 "Art. 1.565. Pelo casamento, homem e mulher assumem mutuamente a condição de consortes, companheiros e responsáveis pelos encargos da família. § 1º Qualquer dos nubentes, querendo, poderá acrescer ao seu o sobrenome do outro".

47 "Art. 240. A mulher assume, pelo casamento, com os apelidos do marido, a condição de sua companheira, consorte e auxiliar nos encargos da família (art. 324)".

48 "Art. 57. A alteração posterior de nome, somente por exceção e motivadamente, após audiência do Ministério Público, será permitida por sentença do juiz a que estiver sujeito o registro, arquivando-se o mandado e publicando-se a alteração pela imprensa, ressalvada a hipótese do art. 110 desta Lei".

"Art. 58. O prenome será definitivo, admitindo-se, todavia, a sua substituição por apelidos públicos notórios".

Tenha-se claro que a palavra "apelido" tem duas acepções e a mesma Lei dos Registros Públicos trata das duas: no artigo 56,[49] fala-se do "apelido de família", isto é, do sobrenome, ao passo que no artigo 58 o termo "apelido" é usado como alcunha. No Brasil, usamos largamente o hábito de apelidar. Os jogadores de futebol, por exemplo, são, em grande parte, conhecidos apenas por seus apelidos: Pelé, Garrincha, Zico, Dinamite, Vavá, dentre tantos outros.

Proteção ao nome

O artigo 17 do Código[50] proíbe o emprego do nome em qualquer situação que exponha a pessoa ao desprezo, ou a situação vexatória, mesmo que não haja interesse em causar dano.

Evidentemente, esse dispositivo não pode ser lido como um atestado de óbito da imprensa, que seguirá livre para noticiar os fatos. Todavia, o artigo 17 do Código visa a garantir uma atuação mais responsável dos meios de comunicação, que apenas publicarão as notícias com nomes depois de seguros da certeza da informação.

Fica vedado, pelo artigo 18 do Código Civil,[51] o uso do nome de qualquer pessoa em publicidade comercial, salvo se obtido o consentimento.

Pseudônimo

A mesma proteção dada ao nome é conferida ao pseudônimo, ou seja, um nome falso, imaginário, adotado, normalmente, por um artista, para ocultar a sua real identidade, ou mesmo por qualquer outro motivo. O jornalista Sergio Porto era conhecido por Stanislaw Ponte Preta, pois com este último nome assinava as suas impagáveis crônicas. Ninguém conhece Alexei Maximovitch Pechkov, mas todos ao menos sabem que Gorki foi um grande escritor russo. Alexei e Gorki são a mesma pessoa. Gorki, que significa "amargo", era como o escritor assinava muitas de suas obras e como se imortalizou. Fernando Pessoa, por sua vez, assinava suas obras ora como Álvaro de Campos, ora Alberto Caeiro e ora Ricardo Reis. Dependendo do conteúdo do que era escrito, Fernando Pessoa dava a autoria do texto a um deles (no caso de Pessoa, havia, a rigor, heterônimos, pois, diferentemente dos pseudônimos, cada uma dessas figuras tinha qualidades específicas, diferentes do seu criador). O artigo 19 do Código Civil de

49 "Art. 56. O interessado, no primeiro ano após ter atingido a maioridade civil, poderá, pessoalmente ou por procurador bastante, alterar o nome, desde que não prejudique os apelidos de família, averbando-se a alteração que será publicada pela imprensa".

50 "Art. 17. O nome da pessoa não pode ser empregado por outrem em publicações ou representações que a exponham ao desprezo público, ainda quando não haja intenção difamatória".

51 "Art. 18. Sem autorização, não se pode usar o nome alheio em propaganda comercial".

2002[52] garante que o pseudônimo possuirá proteção idêntica à dada ao nome. Trata-se de novidade em relação ao Código de 1916.

Proteção à imagem

"O bom nome para o homem e a mulher,
Meu caro senhor, é a suprema joia da alma.
Quem rouba a minha bolsa, rouba uma ninharia,
É qualquer coisa, nada;
Era minha, era dele, foi escrava de outros mil;
Mas quem rouba meu bom nome
Tira o que não o enriquece
E torna-me completamente pobre."

Eis como Shakespeare, em *Otelo*, registra o dano decorrente da difamação, da perda do bom conceito que alguém goza na sua comunidade.

De forma bem ampla, o artigo 20 do Código[53] garante a todos o direito de impedir a exposição de sua imagem ou de evitar a veiculação de qualquer escrito ou palavra sua, se isso lhe atingir "a honra, a boa fama ou à respeitabilidade, ou se se destinarem a fins comerciais". Esse dispositivo deve ser lido em conjunto com o artigo 12 do Código, que trata da regra geral de proteção a qualquer ameaça a lesão dos direitos de personalidade.

O parágrafo único do artigo 20 registra que se aquele cuja exposição ou utilização da imagem estiver sendo utilizada indevidamente já tiver falecido, sua família tem legitimidade para fazer cessar esse uso. Embora a lei não fale expressamente, parece correto entender que o companheiro ou companheira também deva estar incluído no rol dos legitimados para requerer essa proteção.

Proteção aos direitos de personalidade

O Código confere ao titular de um direito de personalidade lesado (e, veja-se, a simples ameaça já é uma espécie de lesão) o poder de invocar a proteção ao Judiciário para que faça cessar

52 "Art. 19. O pseudônimo adotado para atividades lícitas goza da proteção que se dá ao nome".

53 "Art. 20. Salvo se autorizadas, ou se necessárias à administração da justiça ou à manutenção da ordem pública, a divulgação de escritos, a transmissão da palavra, ou a publicação, a exposição ou a utilização da imagem de uma pessoa poderão ser proibidas, a seu requerimento e sem prejuízo da indenização que couber, se lhe atingirem a honra, a boa fama ou a respeitabilidade, ou se se destinarem a fins comerciais.

Parágrafo único. Em se tratando de morto ou de ausente, são partes legítimas para requerer essa proteção o cônjuge, os ascendentes ou os descendentes".

o ato que o atingiu, sem prejuízo da possibilidade de reclamar as perdas e danos.

Em julgado paradigmático, o Supremo Tribunal Federal, interpretando os artigos 20 e 21[54] do Código Civil à luz da Constituição Federal, decidiu, em 2015, que a publicação de obras biográficas literárias ou audiovisuais independe da autorização dos biografados (ou seus familiares, caso aquele já seja falecido).[55]

Às vezes, justificada ou injustificadamente, os clientes se viram contra os profissionais que contrataram, sejam eles médicos, advogados ou engenheiros. Não pode um cliente descontente, antes de obter uma declaração judicial, sair propalando que o profissional, por ele contratado, prestou serviço deficiente, porque isso, seguramente, abalaria a carreira profissional deste último.

Já ocorreu, mais de uma vez, o caso da cliente que, insatisfeita com o seu advogado, "deitou falação" contra ele, acusando-o, injustificadamente, disso e daquilo. Ao causídico restou ir ao Judiciário, solicitando uma ordem a fim de impedir que a cliente desgraçasse a sua boa reputação profissional. Deferiu-se o pedido e a cliente foi obrigada a deixar de maldizer seu antigo advogado. Afinal, o conceito de honra e de boa fama é ainda mais sensível aos profissionais liberais, que, em última análise, tiram seu sustento precisamente do bom conceito de que desfrutam.

Não raro, a proteção que se requer não é aquela visando a uma reparação – pois o mal já teria ocorrido –, porém pleiteia-se uma tutela preventiva, a fim de impedir que o mal ocorra. Deve-se ter presente que o dano à imagem ou à honra não é suscetível de uma plena reparação econômica. Por vezes, depois de violada a honra, já não é possível a sua reconstrução. Assim, há um importante aspecto dessa tutela de prevenção, na qual o titular do direito personalíssimo vai requerer do Judiciário uma medida que impeça e evite que se consume a lesão.

Imagine-se a pessoa pública filmada, digamos, bêbada numa festa particular. Evidentemente, essas imagens maculariam a sua reputação, sendo razoável que essa pessoa busque proteger-se. Do que adiantaria uma reparação pecuniária de quem divulgou

54 "Art. 21. A vida privada da pessoa natural é inviolável, e o juiz, a requerimento do interessado, adotará as providências necessárias para impedir ou fazer cessar ato contrário a esta norma".

55 Ação Direta de Inconstitucionalidade nº 4.815/DF, julgada pelo STF em 10.6.2015.

as imagens? Interessa bem mais a tal pessoa pública garantir que tais imagens jamais sejam veiculadas.

Proteção à intimidade

Registre-se, por fim, a regra do artigo 21 do Código, segundo a qual a vida privada da pessoa natural é inviolável. O dispositivo quer garantir o direito à privacidade e à intimidade, na esteira da garantia constitucional disposta no artigo 5, X.[56] Eis o fim dos "paparazzi", os fotógrafos que seguem indiscretamente as celebridades, a fim de obter alguma foto desconcertante e íntima. Essa prática e outras congêneres são inadmissíveis, podendo a parte lesada solicitar ao juiz, consoante prevê o dispositivo legal, que adote medidas que protejam a sua intimidade.[57]

Por outro lado, deve-se reconhecer o papel relevante da imprensa. Não se concebe um país livre, uma democracia plena, com uma imprensa covarde e atada. O interesse da existência de meios de comunicação livres é um valor social que merece amparo. Assim, cumpre proceder, no caso concreto, a um juízo de valoração, colocando, lado a lado, a possível lesão sofrida pela pessoa com a divulgação de certo fato e, em contrapartida, o interesse de ter certa notícia publicada. Dois valores se digladiam: a liberdade de comunicação de um lado e o direito de personalidade de outro. Cabe ao intérprete analisar, na hipótese, qual o valor social mais relevante, valendo-se de uma técnica conhecida como ponderação de valores.

Nesse sentido, vale reproduzir a conclusão do Enunciado nº 279 promulgado pelo Conselho da Justiça Federal. Trata-se do entendimento de estudiosos, em reunião promovida pela Justiça Federal, exatamente sobre esse embate entre a proteção à dignidade e ao interesse social da ampla informação

> "Enunciado nº 279 – A proteção à imagem deve ser ponderada com outros interesses constitucionalmente tutelados, especialmente em face do Direito de amplo acesso à informação e da liberdade de imprensa. Em caso de colisão, levar-se-á em conta a notoriedade do retratado e dos fatos abordados, bem como a veracidade destes e, ainda, as características de sua utilização (co-

56 "X – são invioláveis a intimidade, a vida privada, a honra e a imagem das pessoas, assegurado o direito a indenização pelo dano material ou moral decorrente de sua violação".

57 A redação do artigo 21 do Código, reconheça-se, poderia ter sido mais técnica. Afinal, a lei não precisa dizer que caberá ao juiz garantir a aplicação da norma.

mercial, informativa, biográfica), privilegiando-se medidas que não restrinjam a divulgação de informações."

Dano moral

Reconhece-se o direito de reparação por prejuízo psíquico. A pessoa que sofreu um combalimento moral pode reclamar indenização. Antes da Constituição de 1988, havia alguma discussão acerca da possibilidade desse tipo de indenização. O principal argumento contra a sua incidência era o que seria impossível quantificá-la, pois a dor humana não pode ser representada por uma cifra econômica. Com efeito, qual seria o preço da humilhação, ou da perda de um braço, por exemplo.

Evoluiu-se, corretamente, para o entendimento de que a indenização por dano moral visa apenas a trazer um conforto, nunca uma equiparação pecuniária à perda psicológica. Diante disso, a Constituição Federal de 1988 garantiu o direito à reparação ao dano moral (artigo 5º, X), conceito repetido pelo artigo 186 do Código.[58-59]

Contudo, a indenização pelo dano moral – como, em regra, a de qualquer outro dano – não pode servir como fonte de enriquecimento desmesurado.

Cabe ao magistrado a difícil tarefa de coibir abusos, arbitrando com moderação o valor devido como reparação pelo prejuízo moral. Acima de tudo, não se pode admitir que qualquer situação dê ensejo à reparação por dano moral. Uma batida de carro, para usar um exemplo prosaico, acarreta um grande aborrecimento, não há dúvida, mas, em princípio, não o suficiente para ensejar a indenização moral. Em outras palavras, o simples desgosto causado por um contratempo – como ser réu em uma ação judicial – não permite a indenização moral. A tristeza e o abatimento sofridos pela pessoa devem ser graves e comprovados para que se aufira a reparação.

3.5. A ausência

A última das hipóteses dos absolutamente incapazes no Código de 1916 dizia respeito aos ausentes. O Código Civil, ac-

58 "Art. 186. Aquele que, por ação ou omissão voluntária, negligência ou imprudência, violar direito e causar dano a outrem, ainda que exclusivamente moral, comete ato ilícito".

59 O Superior Tribunal de Justiça possui entendimento sedimentado no sentido de que "são cumuláveis as indenizações por dano material e dano moral oriundos do mesmo fato." (Súmula 37).

ertadamente, não inclui os ausentes entre os incapazes, tratando deles isoladamente, nos artigos 22 a 39.

Ausentes são aqueles que não se sabe onde estão, se é que estão. Saíram de casa (normalmente sem dar maiores informações) e jamais voltaram. Essa dupla ignorância define o ausente: as incertezas quanto ao seu destino e quanto à sua existência. Não se sabe onde a pessoa está e se é que ela está. Para esses casos, nos quais não se sabe o paradeiro da pessoa, abre-se um processo, cujo desfecho é a declaração da ausência, com a consequente transferência dos bens do desaparecimento para seus herdeiros. O caso clássico (e histórico) de ausência é o de Dom Sebastião, jovem rei de Portugal, que jamais retornou de uma batalha contra os mouros, no final do século XVI. O povo português recusou-se a crer na morte de seu rei sumido, o que fez nascer a lenda do monarca que retornaria.

Caso uma pessoa desapareça, sem deixar alguém para administrar seus bens, os interessados podem pedir ao juiz que ela seja declarada ausente, nomeando-se um curador, para administrar o patrimônio do ausente (artigo 22 do Código Civil[60]). Naturalmente, deve haver fundada suspeita de que a pessoa não voltará, que ela sumiu, a ponto de se supor, até mesmo, que esteja morta.

O artigo 25 do Código e seus parágrafos[61] informam sobre quem deve recair a função de curador. Segundo a lei, o juiz deve apontar o cônjuge, os pais e os descendentes – nesta ordem – para exercer o cargo. Apenas se o ausente não possuir nenhum desses parentes, diz o § 3º, cabe ao juiz escolher o curador.

Com a declaração de ausência, os bens da pessoa desaparecida passam, como se mencionou, a ser geridos por um curador. Segundo o artigo 24 do Código Civil,[62] o juiz fixará os poderes do curador.

---

60 "Art. 22. Desaparecendo uma pessoa do seu domicílio sem dela haver notícia, se não houver deixado representante ou procurador a quem caiba administrar-lhe os bens, o juiz, a requerimento de qualquer interessado ou do Ministério Público, declarará a ausência, e nomear-lhe-á curador".

61 "Art. 25. O cônjuge do ausente, sempre que não esteja separado judicialmente, ou de fato por mais de dois anos antes da declaração da ausência, será o seu legítimo curador. § 1º Em falta do cônjuge, a curadoria dos bens do ausente incumbe aos pais ou aos descendentes, nesta ordem, não havendo impedimento que os iniba de exercer o cargo. § 2º Entre os descendentes, os mais próximos precedem os mais remotos. § 3º Na falta das pessoas mencionadas, compete ao juiz a escolha do curador".

62 "Art. 24. O juiz, que nomear o curador, fixar-lhe-á os poderes e obrigações, conforme as circunstâncias, observando, no que for aplicável, o disposto a respeito dos tutores e curadores".

O destino do patrimônio do ausente é ser transferido para os seus herdeiros. A lei trata da forma como se opera essa transferência ou sucessão.

Segundo o artigo 26 do Código Civil,[63] depois de um ano de arrecadados os bens do ausente (ou três anos, se o sumido deixou procurador), os interessados podem requerer a abertura da sucessão provisória.[64]

Com a sucessão provisória, inicia-se a partilha dos bens, mas os herdeiros – com exceção do cônjuge, dos descendentes (filhos e netos) e dos ascendentes (pais e avós) –[65] só terão a posse desses se oferecerem garantia[66] (artigo 30 do Código[67]). O motivo da exigência legal do oferecimento da garantia é singelo: como a sucessão é apenas provisória, o ausente pode aparecer reclamado a devolução de seus bens. Assim, quer-se assegurar que o possuidor não destruirá o bem e, caso isso aconteça, a garantia oferecida dará ao ausente o valor equivalente ao bem dissipado. O herdeiro que não puder dar garantia não poderá ficar com a posse do bem, expõe o § 1º do artigo 30 do Código.[68]

Consoante o artigo 36 do Código,[69] se o ausente aparecer – ou se alguém provar que ele está vivo – depois de iniciada a

---

63 "Art. 26. Decorrido um ano da arrecadação dos bens do ausente, ou, se ele deixou representante ou procurador, em se passando três anos, poderão os interessados requerer que se declare a ausência e se abra provisoriamente a sucessão".

64 A Lei Civil de 1916, no artigo 469, falava em dois e quatro anos, respectivamente. A nova norma, portanto, encurtou o prazo.

65 Artigo 30, § 2º, do Código Civil: "§ 2º. Os ascendentes, os descendentes e o cônjuge, uma vez provada a sua qualidade de herdeiros, poderão, independentemente de garantia, entrar na posse dos bens do ausente".

66 Garantia é a forma pelo qual uma pessoa assegura o cumprimento de determinada obrigação. No momento em que se aluga um imóvel, por exemplo, o locador costuma exigir do inquilino que ofereça uma garantia de que pagará o aluguel. Esta garantia pode dar-se pela indicação de um bem, que será alienado se o inquilino não cumprir a sua obrigação de pagar o aluguel, ou pode consistir na apresentação de uma terceira pessoa (o fiador), que responderá pela dívida se o devedor principal (o locatário) falhar.

67 "Art. 30. Os herdeiros, para se imitirem na posse dos bens do ausente, darão garantias da restituição deles, mediante penhores ou hipotecas equivalentes aos quinhões respectivos".

68 "§ 1º. Aquele que tiver direito à posse provisória, mas não puder prestar a garantia exigida neste artigo, será excluído, mantendo-se os bens que lhe deviam caber sob a administração do curador, ou de outro herdeiro designado pelo juiz, e que preste essa garantia".

69 "Art. 36. Se o ausente aparecer, ou se lhe provar a existência, depois de estabelecida a posse provisória, cessarão para logo as vantagens dos sucessores nela imitidos, ficando, todavia, obrigados a tomar as medidas assecuratórias precisas, até a entrega dos bens a seu dono".

sucessão provisória e transferida a posse, cessarão essas vantagens e quem recebeu algo ficará obrigado a devolver àquele que se considerara ausente.

Caso, todavia, transcorrem dez anos da decisão que admitir a abertura da sucessão provisória, sem que apareça o ausente, os interessados poderão requerer a sucessão definitiva, com a transferência plena dos bens aos herdeiros e levantamento das garantias (artigo 37 do Código[70]).[71]

Diz o artigo 38[72] que se pode, também, solicitar a sucessão definitiva se o ausente contar com mais de 80 anos e houver pelo menos cinco anos da última notícia que se teve dele.

Caso o ausente apareça, ou seus descendentes e ascendentes, no prazo de dez anos iniciados da abertura da sucessão definitiva, poderão reclamar apenas os bens existentes e o valor dos bens alienados, pelo preço do negócio de suas alienações a terceiros (artigo 39 do Código[73]).

Na hipótese de o ausente não ter herdeiros, os seus bens, depois de transcorrido o prazo para abertura da sucessão definitiva, serão transferidos ao Município onde estiverem localizados, diz o parágrafo único do artigo 39 do Código Civil.

Logo se vê a impropriedade arrolar o ausente ao lado dos incapazes, pois a situação é ostensivamente distinta. Não se protege a vontade do ausente, como se faz com os incapazes. De semelhante há apenas os efeitos dos dois casos: o ordenamento não irá reconhecer os atos dessas pessoas e elas são representadas por alguém indicado pela lei ou pelo juiz. Assim, andou bem,

---

70 "Art. 37. Dez anos depois de passada em julgado a sentença que concede a abertura da sucessão provisória, poderão os interessados requerer a sucessão definitiva e o levantamento das cauções prestadas".

71 Nesse ponto, mais uma vez, o Código de 2002 encurtou o prazo. O artigo 481 do antigo Código Civil exigia que se passassem 20 anos da abertura da sucessão provisória para iniciar a sucessão definitiva.

72 "Art. 38. Pode-se requerer a sucessão definitiva, também, provando-se que o ausente conta oitenta anos de idade, e que de cinco datam as últimas notícias dele".

73 "Art. 39. Regressando o ausente nos dez anos seguintes à abertura da sucessão definitiva, ou algum de seus descendentes ou ascendentes, aquele ou estes haverão só os bens existentes no estado em que se acharem, os sub-rogados em seu lugar, ou o preço que os herdeiros e demais interessados houverem recebido pelos bens alienados depois daquele tempo.

Parágrafo único. Se, nos dez anos a que se refere este artigo, o ausente não regressar, e nenhum interessado promover a sucessão definitiva, os bens arrecadados passarão ao domínio do Município ou do Distrito Federal, se localizados nas respectivas circunscrições, incorporando-se ao domínio da União, quando situados em território federal".

neste aspecto, o Código Civil, corrigindo o deslize do Código anterior, deixando de relacionar os ausentes dentre os incapazes.

Vale, para encerrar o tema, fazer uma referência à Lei nº 9.140, de 4.12.95, que reconhece como mortos as pessoas desaparecidas, das quais não se teve mais notícia, depois de terem sido detidos por agentes públicos, em razão da participação (ou da sua acusação dessa participação) em atividades políticas, no período de setembro de 1961 a agosto de 1979.

Os familiares podem requerer ao oficial do registro civil das pessoas naturais que lavre um atestado de óbito do desaparecido.

Neste caso, não há ausência. Segundo a lei, haverá o registro da morte de imediato, operando-se, também prontamente, a sucessão dos bens.

3.6. Pessoas jurídicas

A vida ensina que, para atingir determinados objetivos, é melhor agir em conjunto. Assim, as pessoas agrupam-se para alcançar um específico fim.

Muitas vezes, para alcançar uma finalidade, é conveniente que as pessoas criem um "ser" autônomo, diferente e inconfundível com seus "criadores", que possua capacidade própria para os atos jurídicos. O ordenamento, assim, admite que pessoas se unam com essa finalidade: formar uma pessoa jurídica, assim denominada para distingui-las das pessoas físicas. Essas pessoas jurídicas são capazes de assumir deveres e direitos em nome próprio. A pessoa jurídica, fruto da reunião de outras pessoas (físicas e/ou jurídicas: sim, porque uma pessoa jurídica pode ser formada pela união de outras pessoas jurídicas), passa a ter interesses próprios, que, muitas vezes, se distinguem dos de seus membros.

Personalidade jurídica

Confere-se a esses agrupamentos personalidade jurídica, para que, também eles, pratiquem atos da vida civil. Essas pessoas jurídicas, então, possuem nome e patrimônio próprios, que não se misturam com os de seus membros.

Essa separação entre a pessoa jurídica e os membros que a compõe significa que a pessoa jurídica tem capacidade jurídica autônoma e, logo, autonomia patrimonial. O fato de um dos sócios da pessoa jurídica ter uma dívida não cria o dever de a sociedade responder pelo débito. A recíproca também é verdadeira. Em regra, a dívida da sociedade não passa aos seus sócios (salvo, claro, se houver abuso).

Surgimento da pessoa jurídica

As pessoas jurídicas não nascem de um ventre. Elas surgem, em regra, com um ato de vontade das pessoas que as compõem. Diferentemente do que ocorre com o registro de nascimento, que apenas declara uma situação, o registro do ato de criação de uma pessoa jurídica tem natureza constitutiva: com ele, a pessoa jurídica passa a existir. Os artigos 45 e 46 do Código[74] tratam da constituição dessas pessoas de direito privado, que se dá pelo registro de seus atos constitutivos no órgão próprio. As sociedades comerciais devem ser registradas na Junta Comercial; as associações, no Cartório de Pessoas Civis. As Fundações, para existir, dependem da aprovação de seus estatutos pelo Ministério Público.

A Lei nº 6.015, de 31.12.73, a Lei dos Registros Públicos, dispõe sobre o tema, repetindo, no seu artigo 119,[75] que a existência da pessoa jurídica se inicia com o registro de seus atos no local competente. As pessoas jurídicas de Direito público interno, por sua vez, são criadas por lei.

As sociedades simples, as associações civis, as fundações e as organizações religiosas serão registradas nos cartórios de registro de pessoas jurídicas, competente para a sua sede. As empresas mercantis, inclusive as sociedades anônimas, por sua vez, farão seu registro nas Juntas Comerciais de cada Estado. Diga-se, ainda, que os sindicatos devem ter seu registro feito no Ministério do Trabalho, enquanto os partidos políticos no Tribunal Eleitoral e as sociedades de advogado na seccional da Ordem dos Advogados do Brasil.

---

74 "Art. 45. Começa a existência legal das pessoas jurídicas de direito privado com a inscrição do ato constitutivo no respectivo registro, precedida, quando necessário, de autorização ou aprovação do Poder Executivo, averbando-se no registro todas as alterações por que passar o ato constitutivo.

Parágrafo único. Decai em três anos o direito de anular a constituição das pessoas jurídicas de direito privado, por defeito do ato respectivo, contado o prazo da publicação de sua inscrição no registro".

"Art. 46. O registro declarará: I – a denominação, os fins, a sede, o tempo de duração e o fundo social, quando houver; II – o nome e a individualização dos fundadores ou instituidores, e dos diretores; III – o modo por que se administra e representa, ativa e passivamente, judicial e extrajudicialmente; IV – se o ato constitutivo é reformável no tocante à administração, e de que modo; V – se os membros respondem, ou não, subsidiariamente, pelas obrigações sociais; VI – as condições de extinção da pessoa jurídica e o destino do seu patrimônio, nesse caso".

75 "Art. 119. Os oficiais farão índices, pela ordem cronológica e alfabética, de todos os registros e arquivamentos, podendo adotar o sistema de fichas, mas ficando sempre responsáveis por qualquer erro ou omissão".

Evidentemente, uma pessoa jurídica não tem mãos, não pode firmar documentos. Age por ela quem seus estatutos designarem. Logo se vê a importância dos estatutos, isto é, das regras que vão reger as pessoas jurídicas. Entre outras disposições, o estatuto deve dizer quais as pessoas físicas que poderão agir em nome da sociedade (confira-se o artigo 46 do Código de 2002[76]).

O artigo 47 do Código[77] informa que as pessoas jurídicas ficam obrigadas pelos atos de seus administradores, desde que exercidos nos limites de seus poderes definidos no ato constitutivo. Por essa razão, quando uma pessoa jurídica celebra um contrato, é fundamental aferir se a pessoa física que assina por ela está investida de poderes para tanto.

Tipos de pessoa jurídica

O ordenamento reconhece que grupos de pessoas sejam dotados de personalidade própria e autônoma. O artigo 40 do Código Civil[78] diz que essas podem ser de direito público, interno e externo, e de direito privado.

As de direito público externo, como registra o artigo 42 da Lei Civil,[79] são os Estados soberanos (outros países) e os órgãos internacionais, como a ONU e a UNESCO, enquanto as de direito público interno são a União, os Estados da Federação, o Distrito Federal, os Territórios, os Municípios, as autarquias e os outros órgãos criados por lei (como a UERJ, a OAB ou a CVM). O artigo 41 do Código,[80] assim como fazia o artigo 14 do Código Civil de 1916,[81-82] relaciona as pessoas jurídicas de direito público interno.

76 "Art. 46. As declarações de nascimento feitas após o decurso do prazo legal somente serão registradas mediante despacho do Juiz competente do lugar da residência do interessado e recolhimento de multa correspondente a 1/10 do salário mínimo da região".

77 "Art. 47. Se o oficial do registro civil recusar fazer ou retardar qualquer registro, averbação ou anotação, bem como o fornecimento de certidão, as partes prejudicadas poderão queixar-se à autoridade judiciária, a qual, ouvindo o acusado, decidirá dentro de cinco (5) dias".

78 "Art. 40. As pessoas jurídicas são de direito público, interno ou externo, e de direito privado".

79 "Art. 42. São pessoas jurídicas de direito público externo os Estados estrangeiros e todas as pessoas que forem regidas pelo direito internacional público".

80 "Art. 41. São pessoas jurídicas de direito público interno: I – a União; II – os Estados, o Distrito Federal e os Territórios; III – os Municípios; IV – as autarquias, inclusive as associações públicas; V – as demais entidades de caráter público criadas por lei".

81 "Art. 14. São pessoas jurídicas de direito público interno: I. A União. II. Cada um dos seus Estados e o Distrito Federal. III. Cada um dos Municípios legalmente constituídos».

82 O dispositivo revogado não mencionava as autarquias.

Finalmente, as de direito privado, como expõe o artigo 44 do Código,[83] são criadas pela vontade particular: as associações, as sociedades, as fundações, as organizações religiosas e os partidos políticos.

O Código de 2002 separou as associações das sociedades (o Código de 1916 tratava os termos como sinônimos). A principal distinção entre elas está em que as associações não buscam o lucro, enquanto as sociedades têm por fim uma atividade econômica, para daí obter um resultado financeiro e dividi-lo entre seus membros.

Sociedades

As sociedades referidas no item II do artigo 44 do Código são as sociedades mercantis. Anteriormente, as sociedades eram tratadas pela lei comercial. O Código Civil as examina também. O Livro II da parte especial do Código, denominado "Do Direito da empresa", iniciando-se no referido artigo 981, vai dar extenso exame às sociedades comerciais, em discutível iniciativa.

A distinção entre os tipos de pessoa jurídica de direito privado funciona da seguinte forma: aquelas que se destinam às atividades mercantis, isto é, à intermediação de bens e serviços, são sociedades. Essas sociedades têm por objetivo social realizar atos de comércio, ou seja, atos de intermediação. As sociedades comerciais eram tratadas pelas leis mercantis.

Associações

As pessoas jurídicas que não buscam atingir fim comercial são as associações, como é o caso das sociedades de advogados. Discutia-se, até antes da vigência do Código Civil, se as associações poderiam ou não ter finalidade econômica, pois a Lei antiga não tratava do assunto. O artigo 53 do Código[84] é taxativo ao definir as associações como uma organização sem fins econômicos. Ressalve-se, entretanto, que essa vedação referida no dispositivo legal se relaciona aos benefícios que podem ser auferidos pelo associado. Naturalmente, a pessoa jurídica pode obter resultados econômicos para atingir seus fins.

83 "Art. 44. São pessoas jurídicas de direito privado: I – as associações; II – as sociedades; III – as fundações. IV – as organizações religiosas; V – os partidos políticos. VI – as empresas individuais de responsabilidade limitada".

84 "Art. 53. Constituem-se as associações pela união de pessoas que se organizem para fins não econômicos.

Parágrafo único. Não há, entre os associados, direitos e obrigações recíprocos".

Não custa lembrar, nesse passo, que a Constituição Federal, no artigo 5º, XVII,[85] menciona, dentre as garantias fundamentais, a liberdade de associação para fins lícitos.

Na organização de moradores de certo bairro, por exemplo, haverá uma associação, porque a pessoa jurídica criada pretende atingir um interesse comum aos seus membros (no caso, moradores da mesma redondeza), sem visar ao lucro. As associações são regidas pelos artigos 53 a 61 do Código.

Fundações

Nas fundações, que seriam as mais comuns das pessoas jurídicas se vivêssemos num mundo altruísta, institui-se um patrimônio e as pessoas se juntam em torno dele para atingir uma finalidade predeterminada. É o que ocorre quando um milionário destina parte de sua fortuna para uma causa qualquer (artigos 62 a 69 do Código). A ordem jurídica atribui personalidade jurídica a esse patrimônio destinado a uma finalidade específica. A fundação não terá sócios ou proprietário, será um patrimônio gerido por curadores.

Ao contrário das associações, que podem alterar a sua finalidade de acordo com a vontade de seus membros, as fundações devem sempre manter-se fiéis à finalidade pela qual elas se originaram. Aliás, a lei, no artigo 62,[86] apenas admite que a fundação possa ser criada se atender a um propósito religioso, moral, cultural ou de assistência.

Para garantir a observância dos objetivos do instituidor na gestão desse tipo de pessoa jurídica, haverá a fiscalização do Ministério Público, resguarda o artigo 66 do Código.[87]

Veja-se que não se admite a modificação do objetivo da fundação. Aceita-se, somente, alterar o seu estatuto, mas nunca se essa modificação afetar o seu fim, assim estipulado pelo instituidor (artigo 67 do Código Civil[88]).

---

85 "XVIII – a criação de associações e, na forma da lei, a de cooperativas independem de autorização, sendo vedada a interferência estatal em seu funcionamento".

86 "Art. 62. Para criar uma fundação, o seu instituidor fará, por escritura pública ou testamento, dotação especial de bens livres, especificando o fim a que se destina, e declarando, se quiser, a maneira de administrá-la".

87 "Art. 66. Velará pelas fundações o Ministério Público do Estado onde situadas".

88 "Art. 67. Para que se possa alterar o estatuto da fundação é mister que a reforma: I – seja deliberada por dois terços dos competentes para gerir e representar a fundação; II – não contrarie ou desvirtue o fim desta; III – seja aprovada pelo órgão do Ministério Público no prazo máximo de 45 (quarenta e cinco) dias, findo o qual ou no caso de o Ministério Público a denegar, poderá o juiz supri-la, a requerimento do interessado".

Comumente, a fundação é criada a partir da disposição constante no testamento de uma pessoa. Alguém, com recursos e boas intenções, estabelece, em seu testamento – e, logo, para ter eficácia após a sua morte –, que um determinado valor deva ser utilizado para criar uma fundação que proteja, por exemplo, os animais de estimação abandonados. Pode ocorrer, entretanto, que o valor deixado não seja suficiente para atingir o propósito. Diante disso, se o instituidor não tiver disposto de outra forma, o valor, que seria usado para criar uma específica fundação, será incorporado a outra, com a mesma finalidade, registra o artigo 63 do Código.[89]

Partidos políticos

Os partidos políticos aglutinam seus membros em torno de um ideal político. No Código Civil de 1916, eles eram expressamente mencionados no artigo 16, III,[90] como uma espécie de pessoa jurídica de Direito privado.[91] O Código inicialmente não fez fazia referência. Com a publicação da Lei nº 10.825, de 22.12.03, alterou-se a redação do artigo 44 do Código Civil, para incluir os partidos políticos.

Responsabilidade dos membros da pessoa jurídica

A separação entre criador e criatura é um dos princípios basilares do conceito de personalidade jurídica, como mencionava o artigo 20 do Código Civil de 1916.[92-93] Embora os romanos não tenham desenvolvido plenamente o conceito de personalidade jurídica, o Digesto registra a lição de Ulpiano: "si quid universitati debetur, singulis non debetur, nec quod debet universitas, singuli debent", ou seja, as dívidas de uma comunidade não são de seus membros – revelando, dessa forma, o conceito essencial de autonomia. Assim, pode ocorrer que uma determinada sociedade não possua qualquer patrimônio e tenha a sua insolvência declarada, apesar de um de seus sócios ser pessoa rica.

O artigo 46 do Código determina que o registro da pessoa jurídica declare se seus membros respondem subsidiariamente pelas obrigações sociais. Em outras palavras, o estatuto da

89 "Art. 63. Quando insuficientes para constituir a fundação, os bens a ela destinados serão, se de outro modo não dispuser o instituidor, incorporados em outra fundação que se proponha a fim igual ou semelhante".

90 "Art. 16. São pessoas jurídicas de direito privado: (...) III – os partidos políticos".

91 Esse inciso III foi incluído pela Lei 9.096, de 19.9.1995.

92 "Art. 20. As pessoas jurídicas têm existência distinta da dos seus membros".

93 O Código Civil não possui artigo com essa redação. Contudo, sem sombra de dúvida, o princípio permanece plenamente válido, até mesmo por força da primeira parte do artigo 596 do Código de Processo Civil, segundo o qual "os bens particulares dos sócios não respondem pelas dívidas da sociedade senão nos casos previstos em lei...".

pessoa jurídica deve informar se os seus componentes ficarão responsáveis por dívidas, em caso de essa pessoa jurídica não ter patrimônio para arcar com seus passivos. Caso não haja qualquer referência quanto a essa responsabilidade subsidiária (ou seja, uma responsabilidade diferente daquela que tem o próprio titular da relação), entende-se que não há esse dever, aplicando-se a regra geral de plena separação do patrimônio da pessoa jurídica de seus membros.

Registre-se, ainda, que a ausência de menção quanto à responsabilidade subsidiária dos membros da pessoa jurídica não gera nulidade do registro. No entanto, nas associações, segundo o artigo 54 do Código Civil,[94] esse requisito seja essencial e sua ausência acarrete a nulidade do registro (e, por consequência, a associação não irá formar-se).

O artigo 43 do Código Civil[95] estipula que as pessoas jurídicas de Direito público interno são responsáveis pelos atos de seus agentes que causem danos a terceiros. Assim, se, por exemplo, um guarda acertar, mesmo involuntariamente, um tiro no carro de alguém, essa pessoa poderá reclamar do Estado uma reparação. O Estado responderá pelo prejuízo causado pelo guarda, que é seu agente. Esse conceito, aliás, já consta do § 6º do artigo 37 da Constituição Federal.[96]

Desconsideração da personalidade jurídica

Deve-se destacar, em tempo, que essa absoluta separação dos patrimônios do sócio e da sociedade é assunto discutido na atualidade. Ganha cada vez mais espaço a possibilidade de desconsiderar a personalidade jurídica. A teoria da desconsideração da personalidade jurídica tem sua origem no direito anglo-saxão. A partir de decisões dos tribunais ingleses e norte-americanos, estabeleceu-se a doutrina da "disregard of legal entity" ou da desconsideração da personalidade jurídica. Numa metáfora,

94 "Art. 54. Sob pena de nulidade, o estatuto das associações conterá: I – a denominação, os fins e a sede da associação; II – os requisitos para a admissão, demissão e exclusão dos associados; III – os direitos e deveres dos associados; IV – as fontes de recursos para sua manutenção; V – o modo de constituição e de funcionamento dos órgãos deliberativos; VI – as condições para a alteração das disposições estatutárias e para a dissolução. VII – a forma de gestão administrativa e de aprovação das respectivas contas".

95 "Art. 43. As pessoas jurídicas de direito público interno são civilmente responsáveis por atos dos seus agentes que nessa qualidade causem danos a terceiros, ressalvado direito regressivo contra os causadores do dano, se houver, por parte destes, culpa ou dolo".

96 "§ 6º. As pessoas jurídicas de direito público e as de direito privado prestadoras de serviços públicos responderão pelos danos que seus agentes, nessa qualidade, causarem a terceiros, assegurado o direito de regresso contra o responsável nos casos de dolo ou culpa".

diz-se que, por meio dela, promove-se o levantamento do véu da pessoa jurídica ("lifting the corporate veil") para atingir os seus integrantes.

Esse conceito nasce da verificação do uso inadequado, na prática, de pessoas jurídicas, que, por vezes, servem de ferramenta para lesar credores, burlar a norma, abusar de direitos, entre outros usos imorais ou ilegais. Com isso, será possível ao credor de uma pessoa jurídica insolvente perseguir o patrimônio do sócio, caso seja comprovada uma atitude abusiva das pessoas que compõem a pessoa jurídica devedora.

Em outras palavras, a personalidade jurídica não pode servir de obstáculo formal ao cumprimento das obrigações. A regra da separação dos patrimônios da pessoa jurídica e dos seus membros não deve funcionar como mecanismo para lesar quem esteja de boa-fé, servindo de escudo para um golpe.

Imagine-se a seguinte situação: um senhor possui 99,9% das cotas de uma sociedade. Essa sociedade faz diversos negócios e enriquece seu sócio majoritário. Ao mesmo tempo, a sociedade contrai uma série de dívidas e não tem como pagá-las. Caso se defenda a aplicação absoluta da regra da separação dos patrimônios da pessoa jurídica e de seus membros, os credores da sociedade mencionada no exemplo nada poderão fazer, senão amargar o prejuízo. Para evitar esse tipo de situação se desenvolveu a possibilidade da desconsideração da personalidade jurídica, que permitirá ao credor atingir o patrimônio do sócio e evitar fraudes.

Essa doutrina, apesar de reconhecida pelos tribunais há tempos, não estava, entre nós, codificada no Direito civil ou comercial, até o advento da Lei nº 8.078, de 11.9.90, o Código do Consumidor.[97] O artigo 28 da Lei do Consumidor cuida especificamente do tema, admitindo a desconsideração da personalidade jurídica em diversas hipóteses, principalmente nos casos em que ela "for, de alguma forma, obstáculo ao ressarcimento de prejuízos causados aos consumidores" (artigo 28, § 5º[98]).

97 Ressalte-se que a Lei nº 9.605, de 12.02.1988, que dispõe sobre condutas lesivas ao meio ambiente, já fazia referência à possibilidade de desconsideração da personalidade jurídica no artigo 4º, se esta for obstáculo para ressarcimento por danos causados ao meio ambiente.

98 "§ 5°. Também poderá ser desconsiderada a pessoa jurídica sempre que sua personalidade for, de alguma forma, obstáculo ao ressarcimento de prejuízos causados aos consumidores".

O Código Civil, no artigo 50,[99] traz norma específica sobre a desconsideração da personalidade jurídica, buscando garantir que a separação entre os patrimônios dos membros da sociedade e o patrimônio da sociedade não sirva como fonte de abusos (ou seja, que, na prática, a divisão impeça que os credores recebam as dívidas de que tenham direito, porque a sociedade perdeu todo o seu patrimônio enquanto os membros enriqueceram de modo fraudulento).

Entretanto, seria absurdo defender o desrespeito irrestrito ao princípio da separação entre o patrimônio da sociedade e o dos seus sócios. A medida é sempre excepcional. Segundo o artigo 50 do Código, a desconsideração apenas terá lugar se houver abuso, seja com o desvio de finalidade ou com a confusão patrimonial (ou seja, quando a sociedade servir apenas para fugir dos credores ou para despistar a existência do patrimônio, sem uma separação adequada dos bens da sociedade e de seus membros). Além disso, fundamental demonstrar que houve prejuízo. Vale o registro de que as hipóteses de desconsideração admitidas na Lei Civil são mais restritas do que as referidas pelo artigo 28 da Lei do Consumidor.[100] Aqui, como antes se mencionou, a lei admite uma forma genérica de desconsideração, que pode ocorrer sempre que o consumidor tiver dificuldades em receber o seu crédito. Esse conceito mais aberto não é repetido na lei civil.

Segundo a lei, apenas poderão sofrer os efeitos da desconsideração os sócios e administradores que, direta ou indiretamente, tenham sido beneficiados pelo abuso. O interessado em envolver sócio ou administrador deverá demonstrar que esse gozou de algum proveito com o uso indevido da pessoa jurídica. Com isso, procura-se encerrar a situação injusta de um sócio minoritário, sem qualquer participação na vida da sociedade, ficar vinculado e ter seus bens comprometidos por uma ação de abuso dos majoritários, sobre a qual ele não teve qualquer ingerência e, muito

99 "Art. 50. Em caso de abuso da personalidade jurídica, caracterizado pelo desvio de finalidade ou pela confusão patrimonial, pode o juiz, a requerimento da parte, ou do Ministério Público quando lhe couber intervir no processo, desconsiderá-la para que os efeitos de certas e determinadas relações de obrigações sejam estendidos aos bens particulares de administradores ou de sócios da pessoa jurídica beneficiados direta ou indiretamente pelo abuso".

100 "Art. 28. O juiz poderá desconsiderar a personalidade jurídica da sociedade quando, em detrimento do consumidor, houver abuso de direito, excesso de poder, infração da lei, fato ou ato ilícito ou violação dos estatutos ou contrato social. A desconsideração também será efetivada quando houver falência, estado de insolvência, encerramento ou inatividade da pessoa jurídica provocados por má administração".

menos, colheu proveito, mesmo indireto. A lei pretende apurar os responsáveis e beneficiados com o abuso – e não criar injustiças.

A visão contemporânea da desconsideração se preocupa primordialmente com o uso antissocial da pessoa jurídica, independentemente do interesse em lesar. Isso se encontra em harmonia com o entendimento dominante hoje, no sentido de que o reconhecimento do abuso do direito independe de culpa (assim o Enunciado nº 37 da I Jornada de Direito Civil do Conselho da Justiça Federal).[101] Evidentemente, havendo propósito lesivo, a desconsideração se impõe, mas a melhor orientação parece ser a de admitir a incidência da "disregard doctrine" se, do ponto de vista objetivo, houver um desvio de finalidade que gere o prejuízo ao seu credor. Isso não significa, contudo, que se abstrai a intencionalidade ou qualquer elemento subjetivo.

De toda sorte, a desconsideração da personalidade jurídica, uma vez aplicada, não se dá em toda a sua extensão, mas apenas acarreta a ineficácia da separação do patrimônio da pessoa jurídica e das pessoas que a compõem, para o fim de evitar abuso. Ao aplicar a "disregard doctrine", não se destrói a pessoa jurídica, mas apenas, no caso concreto, desconsidera-se, com o descerramento do véu corporativo, a divisão de patrimônio que existe entre ela, pessoa jurídica, e seus integrantes, por trás dela escondidos. Tecnicamente, há uma ineficácia dos efeitos da constituição dessa pessoa jurídica para o caso específico, mas essa pessoa não é, de forma alguma, anulada, seguindo hígidos todos os demais negócios nos quais ela se engajou.

Sociedade irregular

O registro é condição legal para aquisição de personalidade jurídica. Entretanto, em muitos casos, um grupo de pessoas passa a agir como se houvesse uma sociedade jurídica, apesar de não a terem registrado. Nessas hipóteses, o Direito lhe dá um tratamento especial, denominando-a de sociedade em comum ou sociedade de fato (ou irregular).[102] O termo sociedade em comum é uma novidade do Código Civil de 2002, como se vê dos artigos 986 e seguintes.

Antes de concluído o registro, o ordenamento jurídico pode até reconhecer a existência da pessoa jurídica, porém a considerará irregular. Caso algumas pessoas se unam para agir em

101 Enunciado nº 37 da I Jornada de Direito Civil do Conselho da Justiça Federal: "A responsabilidade civil decorrente do abuso do direito independe de culpa e fundamenta-se somente no critério objetivo-finalístico".

102 Para alguns autores, há distinção entre a sociedade de fato e a irregular. Nesta, haveria um contrato escrito, porém não registrado. Na de fato, nem isso.

sociedade, mas, por algum motivo, deixem de registrá-la, haverá uma sociedade de fato (e não uma sociedade de direito). Nesse caso, aplicam-se os artigos 986 a 990 do Código Civil.

O principal efeito, consoante o artigo 988,[103] é o de que os bens e as dívidas sociais são dos sócios em comum. Haverá, portanto, uma "quase" solidariedade para responder pelas obrigações, de sorte que todos os sócios ficam vinculados às dívidas da sociedade irregular. Ressalve-se que, com base no artigo 1.024 do Código,[104] o sócio pode requerer que, antes de o credor da sociedade ir atrás dos seus bens, deverá buscar os bens da sociedade irregular para satisfazer seu crédito.

Apesar de reconhecer uma situação de fato, o ordenamento não irá conferir qualquer vantagem aos sócios dessa sociedade irregular. Como se disse, não haverá, para citar a mais importante consequência, para fins de responsabilidade com terceiros, distinção entre o patrimônio dos seus membros e o da sociedade irregular. A sociedade não registrada não chega a ser "pessoa"; logo, não possui capacidade para registrar um bem em seu nome, por exemplo.

Extinção da pessoa jurídica

A extinção da pessoa jurídica pode dar-se por meio convencional – quando assim os seus membros acordarem ou for ajustado no seu estatuto um prazo de vigência – ou legal – por imposição da lei ou da administração. O inciso XIX do artigo 5º da Constituição Federal[105] garante que as associações somente serão compulsoriamente dissolvidas por decisão judicial definitiva, sobre a qual já não possa incidir qualquer recurso.

Dentro das formas convencionais está a dissolução pela verificação de uma das hipóteses referidas no estatuto da sociedade, pois é comum que o contrato social mencione as situações nas quais a sociedade deve deixar de existir.

Certa vez, a sócia majoritária de um colégio instituiu, no seu testamento, que, quando ela morresse, a escola, que é uma sociedade civil, deveria dissolver-se. No falecimento da sócia, o testamenteiro, aquele que vela pelo cumprimento das disposições de última vontade do morto, apressou-se em agir para dar cabo

103 "Art. 988. Os bens e dívidas sociais constituem patrimônio especial, do qual os sócios são titulares em comum".

104 "Art. 1.024. Os bens particulares dos sócios não podem ser executados por dívidas da sociedade, senão depois de executados os bens sociais".

105 "XIX – as associações só poderão ser compulsoriamente dissolvidas ou ter suas atividades suspensas por decisão judicial, exigindo-se, no primeiro caso, o trânsito em julgado".

do colégio. Os sócios minoritários reagiram, alegando que a pessoa jurídica tinha vontade própria, diferente daquela de seus sócios. A vontade da sociedade só poderia ser no sentido de se manter atuante, jamais de extinguir-se. O argumento dos sócios minoritários era, seguramente, o mais razoável e fiel ao propósito das pessoas jurídicas.

De toda forma, para extinguir a pessoa jurídica de direito privado é necessário que se proceda a um distrato, que deve ser levado a registro (artigo 51, § 3º[106]). Uma sociedade que não foi corretamente extinta passa a ser também irregular, com as consequências daí decorrentes.

Depois de registrado o distrato, a pessoa deixa de existir. Os atos emanados por essa pessoa não podem produzir quaisquer efeitos. A relação jurídica não se estabelece pela ausência de um de seus elementos essenciais: falta-lhe sujeito.

Anote-se, contudo, que o artigo 51 do Código Civil diz que a sociedade apenas se extinguirá completamente depois de liquidada. Liquidação significa encerramento de todas as obrigações sociais, ativas e passivas. Cabe, portanto, aos membros da sociedade promover a cobrança dos créditos e o pagamento das dívidas, e, apenas depois, a pessoa jurídica estará plenamente extinta.

Deve-se ressaltar, em tempo, que o artigo 51 do Código não pode ser interpretado no sentido de que, enquanto existir uma obrigação da pessoa jurídica, ela seguirá viva. Nada disso. Apenas se oferece um tempo de sobrevida à pessoa jurídica, com a finalidade de proteger seus credores, que terão contra quem agir.

Caso os membros da pessoa jurídica deixem de cobrar uma dívida, mas efetuem o registro do distrato no órgão competente, aquela obrigação apenas poderá ser exigida pelos sucessores da pessoa jurídica extinta, jamais por ela, que perdeu a sua personalidade.

Registre-se, ainda, a hipótese do artigo 69,[107] relativo ao fim da fundação, que ocorrerá se sua finalidade se tornar ilícita, inútil ou impossível, ou mesmo se extinguir seu prazo de existência. Em qualquer desses casos, qualquer interessado promoverá a sua

---

106 "Art. 51. Nos casos de dissolução da pessoa jurídica ou cassada a autorização para seu funcionamento, ela subsistirá para os fins de liquidação, até que esta se conclua. (...) § 3º Encerrada a liquidação, promover-se-á o cancelamento da inscrição da pessoa jurídica".

107 "Art. 69. Tornando-se ilícita, impossível ou inútil a finalidade a que visa a fundação, ou vencido o prazo de sua existência, o órgão do Ministério Público, ou qualquer interessado, lhe promoverá a extinção, incorporando-se o seu patrimônio, salvo disposição em contrário no ato constitutivo, ou no estatuto, em outra fundação, designada pelo juiz, que se proponha a fim igual ou semelhante".

extinção e seu patrimônio será destinado a outra fundação com objetivo semelhante.

Representação da pessoa jurídica

Já se anotou: uma pessoa jurídica não pode assinar um documento, entregar um objeto, apontar um lápis. Elas atuam por meio de seus membros. Assim, é fundamental saber quem pode agir por elas.

No que se refere às pessoas jurídicas de direito público, a lei estabelece quem atuará em nome delas. Para os atos jurídicos, as pessoas jurídicas de direito público possuem procuradorias, isto é, um conjunto de advogados que as representam no Judiciário. Caso se proponha uma ação contra o Estado de Tocantins, a sua procuradoria oferecerá defesa (confira o artigo 75 do Código de Processo Civil[108]). Caso se deseje celebrar um contrato de compra e venda com o Município de Pirapora, caberá, em regra, ao prefeito daquela cidade firmar o acordo.

As pessoas jurídicas de direito privado, consoante estabelecia o artigo 17 do Código Civil de 1916,[109] são representadas pelas pessoas que forem designadas nos seus estatutos e, não havendo menção, pelos seus diretores. Esse mesmo conceito segue válido no Código.

Como se alertou, é fundamental saber se quem age pela pessoa jurídica encontra-se devidamente autorizado. Não tem qualquer valor para a pessoa jurídica o contrato firmado por funcionário seu, até mesmo por um sócio, se esse não tinha poderes para tanto, registra o artigo 47 do Código Civil. Cumpre examinar o contrato social para averiguar a pessoa correta.

108 "Art. 75. Serão representados em juízo, ativa e passivamente: I – a União, pela Advocacia-Geral da União, diretamente ou mediante órgão vinculado; II – o Estado e o Distrito Federal, por seus procuradores; III – o Município, por seu prefeito ou procurador; IV – a autarquia e a fundação de direito público, por quem a lei do ente federado designar; V – a massa falida, pelo administrador judicial; VI – a herança jacente ou vacante, por seu curador; VII – o espólio, pelo inventariante; VIII – a pessoa jurídica, por quem os respectivos atos constitutivos designarem ou, não havendo essa designação, por seus diretores; IX – a sociedade e a associação irregulares e outros entes organizados sem personalidade jurídica, pela pessoa a quem couber a administração de seus bens; X – a pessoa jurídica estrangeira, pelo gerente, representante ou administrador de sua filial, agência ou sucursal aberta ou instalada no Brasil; XI – o condomínio, pelo administrador ou síndico".

109 "Art. 17. As pessoas jurídicas serão representadas, ativa o passivamente, nos atos judiciais e extrajudiciais, por quem es respectivos estatutos designarem, ou, não o designando, pelos seus diretores".

Direitos de personalidade aplicados às pessoas jurídicas

Antes se mencionou que, atualmente, o ordenamento procura proteger os valores humanos. Esses valores, em última análise, acabaram por suscitar o amparo aos danos morais (veja o artigo 5º, X, da Constituição Federal[110]), ou seja, o poder de reclamar uma indenização por prejuízo psíquico.

Esse interesse em proteger a pessoa jurídica, contudo, não pode vazar completamente para a pessoa jurídica. Não na mesma intensidade, sob pena de banalizar o princípio. Hoje em dia, por exemplo, admite-se a possibilidade de a pessoa jurídica sofrer dano moral e obter reparação. Ora, o dano moral consiste em um sério abalo psíquico, um transtorno psicológico derivado de um ilícito cometido por alguém. Só quem ama pode sofrer. Como as pessoas jurídicas, que não são capazes de amar, podem ficar deprimidas? Na verdade, as pessoas jurídicas experimentam, muitas vezes, danos às suas imagens, que refletem, com frequência, prejuízos econômicos.[111] A perda deve ser restabelecida. Todavia, isso não importa danos morais e a situação deve ser tratada de forma distinta. Evidentemente, todo dano deve ser reparado, mas cumpre ao aplicador da norma ficar atento à natureza do prejuízo sofrido. Ademais – e acima de tudo –, o fundamento constitucional da indenização do dano moral é o respeito à dignidade da pessoa humana, valor que não será afetado nos prejuízos à pessoa jurídica.

O Código Civil, no artigo 52,[112] determina que os direitos de personalidade devem ser aplicados às pessoas jurídicas, naquilo que for pertinente. Assim, as pessoas jurídicas gozam de proteção com relação ao nome, à imagem, à boa-fama, da mesma forma que as pessoas físicas.

Pessoas formais

Excepcionalmente, a lei outorga a entidade sem personalidade jurídica capacidade de se parte em processo judicial: são as pessoas formais. A hipótese, referida no artigo 75, VIII, do Código de Processo Civil, visa a solucionar questões práticas. Alguns denominam essas entidades – que englobam, entre outros, o condomínio de um prédio, o espólio (o conjunto de bens que pertenciam a uma pessoa falecida antes da partilha entre seus

110 "X – são invioláveis a intimidade, a vida privada, a honra e a imagem das pessoas, assegurado o direito a indenização pelo dano material ou moral decorrente de sua violação".

111 O entendimento do Superior Tribunal de Justiça é no sentido de admitir o dano moral das pessoas jurídicas. Essa tendência já foi repetida em diversas decisões, a ponto de se tornar uma Súmula (nº 227) daquele Tribunal.

112 "Art. 52. Aplica-se às pessoas jurídicas, no que couber, a proteção dos direitos da personalidade".

herdeiros), a sociedade irregular (não registrada corretamente) – de "quase-pessoas jurídicas", ou pessoas meramente formais.

3.7. O domicílio

Todos conhecemos a triste e bela história de Romeu e Julieta. Quando seu amante foi expulso de Verona, cidade em que viviam, Julieta, a jovem apaixonada, elaborou um plano: simularia a sua morte, apenas para poder fugir com Romeu. Envia, então, uma carta ao seu amado explicando tudo. Acontece que Romeu havia fugido, não tinha um local certo onde poderia ser encontrado. Romeu jamais recebeu a carta. Resultado: Romeu achou que Julieta estava mesmo morta. Sem suportar a dor, matou-se. Se a carta tivesse chegado ao destinatário, o final da história seria outro, certamente menos trágico. Em suma, a desgraça aconteceu porque Romeu não tinha um local certo onde seria encontrado.

A sociedade organizada impõe que as pessoas estabeleçam um lugar onde possam ser encontradas. Caso contrário, como se achar um devedor ávido por escapar de seus encargos? Para onde se destinaria uma correspondência importante? A lei, então, estipula que as pessoas devam ter um local certo e conhecido, onde se presumem que elas estejam. Este lugar se denomina domicílio. O termo tem origem romana, *domicilium* significa morada e *domus* o local onde a pessoa vive e concentra seus interesses.

Na realidade, não basta que a pessoa se encontre normalmente em um lugar (o domicílio do bêbado não é o bar); faz-se necessário, também, um elemento subjetivo: o interesse do sujeito em que aquele local seja o domicílio. Assim, o domicílio resulta da junção de dois elementos: o material, consistente na residência da pessoa em um determinado local, e o subjetivo, o ânimo definitivo.

Residência

O conceito de domicílio não se confunde com o de residência. Residência é onde a pessoa mora (e, normalmente, será o mesmo lugar do domicílio). O domicílio, por sua vez, consiste no local que a pessoa imputa como sendo o centro de sua vida jurídica. Afinal, uma pessoa pode morar em uma cidade, mas trabalhar em outra, que ela estabeleceu como seu domicílio.

Pluralidade de domicílios

Os artigos 70 a 78 do Código tratam do tema, mencionando as hipóteses em que o sujeito escolhe seu domicílio e as outras nas quais a lei indica o local. O artigo 71 do Código[113] admite que a pessoa natural tenha diversas residências e em todas elas tenha o ânimo definitivo. Nesse caso, a pessoa terá mais de um domicílio, donde é forçoso reconhecer que o nosso ordenamento admite a pluralidade de domicílios.

Se a pessoa não tiver residência habitual, seu domicílio será o lugar onde for encontrada, diz o artigo 73 do Código Civil de 2002.[114]

Caso, entretanto, a pessoa tenha várias residências, mas apenas uma delas seja a principal, onde ela centraliza a sua vida, de forma a caracterizar que apenas nela haja o elemento subjetivo, haverá apenas um domicílio, embora várias residências.

A relevância dessa estipulação é a mais elevada, pois, em regra, é no local do domicílio do réu onde se deverá propor a ação judicial (artigo 46 do Código de Processo Civil[115]). Essa importância não está restrita às regras processuais; veja-se que o artigo 327 do Código Civil[116] estipula que, na falta de outro ajuste, o pagamento deve ser feito no domicílio do credor.

Muda-se o domicílio, segundo a precisa redação do artigo 74 da Lei civil,[117] se a pessoa transfere a sua residência, com a intenção de substituí-la. Naturalmente, se alguém sai de férias, ou vai passar uma temporada em outra cidade, não haverá mudança de domicílio, pois ausente o interesse de mudar.

O artigo 75 do Código[118] indica quais os domicílios das pessoas jurídicas. No caso da União Federal, o domicílio é o Direito Federal (artigo 75, I). Para os Estados e Municípios, o domicílio

---

113 "Art. 71. Se, porém, a pessoa natural tiver diversas residências, onde, alternadamente, viva, considerar-se-á domicílio seu qualquer delas".

114 "Art. 73. Ter-se-á por domicílio da pessoa natural, que não tenha residência habitual, o lugar onde for encontrada".

115 "Art. 46. A ação fundada em direito pessoal ou em direito real sobre bens móveis será proposta, em regra, no foro de domicílio do réu".

116 "Art. 327. Efetuar-se-á o pagamento no domicílio do devedor, salvo se as partes convencionarem diversamente, ou se o contrário resultar da lei, da natureza da obrigação ou das circunstâncias".

117 "Art. 74. Muda-se o domicílio, transferindo a residência, com a intenção manifesta de o mudar".

118 "Art. 75. Quanto às pessoas jurídicas, o domicílio é: I – da União, o Distrito Federal; II – dos Estados e Territórios, as respectivas capitais; III – do Município, o lugar onde funcione a administração municipal; IV – das demais pessoas jurídicas, o lugar onde funcionarem as respectivas diretorias e administrações, ou onde elegerem domicílio especial no seu estatuto ou atos constitutivos.

§ 1º. Tendo a pessoa jurídica diversos estabelecimentos em lugares diferentes, cada um deles será considerado domicílio para os atos nele praticados.

é a sua capital (artigo 75, II e III). As demais pessoas jurídicas terão domicílio na sua sede, ou onde indicar seu ato constitutivo, consoante expõe o inciso IV do artigo 75 da Lei civil.[119]

O § 1º do artigo 75 informa que, se a pessoa jurídica possui estabelecimentos em lugares distintos, cada um deles será considerado domicílio em relação aos atos nele praticados. Semelhantemente, registra o § 2º do mesmo artigo 75 que, nas hipóteses de pessoas jurídicas estrangeiras, o domicílio delas será, no que toca às obrigações assumidas por suas filiais neste país, o local delas no Brasil.

O artigo 76 do Código cuida dos domicílios necessários. São os casos nos quais a própria lei indica o domicílio da pessoa. Isso ocorre, por exemplo, com o preso (cujo domicílio é o local onde cumpre a pena), com servidor público (que terá seu domicílio onde exercer seu ofício), com o incapaz (seu domicílio será o de seu representante ou assistente). Nesses casos há uma presunção absoluta do local de domicílio, não se admitindo prova em contrário.

Como se vê, o maior interesse na indicação de um domicílio é garantir que a pessoa possa ser encontrada, buscando-se, principalmente, proteger quem quer que com ela tenha alguma relação.

---

§ 2º. Se a administração, ou diretoria, tiver a sede no estrangeiro, haver-se-á por domicílio da pessoa jurídica, no tocante às obrigações contraídas por cada uma das suas agências, o lugar do estabelecimento, sito no Brasil, a que ela corresponder".

---

119 O artigo 100, IV, a, do Código de Processo Civil determina que, ao se propor uma ação judicial contra uma pessoa jurídica, é competente o foro do lugar onde está a sede desta. Diz, ainda, a letra do mesmo inciso que a competência é do local onde se acha a agência ou sucursal da pessoa jurídica se o fato discutido decorre de deveres praticados por erros. Nesse sentido, a redação da Súmula 363 do Supremo Tribunal Federal: "A pessoa jurídica de direito privado pode ser demandada no domicílio da agência, ou estabelecimento, em que se praticou o ato".

4

Os Bens: O Objeto das Relações Jurídicas

Em todas as relações jurídicas haverá sempre um objeto. Sobre ele se cristalizarão o interesse e a pretensão dos sujeitos. O bem é o objeto das relações.

Uma casa de praia, uma coleção de discos, uma camisa do clube de futebol, a imagem de uma pessoa, a honra, todos são bens. Desses exemplos já se vê que os bens nem sempre são corpóreos, o que não lhes tira a importância. Embora não se possa tocar no conceito de que uma pessoa desfruta na sociedade, esse bem é valiosíssimo.

Coisa e bem

Vale distinguir bem e coisa, embora não haja grande interesse prático nessa separação. Na realidade, usam-se os dois termos indistintamente. Isso não é necessariamente errado, já que o bem é uma espécie de coisa. Coisa é tudo o que carece de personalidade, tudo o que não for pessoa, mesmo que de natureza abstrata.[1] O sol, um carro, uma planta são coisas. Os bens, por sua vez, são as coisas que têm apreciação econômica e interesse ao homem, tais como uma casa, um quadro ou a honra. Normalmente, contudo, usa-se o termo "coisa" para se referir a bens corpóreos. Logo se vê que os termos bem e coisa são usados indistintamente. Há, contudo, coisas que não têm valor econômico e, logo, não são bens.

Patrimônio

Um importante conceito relacionado aos bens é o de patrimônio, ao se falar no patrimônio de uma pessoa, refere-se ao seu conjunto de bens apreciáveis economicamente. Todavia, patrimônio é mais do que isso; são todas as relações jurídicas de uma pessoa que tiverem conteúdo econômico. Caso uma pessoa tenha muitos bens, mas, ao mesmo tempo, dívidas de valor ainda maior, seu patrimônio será negativo. Assim, o patrimônio de uma pessoa é a reunião de direitos e deveres que possuam apreciação econômica. Trata-se de um conjunto, uma universalidade, não representa um só crédito, ou uma dívida isoladamente.

---

1 Ressalve-se, neste ponto, que alguns doutrinadores entendem que coisa é sempre corpórea, seguindo a definição adotada pelo Código Civil alemão. Segundo o § 90 do Código Civil alemão, as coisas são objetos corpóreos.

Ressalve-se, em boa hora, que nem todo o bem tem valor patrimonial. Todos os direitos de personalidade se relacionam a bens, embora não tenham uma expressão econômica. Não se declara a honra ao imposto de renda, nem se transfere a honra num testamento. Contudo, ninguém discute que a honra é um bem.

Bens móveis e imóveis

O Código Civil de 2002 inicia a sua exposição acerca dos bens mencionando suas diversas espécies. Inicialmente, tratam dos bens móveis e imóveis, como se vê dos artigos 79 a 84 da Lei.

Os bens imóveis por natureza são aqueles que não podem ser transportados sem alteração de sua substância (artigos 79[2]). Admite-se também que sejam imóveis, além dos que já o são por sua natureza, os por acessão (construções que aderem à coisa imóvel sem que se possa mais separar, como a casa construída sobre um terreno), os imóveis por destinação (os ligados ao solo porque nele exercem a sua finalidade, como os utensílios agrícolas), e, por fim, as hipóteses nas quais a lei vai dizer que os bens são imóveis, apesar de sua natureza móvel. Esta última espécie, referida no artigo 80 do Código Civil,[3] engloba o direito à sucessão.[4]

Os bens móveis, define o artigo 82 do Código,[5] são aqueles que se movem por si próprios, os semoventes, como os animais, e aqueles que podem ser removidos sem alteração de sua substância.

O artigo 83 da Lei[6] relaciona os bens considerados móveis para efeitos legais, como, dentre outros, a energia elétrica (inciso I).

Uma distinção fundamental entre essas duas espécies de bens, móveis e imóveis, está na sua forma de transferência. A modificação de propriedade de cada qual, dos bens móveis e dos imóveis, atenderá a requisitos semelhantes (em ambos os casos se exige um acordo de vontades e um ato que demonstre a trans-

2 "Art. 79. São bens imóveis o solo e tudo quanto se lhe incorporar natural ou artificialmente".

3 "Art. 80. Consideram-se imóveis para os efeitos legais: I – os direitos reais sobre imóveis e as ações que os asseguram; II – o direito à sucessão aberta".

4 O direito à sucessão aberta, referida no artigo 80, II, do Código, consiste no direito de uma pessoa receber bens em decorrência da morte de alguém. Assim, o direito de os filhos receberem o patrimônio deixado pelos pais falecidos é um bem imóvel.

5 "Art. 82. São móveis os bens suscetíveis de movimento próprio, ou de remoção por força alheia, sem alteração da substância ou da destinação econômico-social".

6 "Art. 83. Consideram-se móveis para os efeitos legais: I – as energias que tenham valor econômico; II – os direitos reais sobre objetos móveis e as ações correspondentes; III – os direitos pessoais de caráter patrimonial e respectivas ações".

ferência de dono), mas cujo processo se opera de modo distinto. A casa de praia, para trocar de dono, precisa ter seu contrato de compra e venda consignado no registro geral de imóveis do local onde ela está situada. Para a bola de futebol, bem móvel, ganhar novo proprietário, basta que o seu antigo senhor a entregue a outra pessoa com esse propósito (o interesse – ou *animus* – de transferir a propriedade).[7] Logo se vê que o ordenamento jurídico cerca a transferência de bens imóveis de maiores formalidades.

Outra distinção, de sensível uso prático, está em que, no momento de iniciar uma demanda judicial, ou de ser réu dela, deve-se citar também o cônjuge para participar do processo se a questão versar sobre direito real imobiliário, isto é, se a discussão versar sobre a propriedade de coisa imóvel (confira o artigo 73, § 1º, I, do Código de Processo Civil[8]).

Bens corpóreos e incorpóreos

Distinguem-se os bens corpóreos dos incorpóreos, porque os primeiros têm existência física, são concretos, enquanto os últimos abstratos. Um livro é um bem corpóreo, ao passo que o fundo de comércio de um estabelecimento não é. Na prática, transferem-se os bens corpóreos pelo contrato de compra e venda, enquanto os bens incorpóreos são alienados por meio de cessão.

Um importante efeito dessa distinção é o de que apenas os bens corpóreos podem ser objeto de posse por alguém. Portanto, apenas esses admitem ter sua propriedade transferida por usucapião.

Bens fungíveis

Possui grandes repercussão saber se os bens são fungíveis ou não, tal como define o artigo 85 do Código.[9] Fungíveis são aqueles que podem ser substituídos por outros da mesma espécie e qualidade. O maior exemplo dos bens fungíveis é o dinheiro. Já os infungíveis são únicos, insubstituíveis, como uma obra de arte ou um álbum de família.

A identificação de um bem como fungível ou infungível tem repercussões. Se uma pessoa se compromete a vender um bem

---

7 Ressalte-se, na oportunidade, a admissão, em alguns casos, de que a transferência de propriedade se opere sem a entrega física da coisa. As partes podem ajustar que haja a alteração da propriedade com uma entrega fictícia, no que se denomina de tradição ficta.

8 "Art. 73. O cônjuge necessitará do consentimento do outro para propor ação que verse sobre direito real imobiliário, salvo quando casados sob o regime de separação absoluta de bens. § 1º Ambos os cônjuges serão necessariamente citados para a ação: I – que verse sobre direito real imobiliário, salvo quando casados sob o regime de separação absoluta de bens".

9 "Art. 85. São fungíveis os móveis que podem substituir-se por outros da mesma espécie, qualidade e quantidade".

infungível, a perda desse bem acarreta a impossibilidade física de cumprimento da obrigação (pois o bem, objeto do negócio, já não existe). A resposta será totalmente distinta se o bem for fungível: neste caso, bastará ao devedor da coisa substituí-la por outra do mesmo gênero e satisfazer o seu credor.

Bens consumíveis

Situação distinta ocorre com os bens consumíveis, cujo uso importa imediata destruição. É o caso dos alimentos, que são adquiridos para logo em seguida desaparecer (artigo 86 do Código Civil[10]). De outro lado, os inconsumíveis são aqueles bens que admitem o uso reiterado, sem destruição de sua substância. Na mesa, a comida serve de exemplo clássico de bem consumível, ao passo que os talheres podem ser qualificados como inconsumíveis.

Bens divisíveis

Diferem, ainda, as coisas divisíveis das indivisíveis, conforme seja possível repartir o bem sem que este perca a sua identidade. Uma fazenda pode ser fracionada, mas nem por isso deixará de ser um lote de terra, mantendo, assim, sua natureza. Será, portanto, divisível. Já um bule de chá não tem essa característica (confiram-se os artigos 87 e 88 do Código Civil de 2002[11]).

Muitas vezes, decide-se que a indivisibilidade se dá por instituição do proprietário: uma biblioteca serve de bom exemplo, pois, na prática, poderia retirar-se um exemplar, mas esse não é o desejo do dono do bem, que quer ver todos os componentes juntos. Outras vezes, a indivisibilidade se fixa por motivos econômicos. Isto acontece, veja-se, com um grande diamante, que pode até ser fragmentado em várias pequenas peças, mas teria comprometido o seu valor econômico e, portanto, deve quedar coeso.

Situação distinta é a da indivisibilidade jurídica. Nesta hipótese, a lei determina que certa coisa não se divida. Tome-se, para dar um exemplo, o artigo 1.386 do Código Civil,[12] segundo o qual são indivisíveis as servidões.[13]

10 "Art. 86. São consumíveis os bens móveis cujo uso importa destruição imediata da própria substância, sendo também considerados tais os destinados à alienação".

11 "Art. 87. Bens divisíveis são os que se podem fracionar sem alteração na sua substância, diminuição considerável de valor, ou prejuízo do uso a que se destinam".

"Art. 88. Os bens naturalmente divisíveis podem tornar-se indivisíveis por determinação da lei ou por vontade das partes".

12 "Art. 1.386. As servidões prediais são indivisíveis, e subsistem, no caso de divisão dos imóveis, em benefício de cada uma das porções do prédio dominante, e continuam a gravar cada uma das do prédio serviente, salvo se, por natureza, ou destino, só se aplicarem a certa parte de um ou de outro".

13 Em síntese, a servidão é o direito do dono de um imóvel usar outro imóvel ou garantir o não-uso de outro imóvel, que não lhe pertence, em benefício da sua propriedade. O caso

Como se vê, a indivisibilidade pode decorrer de um fator físico, na chamada indivisibilidade natural, pela vontade das partes (convencional) ou por força jurídica (legal).

Bens singulares e coletivos

O Código Civil fala, nos artigos 89 a 91, das coisas singulares e coletivas, conforme elas mantenham a sua individualidade, agrupadas ou não. A biblioteca, já se referiu, é o exemplo clássico das coisas coletivas, pois é considerada em função do conjunto.

Bens públicos

A lei distingue, nos artigos 98 a 103 do Código, os bens públicos. A praça é do povo, disse o poeta. Diz isso também o artigo 99, I, do Código Civil.[14] Portanto, não pode ser adquirida por particular. Em regra, os bens públicos são inalienáveis[15] e, por isso mesmo, não são adquiríveis por usucapião (isto é, a posse continuada de uma pessoa sobre bem público, mesmo que o Estado fique inerte, não fará com que a propriedade se transfira, consoante o artigo 191, parágrafo único, da Constituição Federal,[16] repetido pelo artigo 102 do Código Civil[17]).

Relação entre os bens

Interessante analisar a relação que se estabelece entre os bens. Assim como a Lua sofre atração pela Terra, que a obriga a girar eternamente ao nosso redor, muitas vezes existirá uma situação de dependência entre as coisas.

A vida está plena de exemplos nos quais existe um bem principal e outro acessório; ou seja, um bem cuja existência, para utilizar a definição legal, pressupõe a de outro (artigo 92 do Código[18]). Qual seria a relação existente entre o automóvel e o seu pneu? Parece lógico que o pneu é acessório do carro. Ao se

mais comum é a servidão de passagem, na qual o proprietário de um terreno é obrigado a permitir que haja uma via atravessando seu bem.

14 "Art. 99. São bens públicos: I – os de uso comum do povo, tais como rios, mares, estradas, ruas e praças".

15 O Código Civil fez uma distinção para fins de alienação, permitindo que os bens públicos dominicais sejam alienados, consoante se vê no artigo 101 do Código. Bens dominicais, explique-se, compõem o patrimônio de pessoas jurídicas de direito público, como a sede de uma autarquia, por exemplo. Veja-se, a propósito, o artigo 99, III, do Código e seu parágrafo único.

16 "Art. 191. Aquele que, não sendo proprietário de imóvel rural ou urbano, possua como seu, por cinco anos ininterruptos, sem oposição, área de terra, em zona rural, não superior a cinqüenta hectares, tornando-a produtiva por seu trabalho ou de sua família, tendo nela sua moradia, adquirir-lhe-á a propriedade.

Parágrafo único. Os imóveis públicos não serão adquiridos por usucapião"

17 "Art. 102. Os bens públicos não estão sujeitos a usucapião".

18 "Art. 92. Principal é o bem que existe sobre si, abstrata ou concretamente; acessório, aquele cuja existência supõe a do principal".

adquirir o carro, está subentendido que ele vem com os pneus, porque, em regra, o acessório segue o principal, num conceito conhecido como gravitação jurídica.

Diante desse preceito legal, antigo e prático, faz-se necessário avaliar a relação de acessoriedade que se estabelece entre as coisas. O Código possui uma série de dispositivos (artigos 92 a 97), nos quais se dispõe como se dá a relação entre os bens.

Não raro, faz-se necessário promover uma apreciação econômica, a fim de verificar se existe essa relação acessória.

Benfeitorias e acessões

Destaquem-se, ainda, as benfeitorias e as acessões. As primeiras são melhoramentos dados à coisa, que nela se incorporam. As benfeitorias conservam, embelezam ou melhoram o uso do bem. Não há criação de coisa nova e precisamente nisso reside a distinção das acessões. Nestas, há a criação de coisa nova, que antes não existia. A construção de uma casa sobre um terreno é uma acessão, mas, ao trocar a porta da casa, faz-se uma benfeitoria.

Pertenças

O Código Civil faz referência às pertenças nos seus artigos 93 e 94.[19] Pertenças são as coisas que, embora reconhecidas individualmente, são colocadas a serviço de outra, de modo permanente, para aumentar-lhes o valor ou a utilidade. É o caso da moldura em relação ao quadro ou da vela com o castiçal, para citar exemplos clássicos.

As pertenças se distinguem das benfeitorias e das acessões porque podem separar-se sem dano à coisa, pois, afinal, não são partes integrantes delas. É o caso, por exemplo, de um sofá que se coloque no imóvel.

Tipos de benfeitorias

Quando se conserta o encanamento de um edifício, faz-se uma benfeitoria. Ao se construir uma abertura na parede para entrada de claridade, há, novamente, uma benfeitoria. No momento em que se adorna a entrada de um prédio com uma porta folhada a ouro, fez-se também uma benfeitoria. Nas três hipóteses, contudo, apesar de benfeitorias, cada uma delas tem natureza distinta.

Na primeira – do encanamento –, deu-se uma benfeitoria necessária, pois era essencial que se realizasse a obra, até mesmo para se permitir que se seguisse utilizando o edifício. A segunda

19 "Art. 93. São pertenças os bens que, não constituindo partes integrantes, se destinam, de modo duradouro, ao uso, ao serviço ou ao aformoseamento de outro".

"Art. 94. Os negócios jurídicos que dizem respeito ao bem principal não abrangem as pertenças, salvo se o contrário resultar da lei, da manifestação de vontade, ou das circunstâncias do caso".

– da abertura da janela – foi útil, pois, com ela, se melhorou o uso da casa. Finalmente, a terceira benfeitoria – relativa à porta de ouro – foi voluptuária, ou seja, de mero deleite, porque apenas tornou mais bela a coisa, sem, todavia, aumentar o uso habitual. O artigo 96 do Código Civil[20] define as espécies de benfeitorias. A necessária é aquela que era essencial para o bem, sob pena de ele se perder; a útil aumenta a utilização de coisa; e, por derradeiro, a voluptuária amplia o aprazimento do bem.

A importância da distinção é a de que em função da natureza da benfeitoria haverá dever de indenização do proprietário à pessoa que efetivou o melhoramento. Assim, do ponto de vista prático, a existência de benfeitorias apenas terá relevância jurídica na hipótese de ela ter sido realizada por uma pessoa em bem alheio. As benfeitorias realizadas pelo próprio dono na sua coisa não receberão qualquer repercussão jurídica.

O artigo 1.219 do Código Civil[21] diz que o possuidor de boa-fé (aquele considerado como a pessoa legítima para utilizar a coisa) receberá indenização do proprietário pelas benfeitorias necessárias e úteis, admitindo-se que ele levante as voluptuárias. O possuidor de má-fé, por sua vez, pode apenas obter, do proprietário, ressarcimento pelas benfeitorias necessárias, diz o artigo 1.220 do Código Civil.[22] Enquanto não for indenizado, o possuidor que realizou a benfeitoria poderá requerer a sua manutenção na coisa.[23]

Imaginemos a seguinte situação: uma pessoa aluga um imóvel e nele realiza três obras. Uma para consertar os alicerces da casa, que ameaçavam desabar (uma benfeitoria necessária),

20 "Art. 96. As benfeitorias podem ser voluptuárias, úteis ou necessárias. § 1º. São voluptuárias as de mero deleite ou recreio, que não aumentam o uso habitual do bem, ainda que o tornem mais agradável ou sejam de elevado valor. § 2º. São úteis as que aumentam ou facilitam o uso do bem. § 3º. São necessárias as que têm por fim conservar o bem ou evitar que se deteriore".

21 "Art. 1.219. O possuidor de boa-fé tem direito à indenização das benfeitorias necessárias e úteis, bem como, quanto às voluptuárias, se não lhe forem pagas, a levantá-las, quando o puder sem detrimento da coisa, e poderá exercer o direito de retenção pelo valor das benfeitorias necessárias e úteis".

22 "Art. 1.220. Ao possuidor de má-fé serão ressarcidas somente as benfeitorias necessárias; não lhe assiste o direito de retenção pela importância destas, nem o de levantar as voluptuárias".

23 A Lei de Locações (Lei nº 8.245, de 18.10.91), no seu artigo 35, permita que o contrato de aluguel exclua o direito de retenção de benfeitorias. No mesmo sentido, a Súmula 335 do Supremo Tribunal de Justiça garante a validade dessa estipulação, embora seja forçoso reconhecer que ela pode carregar algum abuso.

outra para abrir a parede e construir uma janela, com o propósito de trazer claridade a um quarto que antes era escuro (que pode ser caracterizada como uma benfeitoria útil) e, por fim, uma terceira obra para colocar uma sanca e, com isso, enfeitar o teto (benfeitoria voluptuária). Admitindo-se que todas essas obras foram feitas por um possuidor de boa-fé, que realizou as benfeitorias necessárias e úteis, consoante o artigo 1.219 do Código, este terá direito, quando deixar o imóvel, a ser ressarcido dos valores das benfeitorias necessárias e uteis. Poderá, ainda, retirar a benfeitoria voluptuária, se isso não destruir o imóvel. O inquilino tem, ainda por força do referido dispositivo legal, direito a ficar no imóvel até que ele receba uma indenização pelo que despendeu em benefícios do imóvel alheio.

Não se consideram benfeitorias, todavia, quaisquer acréscimos sobrevindos ao bem que tenham ocorrido sem a intervenção do possuidor ou detentor, registra o artigo 97.[24] A ideia da lei civil é garantir que o proprietário não colha um benefício em detrimento do possuidor. Se este, contudo, não teve ingerência (e nenhum gasto) com a benfeitoria, não pode reclamar uma indenização.

Frutos naturais e civis

Também são acessórios os frutos, coisas que se extraem periodicamente do bem principal sem lhe alterar a substância (artigo 95[25]). O exemplo que logo salta à mente são os frutos naturais, pendentes das árvores. Mas há também os frutos civis, como os aluguéis ou rendimentos. Diz o referido artigo 95 do Código que os frutos (e os produtos) podem ser objeto de negócio jurídico antes de separados do bem principal. É o que vai ocorrer com o dono de uma figueira que vende sua colheita antes mesmo de os figos estarem maduros.

Para o Direito, pode fazer diferença o fruto estar pendente, quando ele ainda não se desligou da coisa, ou percebido, se ele já se desvinculou, podendo ser considerado isoladamente. A maçã que se encontra ainda presa ao galho está pendente, ao passo que, se essa maçã já caiu, o fruto está percebido.

Fruto e produto

Rapidamente, vale distinguir fruto e produto. Fruto é aquilo originado do bem, sem que este sofra diminuição da sua substância. No produto retira-se algo do bem, como o minério de uma

24 "Art. 97. Não se consideram benfeitorias os melhoramentos ou acréscimos sobrevindos ao bem sem a intervenção do proprietário, possuidor ou detentor".

25 "Art. 95. Apesar de ainda não separados do bem principal, os frutos e produtos podem ser objeto de negócio jurídico".

mina. Essa distinção pode ter enorme relevância. Ao se emprestar um bem a outra pessoa, a princípio permite-se que a pessoa fique com os frutos, mas não com o produto. Em exemplos: a pessoa pode colher uma fruta, mas não pode cortar a árvore.

Em relação aos frutos, admite-se qualifica-los como naturais, industriais ou civis.

Os minerais

Segundo o artigo 176 da Constituição Federal,[26] os recursos minerais constituem propriedade distinta do solo e pertencem à União. Logo, não são frutos ou acessórios, mas um bem principal. Se alguém, por exemplo, acha petróleo na sua fazenda, esse bem pertencerá à União.

Res nullios e res derelicta

Esclareça-se os conceitos de *res nullios* e *res derelicta*. *Res nullios* é a coisa de ninguém; a que não tem dono. O exemplo clássico é a concha que se encontra na praia: não tem proprietário, nem jamais teve. Diferentemente, a *res derelicta*, embora não tenha dono, já teve: trata-se da coisa abandonada.

Bens fora do comércio

Por fim, resta falar dos bens que estão fora do comércio. Trata-se de coisas inalienáveis e insuscetíveis de transferência. São inalienáveis tanto as coisas que não admitem apropriação individual (como o ar, o sol), como as que, pelo seu interesse social, o ordenamento jurídico veda a sua transferência (serve de exemplo o direito à honra de uma pessoa, assim como os bens do Estado, como antes já se ressaltou).

Também estão fora do comércio os bens de uso comum do povo, tais como as praias, estradas e praças. Estes bens pertencem ao Estado e não podem, de forma alguma, ser transferidos a particulares.

Os bens públicos, garante o artigo 102,[27] não estão sujeitos a usucapião. Assim, mesmo que um bem público (como um imóvel) seja invadido, sem qualquer oposição, e o novo possuidor viva lá por muitos anos (e depois os sucessores deste), a propriedade desse bem jamais deixará de ser pública. O possuidor não irá adquirir a propriedade da coisa (ao contrário do que correria se o bem fosse privado).

O mesmo ocorre com o corpo humano, que não pode ser objeto de negociação. Ressalve-se, contudo, a situação das partes

26 "Art. 176. As jazidas, em lavra ou não, e demais recursos minerais e os potenciais de energia hidráulica constituem propriedade distinta da do solo, para efeito de exploração ou aproveitamento, e pertencem à União, garantida ao concessionário a propriedade do produto da lavra".

27 "Art. 102. Os bens públicos não estão sujeitos a usucapião".

do corpo que podem ser separadas sem alterar a substância, de modo que não se comprometa a integridade física, como o cabelo. Estas podem ser negociadas, desde que esse ato não contrarie a moral e os bons costumes. Aliás, é bom ressaltar que, hoje em dia, há vivo debate acerca da legalidade da comercialização de órgãos humanos. É certo, entretanto, que a pessoa natural pode doar parte de seu corpo, para utilização lícita e humanitária após a sua morte. A Constituição Federal, no artigo 199, § 4º,[28] informa que a lei disporá acerca da remoção de órgãos para fins de transplantes, pesquisa e tratamento. Muitos doam seu coração, córneas, rins. Enquanto o ato de entrega do órgão humano for altruísta, gratuito, o ordenamento jurídico deve respeitá-lo.

Bem de família

Admite-se que a entidade familiar estabeleça um bem, um prédio residencial, destinado ao domicílio da família, que ficará isento de execução por dívida posterior à sua instituição. Procura-se, com isso, garantir o teto da família. A instituição depende de inscrição no registro de imóveis competente e apenas pode dar-se se, no tempo da instituição, o valor do imóvel afetado não ultrapassar um terço do patrimônio líquido da família. Esses conceitos se encontram referidos nos artigos 1.711 e 1.712 do Código Civil.[29]

A Lei 8.009, de 29.3.1990, estabelece a impenhorabilidade do imóvel residencial da entidade familiar, independentemente de registro. O objetivo é o mesmo: proteger a família, que não deixará de ter onde morar, ainda que sobre ela recaiam muitas dívidas, superiores ao seu patrimônio.

O bem de família, destinado à residência, fica imune aos credores.

---

28 "§ 4º. A lei disporá sobre as condições e os requisitos que facilitem a remoção de órgãos, tecidos e substâncias humanas para fins de transplante, pesquisa e tratamento, bem como a coleta, processamento e transfusão de sangue e seus derivados, sendo vedado todo tipo de comercialização".

29 "Art. 1.711. Podem os cônjuges, ou a entidade familiar, mediante escritura pública ou testamento, destinar parte de seu patrimônio para instituir bem de família, desde que não ultrapasse um terço do patrimônio líquido existente ao tempo da instituição, mantidas as regras sobre a impenhorabilidade do imóvel residencial estabelecida em lei especial.

Parágrafo único. O terceiro poderá igualmente instituir bem de família por testamento ou doação, dependendo a eficácia do ato da aceitação expressa de ambos os cônjuges beneficiados ou da entidade familiar beneficiada".

"Art. 1.712. O bem de família consistirá em prédio residencial urbano ou rural, com suas pertenças e acessórios, destinando-se em ambos os casos a domicílio familiar, e poderá abranger valores mobiliários, cuja renda será aplicada na conservação do imóvel e no sustento da família".

5

O Negócio Jurídico

Fato jurídico

O fato jurídico é elemento da relação jurídica. Trata-se do acontecimento capaz de desencadear uma consequência no mundo jurídico. Em função do fato, o direito nasce, se modifica, se confirma ou mesmo se extingue. Os romanos já diziam, *ex facto oritur jus*, ou seja, do fato se origina o direito.

Antes se deu notícia de que o fato jurídico pode ser natural (como uma onda), ou humano (um contrato, por exemplo). Aos fatos jurídicos humanos dá-se o nome de ato jurídico. O ato jurídico admite ainda outra subdivisão: se o agente o realizou com o deliberado propósito de atingir uma nova situação jurídica, ele se denomina negócio jurídico.

5.1. O negócio jurídico e a vontade

A importância da vontade

O Lello Universal, famoso dicionário enciclopédico português, define "vontade" como sendo a faculdade de se determinar a certos atos. O Aurélio, por sua vez, diz que é "o sentimento que incita alguém a atingir o tom proposto por esta faculdade, aspiração, anseio, desejo". Este não é um trabalho de psicologia. No momento, deve-se ter noção de que a vontade é um sentimento que reflete um interesse.

O ordenamento jurídico dá à vontade grande importância. A vontade, uma vez externada, possui o condão de criar atos jurídicos, dos quais se extrairá uma série de efeitos.

Nem toda vontade repercute no mundo jurídico, trazendo ao seu eminente o efeito desejado. Apenas a vontade cercada de elementos que o ordenamento considera adequados gerará efeitos. Quando ela for dirigida a um fim ilícito, ao contrário, não será admitida, porém punida. A vontade direcionada a algo impossível não será sequer reconhecida. A vontade que gera consequências jurídicas lícitas é somente aquela externada em consonância com os valores do sistema jurídico. Chega-se até mesmo a dizer, com razão, que a consequência da manifestação de vontade dependerá de como o ordenamento jurídico interpreta a declaração. Assim, a vontade dá o impulso ao negócio jurídico, mas para aferir os efeitos da manifestação deve-se apreciar qual a resposta que o ordenamento oferece àquela situação. Assim, a declaração ou o comportamento passam por um prisma do ordenamento jurídico que as valora, para indicar quais os efeitos que elas podem produzir, ou mesmo se serão consideradas válidas.

Definição de negócio jurídico

O artigo 81 do Código Civil de 1916 definia negócio jurídico[1] como sendo todo o "ato lícito, que tenha por fim imediato adquirir, resguardar, transferir, modificar ou extinguir direitos." A Lei de 1916 chamava de ato jurídico o que, na realidade, era negócio jurídico. O Código de 2002, consoante se comentou, desfez essa imperfeição terminológica.

Nos negócios jurídicos, a vontade do sujeito visa a atingir efeitos jurídicos. Na realidade, o negócio jurídico é espécie do gênero ato jurídico. Em ambas as hipóteses haverá uma atuação do sujeito, mas no negócio jurídico essa ação é direcionada pela vontade para a consecução de determinado fim jurídico, daí por que se entende equivocada a qualificação referida no artigo 81 do antigo Código.

Pode-se, assim, definir o negócio jurídico como o ato pelo qual as pessoas buscam atingir certos fins com consequências jurídicas.

Será negócio jurídico um contrato de compra e venda, pois as partes convergem suas vontades para atingir uma consequência jurídica consistente na transferência da propriedade de certo bem. Por outro lado, um exemplo do ato jurídico ocorre na gestão de negócios.[2]

A figura do gestor de negócios se verifica na seguinte hipótese: certo sujeito tem um bar, mas sai para viajar e não deixa ninguém tomando conta do seu estabelecimento. Uma outra pessoa, vendo o bar abandonado, passa a tomar conta do negócio, sem autorização, mas em nome do proprietário viajante. Segundo a lei, quando o dono do bar retornar, aquele que administrou o negócio alheio deve prestar contas e ser indenizado dos gastos que incorreu em benefício do empreendimento. Note-se que o gestor, aquele que tomou conta do negócio alheio, não agiu, na grande parte dos casos, para obter uma finalidade jurídica específica, ao contrário do exemplo de compra e venda citado acima. O ordenamento dá ao ato do gestor uma consequência jurídica, de que, no caso do exemplo, ele possivelmente sequer

1 O Código Civil atual não possui artigo semelhante.

2 Artigo 861 do Código Civil: "Art. 861. Aquele que, sem autorização do interessado, intervém na gestão de negócio alheio, dirigi-lo-á segundo o interesse e a vontade presumível de seu dono, ficando responsável a este e às pessoas com que tratar".

tinha conhecimento. Assim, a distinção entre o negócio e o ato jurídico está na vontade dos sujeitos direcionada a alcançar um certo fim jurídico.

Deve-se, contudo, sublinhar que a distinção entre os dois termos não possui grande relevância prática, sendo ambos, ato e negócio jurídico, utilizados indistintamente para significar um ato com repercussões jurídicas.

O artigo 185 do Código Civil[3] diz que todos os atos jurídicos que não sejam negócios jurídicos serão regidos pelas mesmas regras deste último, igualando a resposta que o Direito oferece para as duas hipóteses (e, além disso, confirmando o conceito doutrinário de que o negócio é espécie do gênero ato jurídico).

Elementos do negócio jurídico

Três espécies de elementos podem constituir o negócio jurídico: os elementos essenciais, os naturais e os acidentais.

Os essenciais são aqueles fundamentais, relacionados à própria existência do negócio. Referem-se à manifestação de vontade, à capacidade do agente, à liceidade do objeto, além de se relacionarem às peculiaridades de cada negócio. Não se concebe, por exemplo, haver um contrato de compra e venda sem a coisa, objeto da alienação.

Os elementos naturais decorrem do negócio, independentemente de haver estipulação expressa, pois eles dizem respeito à própria natureza do ato. O vendedor responde pelos eventuais vícios ocultos do produto que aliena,[4] mesmo que não tenha ajustado expressamente nada a respeito, pois esse dever decorre naturalmente do contrato de compra e venda. Os elementos naturais, entretanto, podem ser afastados pela vontade das partes, pois não integram a essência do ato.

Por derradeiro, há os elementos acidentais. São os ajustes acessórios, que alteram consequências ordinárias do negócio jurídico. É o que ocorre, por exemplo, se se condiciona o ato à ocorrência de uma outra situação, alheia às partes (pouco adiante se analisarão as modalidades do negócio jurídico, elementos acidentais por excelência).

---

3 "Art. 185. Aos atos jurídicos lícitos, que não sejam negócios jurídicos, aplicam-se, no que couber, as disposições do Título anterior".

4 Artigo 441 do Código de 2002: "Art. 441. A coisa recebida em virtude de contrato comutativo pode ser enjeitada por vícios ou defeitos ocultos, que a tornem imprópria ao uso a que é destinada, ou lhe diminuam o valor.

Parágrafo único. É aplicável a disposição deste artigo às doações onerosas".

Negócios onerosos e gratuitos

Os negócios jurídicos podem ser onerosos, na hipótese de as pessoas envolvidas visarem a alguma contraprestação (paga-se um valor e recebe-se um livro, por exemplo), ao passo que serão gratuitos se não houver contraprestação (como ocorre nas doações). Se, nos contratos onerosos, as prestações das partes forem economicamente equivalentes, haverá um negócio comutativo, ou sinalagmático. Se, de outro lado, não houver necessariamente essa igualdade, o ato será aleatório (como ocorre, por exemplo, nos contratos de aposta, nos quais não se sabe, de início, quem vai ganhar).

Negócios bilaterais e unilaterais

Há negócios bilaterais se ambas as partes manifestaram a sua vontade, como vai dar-se num contrato. Nos unilaterais, apenas uma delas agiu, o que vai ocorrer, para citar um exemplo, nos testamentos.

Negócios *inter vivos* e *causa mortis*

Veja-se, ainda, outra classificação com repercussões práticas: os negócios *inter vivos*, cujas consequências se operam com as partes em vida, em contraposição aos *causa mortis* (em latim, "por causa da morte"), cujos efeitos são sentidos em função da morte de uma pessoa. Com a morte, opera-se a transferência dos bens do falecido aos seus herdeiros (afinal, não há direito sem sujeito e, com a morte, extingue-se a personalidade). Trata-se da sucessão do patrimônio *causa mortis*. Se, antes de falecer, a pessoa vendeu algum bem que possuía, haverá, igualmente, sucessão, porém *inter vivos*.

Negócios solenes e não-solenes

Os negócios podem, ainda, ser solenes (ou formais) ou não-solenes, conforme seja, ou não, necessário para a sua validade o atendimento a alguma formalidade referida na lei. O casamento, por exemplo, é um ato solene. A lei exige, para que ele seja reconhecido, que se adote uma série de formalidades.

Requisitos de validade

Para que esse negócio produza efeitos, ele deve reunir alguns requisitos, referidos no artigo 104 do Código.[5] Deve haver capacidade jurídica do sujeito, legalidade do objeto e forma adequada, ou seja, admitida pela lei, ou, ao menos, não proibida pela norma.

Já tratamos anteriormente da capacidade dos sujeitos, ressaltando que apenas aqueles dotados dessa qualidade podem agir livremente e obter efeitos de seus atos. De outro lado, salientou-se que os incapazes sofrem uma série de restrições no seu poder de agir.

5 "Art. 104. A validade do negócio jurídico requer: I – agente capaz; II – objeto lícito, possível, determinado ou determinável; III – forma prescrita ou não defesa em lei".

De igual forma, o objeto do negócio deve ser admitido pelo ordenamento. Não se pode realizar um casamento entre três pessoas, por mais esclarecidas que elas sejam e por maior que seja o amor que as una, pois não se reconhece esse tipo de enlace familiar. Do mesmo modo, não se permite um contrato de venda de escravos, pois a escravidão já foi abolida há muito. O Direito protege apenas os fins lícitos. Pode-se dizer, em resumo, que o objeto deve ser lícito, possível e determinável. Seu conteúdo não pode refletir uma ilegalidade, ou algo contrário a moral e aos bons costumes; ele deve expressar algo fisicamente possível, sob pena de sequer se materializar; e, finalmente, ele deve ser determinável, também sob pena de não ter efeito prático.

O ordenamento jurídico não vai tutelar, por exemplo, um contrato no qual uma pessoa se comprometa a voar sem a ajuda de qualquer aparelho (porque fisicamente impossível), ou mesmo aquele no qual se faça uma compra e venda sem indicação do que se está vendendo, pois faltará a identificação mínima que permita a tutela jurídica.

Ressalve-se, todavia, o exposto no artigo 106 da Lei Civil,[6] que resguarda ser válido o negócio se a impossibilidade for relativa. Impossibilidade absoluta do objeto se dá nos casos nos quais ninguém pode cumprir o estipulado (como uma pessoa beber sozinha um tonel de uísque numa refeição), ao passo que a impossibilidade relativa é aquela na qual apenas o sujeito não consegue realizar o ato objeto da relação, mas outras pessoas poderiam (algumas pessoas nadam enormes distâncias, enquanto outras sequer sabem nadar). O artigo 106 do Código dispõe que a impossibilidade relativa inicial do objeto não vai macular o negócio.

Por derradeiro, requer-se forma adequada do ato. Muitos negócios, para se aperfeiçoarem, não necessitam de maiores formalidades. Outros, ao contrário, só se realizam depois de cumpridas certas solenidades. Para adquirir um bem imóvel, por exemplo, deve-se satisfazer alguns requisitos, como registrar o contrato de compra e venda no cartório competente, sob pena de a transferência de propriedade não se efetivar (artigo 108 do Código[7]).

6 "Art. 106. A impossibilidade inicial do objeto não invalida o negócio jurídico se for relativa, ou se cessar antes de realizada a condição a que ele estiver subordinado".

7 "Art. 108. Não dispondo a lei em contrário, a escritura pública é essencial à validade dos negócios jurídicos que visem à constituição, transferência, modificação ou renúncia de direitos reais sobre imóveis de valor superior a trinta vezes o maior salário mínimo vigente no País".

Em regra, a validade da declaração de vontade não dependerá de forma especial. A forma é excepcional e será, quando for o caso, expressamente requerida na lei, informa o artigo 107 do Código.

A vontade como requisito

Há ainda um outro requisito, que escapou da letra da lei, mas cuja relevância é a mesma dos demais. Trata-se da declaração de vontade do agente. Sem ela não haverá negócio. Importante, nesse passo, anotar a distinção entre a vontade e a sua declaração. Enquanto a vontade estiver apenas na cabeça da pessoa, ela não tem qualquer relevância. A importância da vontade surge quando ela é externada, o que se dá pela declaração.

Tenha-se claro que a total ausência de vontade resulta na inexistência do negócio, pois a vontade é um dos elementos do ato jurídico. Sem a vontade, o negócio sequer se aperfeiçoa, não se completa. Assim, se a pessoa não se manifesta, não pode haver negócio.

Situação distinta é a manifestação viciada. Houve declaração (a vontade como elemento se verifica), porém ela é diferente da real vontade do agente. Neste caso, a vontade é analisada como requisito de validade do ato. O negócio existe, mas como a vontade não foi manifestada de forma adequada, o ato pode ser invalidado.

Circunstâncias da vontade

Acima se mencionou (e mal não há em repetir): nem toda manifestação de vontade será capaz de gerar efeitos jurídicos, mas apenas aquelas cercadas de circunstâncias sociais, que a tornem apta a produzir resultados jurídicos.

Enquanto a vontade estiver limitada ao intelecto, ela não terá qualquer consequência (assim como no Direito penal, em que apenas a cogitação do crime não é punível). É preciso que ela seja externada (já se viu: na completa ausência de vontade, sequer chega a existir o ato jurídico) e, mais ainda, ao ser declarada, deve haver um conjunto de circunstâncias que a habilite a gerar resultados jurídicos.

Ao ver uma bela propriedade, o sujeito pode até dizer ao seu dono que gostaria de adquiri-la. Aquela declaração, contudo, não gera nenhum efeito jurídico. A mesma declaração feita a um tabelião, ajustando-se, por contrato, as bases do negócio de transferência da propriedade terá, por outro lado, enormes repercussões legais.

No banco da praça, o namorado diz a sua parceira que quer torná-la sua mulher e com ela constituir família. Isso não os torna casados. Porém, igual manifestação externada a um juiz de paz e cumpridas as formalidades é bastante para criar o vínculo do casamento.

Silêncio

Situação interessante é o silêncio. O artigo 111 do Código[8] corporifica a máxima segundo a qual "quem cala consente". Salvo nos casos em que for necessária a manifestação expressa (como ocorre em um sem fim de hipóteses, como no casamento, para citar um exemplo conhecido), nas situações nas quais não haja praxe em contrário, ou que as circunstâncias indicarem de forma distinta, "o silêncio importa anuência", informa o dispositivo legal.

Veja-se a seguinte situação: enquanto uma pessoa examina um carro que deseja adquirir, é alertada para o fato de que o automóvel sofreu uma batida na sua lateral. Embora tenha sido mencionado defeito da coisa, a pessoa compra o carro, numa clara demonstração de que concordou com a realização do negócio, embora o bem tivesse avariado. No exemplo, a pessoa não poderá, no futuro, reclamar uma indenização, porque anuiu – silenciosamente – com a venda. Pode-se, no caso, dizer: quem cala, quando deveria falar, consente.

O preceito do artigo 111 do Código Civil, contudo, deve ser interpretado com atenção. Hoje em dia, muitos negócios são oferecidos pela Internet, ou pelos correios, sem que se possa, de alguma forma, entender que a mera proposta vincula quem a recebe e ficou calado, sem nada responder. O silêncio deve ser apreciado dentro do contexto. Principalmente, cumpre aferir se o silêncio era um meio de manifestar a vontade. Aí estão, em suma, as circunstâncias que darão o valor ao silêncio.

5.2. A interpretação da vontade

Todos os atos estão sujeitos a uma interpretação. O que se pretendeu ao agir dessa ou daquela forma. O austríaco Metternich, o maior diplomata do século XIX, era conhecido por suas manobras astutas, que sempre tinham um propósito, nem sempre aparentes num primeiro momento, o que demandava de seus adversários uma terrível missão de, tal como num jogo de xadrez, tentar interpretar todas as suas atitudes. Tanto era assim que, quando Metternich morreu, os demais diplomatas se perguntavam: "Qual foi a intenção dele com isso?"

8 "Art. 111. O silêncio importa anuência, quando as circunstâncias ou os usos o autorizarem, e não for necessária a declaração de vontade expressa".

Como se interpreta a vontade da pessoa? Enquanto a vontade estiver guardada, sem que a pessoa a tenha externado de qualquer forma, ela não possui relevância. Entretanto, no momento em que ela é emitida, passa a desfrutar de vida própria, diferente da do sujeito de quem ela emanou. Explique-se melhor: a vontade é avaliada com as suas circunstâncias, no momento em que foi declarada.

Digamos que um sujeito vá a um leilão e apresente uma oferta vencedora. O seu arrependimento posterior, isto é, uma vontade ulterior diferente da primeira – no caso, o sujeito deixou de ter interesse na aquisição do bem leiloado –, não vai prejudicar a primeira manifestação de vontade e o seu ato – no qual arrematou o bem levado ao leilão – será perfeito.

Na interpretação da vontade, não parece adequada uma exegese da declaração de vontade puramente literal, com olhos apenas para o que se expressou, sem qualquer outra consideração. Isso muitas vezes representa um distanciamento dos verdadeiros interesses dos sujeitos envolvidos. De outro lado, não é razoável considerar apenas a vontade do sujeito, com solene desprezo pelo que efetivamente se declarou.

O artigo 85 do Código Civil de 1916 dizia que "nas declarações de vontade se atenderá mais à sua intenção do que ao sentido literal da linguagem". O artigo 112 do Código[9] repete quase literalmente o dispositivo, mas acresce, depois da palavra "intenção", os termos "nela consubstanciada", para dar ênfase ao que foi declarado. A interpretação desse artigo deve ser no sentido de retirar daquilo que foi declarado – por escrito ou oralmente – a real vontade das partes.

De fato, não se poderia divorciar completamente o que está declarado dos efeitos que o ato resulta. Para dar um exemplo óbvio, caso uma pessoa declare que, no dia de Natal, entregará a outra um pinheiro, não se poderá argumentar que a intenção do declarante era a de entregar uma mangueira no Carnaval. No dia de Natal, o declarante deve oferecer o pinheiro. Isto é, não se pode ler a declaração de vontade de forma diferente do que ela ostensivamente revela. Caso contrário, haveria uma enorme insegurança social, pois se daria ao declarante o direito de interpretar livremente todas as suas próprias manifestações, redundando em arbitrariedades e numa insegurança social.

9 "Art. 112. Nas declarações de vontade se atenderá mais à intenção nelas consubstanciada do que ao sentido literal da linguagem".

Deve-se sempre buscar a interpretação que mais se aproxime da vontade do sujeito. Em outras palavras, não se pode destruir o que foi externado – principalmente quando a declaração foi escrita –, mas impõe-se extrair a vontade do que foi dito. O Código Civil revogado prestigiava a chamada Teoria da Vontade, enquanto o Código atual privilegiou a Teoria da Declaração.

Teoria da confiança

A doutrina moderna, ao invés de adotar a Teoria da Vontade ou da Declaração, considera mais pertinente a Teoria da Confiança, como a mais indicada para extrair o sentido do negócio. Para essa teoria, privilegia-se a justa expectativa da parte no negócio, o que ela razoavelmente poderia esperar diante dos fatos e, principalmente, do que se encontra convencionado.

Reserva mental

Não sem boa razão, o Código vai salientar, no artigo 110,[10] que a reserva mental não altera os efeitos do negócio declarado. Para entender o que é a reserva mental, devem-se ter claros dois conceitos: a vontade e a manifestação. A vontade, já se sabe, é o sentimento que reflete o interesse da pessoa, a razão psicológica pela qual ela adota certa atitude. A manifestação, por sua vez, é como a pessoa externa sua vontade. Ocorre que, não raro, a pessoa diz uma coisa querendo dizer outra, ou, em outros casos, ela é forçada a agir de um modo que jamais faria, se pudesse manifestar sua vontade livremente. Na reserva mental, o real interesse da parte, a razão pela qual ela agiu, não foi manifestado, mas quedou escondido no momento da declaração.

Na reserva mental, deliberada e conscientemente, a pessoa omite na manifestação o seu real interesse. Se alguém declara que agirá de tal forma (por exemplo: o sujeito se compromete a comprar uma casa), mas, intimamente, desejava agir de modo distinto (comprar um carro), deverá atuar como se expressou (e não como intimamente pretendeu). De nada adiantará demonstrar que queria tomar atitude diversa daquela exteriorizada voluntariamente.

A reserva mental, contudo, pode ser invocada provando-se que ela era conhecida da pessoa a quem o ato aproveita.

Tome-se o seguinte exemplo: uma pessoa odeia seu cachorro. Um dia, o bicho foge. Intimamente, ela torce para jamais recuperar o cão. Entretanto, ela coloca um anúncio nos jornais, recompensando quem quer que lhe devolva o animal. Essa pessoa tem um vizinho que sabe perfeitamente que o prêmio da recom-

10 "Art. 110. A manifestação de vontade subsiste ainda que o seu autor haja feito a reserva mental de não querer o que manifestou, salvo se dela o destinatário tinha conhecimento".

pensa foi anunciado apenas por desencargo de consciência, pois, na verdade, o dono do animal não deseja reaver o cachorro. Se qualquer pessoa aparecer com o cão e reclamar o prêmio, o dono do cachorro deve pagar e de nada adiantará a sua reserva mental. Entretanto, se for o tal vizinho quem aparecer com o cão, aplica-se o artigo 110 do Código. O vizinho, nesse exemplo, sabia da reserva mental e a promessa de recompensa não precisará ser paga.

Brincadeira

Deve-se, ainda que rapidamente, tratar da brincadeira, isto é, das declarações não feitas a sério, com a intenção de gracejo. Nestes casos, é fundamental analisar se a pessoa a quem essa declaração foi dirigida tinha como saber que aquela manifestação era jocosa. Quando uma pessoa diz a um amigo, no meio de uma risada, que trocaria todos os seus bens pela gravata deste último, há, evidentemente, um dito espirituoso. Esta declaração não irá vincular a pessoa que a emitiu. Deve ficar claro que a vontade não era séria e, mais ainda, que quem recebeu a manifestação tinha como saber que se tratava de uma brincadeira.

Declarações feitas com fins didáticos

O mesmo acontece com as declarações feitas para dar exemplo, como o caso do professor, em sala de aula, que cria uma hipótese apenas para ilustrar a sua explicação. Diz, por exemplo, ao explicar o contrato de compra e venda, que ele pretende adquirir todos os livros de Direito usados por seus alunos. Evidentemente, como não houve vontade, não haverá negócio. Ninguém poderá exigir do professor que proceda de acordo com aquela declaração.

Interpretação com base na boa-fé

O artigo 131 do Código Comercial,[11] apesar de mais de 50 anos mais velho do que o Código de 1916 – foi instituído pela

11 "Art. 131 – Sendo necessário interpretar as cláusulas do contrato, a interpretação, além das regras sobreditas, será regulada sobre as seguintes bases:

1 – a inteligência simples e adequada, que for mais conforme à boa fé, e ao verdadeiro espírito e natureza do contrato, deverá sempre prevalecer à rigorosa e restrita significação das palavras;

2 – as cláusulas duvidosas serão entendidas pelas que o não forem, e que as partes tiverem admitido; e as antecedentes e subseqüentes, que estiverem em harmonia, explicarão as ambíguas;

3 – o fato dos contraentes posterior ao contrato, que tiver relação com o objeto principal, será a melhor explicação da vontade que as partes tiverem no ato da celebração do mesmo contrato;

4 – o uso e prática geralmente observada no comércio nos casos da mesma natureza, e especialmente o costume do lugar onde o contrato deva ter execução, prevalecerá a qualquer inteligência em contrário que se pretenda dar às palavras;

5 – nos casos duvidosos, que não possam resolver-se segundo as bases estabelecidas, decidir-se-á em favor do devedor".

Lei nº 556, de 25.6.1850 –, possui um interessante critério de interpretação da declaração de vontade, no qual se avalia a "inteligência simples e adequada, que for mais conforme a boa-fé, e ao verdadeiro espírito e a natureza do contrato".[12]

O Código, no artigo 113,[13] traz norma específica, segundo a qual os negócios devem ser interpretados conforme a boa-fé e os usos do lugar de celebração. Essa regra é fundamental, pois não se admitiria, por exemplo, ler um contrato e procurar extrair dele efeitos contrários à razoabilidade. O §2º do artigo 113 admite, até mesmo, que as partes estabeleçam regras de interpretação, que auxiliem o intérprete a encontrar o verdadeiro sentido do acordo.

Registre-se que a boa-fé mencionada na norma é objetiva, ou seja, atenta-se ao comportamento concreto das partes, que deve tomar por guia a ética, a lealdade e a transparência

O hermeneuta da declaração de vontade, assim, deve pautar-se pela boa-fé, pelo que normalmente ocorre, pela lógica, mas também pela conduta honesta que se espera das partes. A interpretação buscará retirar da declaração de vontade um sentido nacional, sempre norteada essa leitura pelo interesse das partes, no momento em que a vontade foi externada.

Interpretação restritiva dos atos benéficos

O Código Civil, no artigo 114,[14] cristaliza antiga e prudente regra de interpretação: os negócios jurídicos benéficos e que importem renúncia são lidos restritivamente.

Está vedada uma interpretação generosa dessas estipulações. Trata-se de regra muito razoável. Imagine-se a pessoa que doa a sua casa sem qualquer ressalva. O donatário, em vez de se contentar com o que recebeu gratuitamente, pretende, ainda, ficar com todos os bens móveis que guarnecem o imóvel doado.

---

12 Toda a Parte Primeira do Código Comercial, na qual se encontra inserida a regra do artigo 181, foi expressamente revogada pelo artigo 2.045 do Código Civil de 2002.

13 "Art. 113. Os negócios jurídicos devem ser interpretados conforme a boa-fé e os usos do lugar de sua celebração.

§ 1º. A interpretação do negócio jurídico deve lhe atribuir o sentido que: I – for confirmado pelo comportamento das partes posterior à celebração do negócio; II – corresponder aos usos, costumes e práticas do mercado relativas ao tipo de negócio; III – corresponder à boa-fé; IV – for mais benéfico à parte que não redigiu o dispositivo, se identificável; e V – corresponder a qual seria a razoável negociação das partes sobre a questão discutida, inferida das demais disposições do negócio e da racionalidade econômica das partes, consideradas as informações disponíveis no momento de sua celebração.

§ 2º. As partes poderão livremente pactuar regras de interpretação, de preenchimento de lacunas e de integração dos negócios jurídicos diversas daquelas previstas em lei".

14 "Art. 114. Os negócios jurídicos benéficos e a renúncia interpretam-se estritamente".

Entretanto, não era esse o desejo do doador, que queria retirar da casa seus quadros, louças e demais utensílios domésticos. Ao se interpretar o ato gratuito, deve-se sempre fazê-lo de forma a proteger o instituidor. No exemplo referido, o doador deve ficar com tudo, exceto com o expressamente referido no instrumento de doação, isto é, a casa.

Interpretação contrária ao estipulante

Outra regra de grande valia na interpretação do negócio jurídico consta do artigo 423 do Código Civil: em um contrato de adesão – ou seja, naquele formulado exclusivamente por uma das partes enquanto a outra apenas a ele aderiu –, a interpretação das cláusulas, se houver divergência de seu alcance, será feita de forma contrária ao estipulante e em benefício do aderente. A norma carrega grande dose de justiça, pois dá à parte mais frágil na negociação uma vantagem no momento de interpretar o negócio.

Interpretação e princípio da conservação dos negócios

Saliente-se, em tempo, outra importante regra de interpretação: ao buscar o sentido de um negócio, deve-se dar a ele uma leitura que lhe garanta um sentido prático. Se as partes redigiram mal certo acordo e exista uma dificuldade em entender o ajustado, a interpretação deve ser a de garantir algum sentido útil ao ato. Em outras palavras, não é razoável interpretar um negócio para concluir que ele não tem qualquer eficácia ou que seu objeto é ilícito. Na medida do possível, busca-se aproveitar o ato, a fim de que ele gere efeitos lícitos, sempre alinhados com a vontade das partes.

Formas de interpretação

A interpretação dos negócios jurídicos é um dos temas mais ricos do universo jurídico. Existem diversos tipos de interpretação, que auxiliam na extração de sentido das convenções. A primeira interpretação é a literal, na qual se retira o sentido do que foi escrito ou registrado oralmente. Mas também é mais perigosa, pois ela pode se distanciar do real interesse das partes. Pode-se interpretar o acordo com base no momento e nas circunstâncias históricas a ele relacionadas. A interpretação pode ser sistemática, tomando por base não apenas uma cláusula, mas todo o contrato. Deve-se, ainda, ao interpretar, observar a prática do mercado e, como já se registrou, a boa-fé, inclusive com o comportamento pretérito das partes.

5.3. A representação

Comumente, uma pessoa não pode ou não quer comparecer fisicamente a realização de um ato. Diante disso, admite-se que ela aponte outra que a representará no negócio. Estabelece-se, a partir daí, relação entre o representado e o representante. Este fará uma declaração não em nome próprio, mas por outrem, o representado, e apenas este último ficará vinculado ao negócio.

A representação pode ser legal ou convencional, caso sua origem seja a norma ou a vontade das partes. A legal se dá nas hipóteses nas quais a lei estabelece, como no caso dos incapazes, que são representados por quem a lei indica. Os menores absolutamente incapazes, por exemplo, são representados pelos seus pais. Na representação consensual, há um acordo entre o mandante e o mandatário, para que este último realize um ato (ou uma série de atos) em nome do primeiro. A representação convencional se estabelece, em regra, por um contrato denominado mandato, examinado no Código Civil no livro das Obrigações, no título "das várias espécies de contratos", artigos 653 a 692.

Alguns admitem, ainda, a representação judicial nos casos em que ela é exercida por ordem de um juiz, como se dá, para citar um exemplo, no caso de uma empresa falida, no qual o juiz indica uma pessoa para representá-la (este receberá o nome de administrador judicial).

Nos casos das pessoas jurídicas, que só agem por intermédio das pessoas naturais por elas indicadas, a representação possui papel fundamental. Se, por exemplo, uma associação deseja vender um imóvel, ela deve designar uma pessoa que assinará por ela, como sua representante. Evidentemente, o representante que agiu no limite de seus poderes não fica obrigado a nada: a vontade manifestada apenas vincula o representado.

A representação é, assim, a atuação jurídica de uma pessoa em nome de outra.

Cumpre, entretanto, distinguir a situação das pessoas indicadas pelas pessoas jurídicas para realizar certos negócios (caso, efetivamente, de representação) e as hipóteses nas quais há a atuação da própria pessoa jurídica, por meio de seus órgãos.

O sócio gerente é, por exemplo, a encarnação da pessoa jurídica no negócio. Nesse caso, não há representação, pois o sócio gerente é a própria pessoa jurídica, não havendo duas pessoas, mas apenas uma. Vê-se, com efeito, a atuação de um órgão da pessoa jurídica. O sócio gerente não representa, ele "presenta" a pessoa jurídica.

Numa analogia com a crença cristã, Jesus seria Deus (e o "presenta"), ao passo que São Pedro seria o representante Dele na terra.

O Código Civil, nos artigos 115 a 120, trata especificamente da representação, oferecendo regras gerais pertinentes tanto à representação legal quanto à convencional. O artigo 116[15] reproduz a conhecida regra segundo a qual a manifestação do representante, nos limites de seus poderes, vincula o representado. Evidentemente, não valem os atos do representante que exorbitem seus poderes. Afinal, o representante deve, no negócio, atuar de acordo com a vontade do representado. Caberá ao representante responder pessoalmente por aquilo que realizar em excesso, determina o artigo 118 do Código Civil.[16]

A relação que se estabelece entre o representante e o representado é de profunda confiança. A deslealdade do representante pode ser letal. Na história de Tristão e Isolda, o rei pede ao seu sobrinho, Tristão, que vá, em seu nome, buscar a sua noiva, Isolda, em outro reino. Tristão, violando seus deveres de representante, se envolve amorosamente com Isolda. O resultado para o rei foi nefasto: perdeu o coração da noiva. A lei, evidentemente, possui dispositivos que visam a impedir que o representante prejudique o representado.

São, por exemplo, anuláveis os atos realizados pelo representante em conflito os interesses do representado, garante o artigo 119 do Código,[17] caso se demonstre que quem celebrou o negócio com o representante tinha condição de saber da deslealdade. Caberá ao representado demonstrar o conluio entre o representante e o terceiro, com que se contratou, ou, ao menos, que o terceiro tinha a possibilidade de saber que aquele negócio iria contrariar seus interesses.[18]

A representação convencional é ajustada, normalmente, por um tipo de contrato, denominado mandato, regulado, como antes

15 "Art. 116. A manifestação de vontade pelo representante, nos limites de seus poderes, produz efeitos em relação ao representado".

16 "Art. 118. O representante é obrigado a provar às pessoas, com quem tratar em nome do representado, a sua qualidade e a extensão de seus poderes, sob pena de, não o fazendo, responder pelos atos que a estes excederem".

17 "Art. 119. É anulável o negócio concluído pelo representante em conflito de interesses com o representado, se tal fato era ou devia ser do conhecimento de quem com aquele tratou.

Parágrafo único. É de cento e oitenta dias, a contar da conclusão do negócio ou da cessação da incapacidade, o prazo de decadência para pleitear-se a anulação prevista neste artigo".

18 O parágrafo único do artigo 119 do Código Civil limita em 180 dias, a contar da conclusão do negócio ou do fim da incapacidade do representado, o prazo para reclamar a invalidade do ato.

se deu notícia, nos artigos 653 e seguintes do Código. Nele se estipulam as bases da representação (seus limites e, até mesmo, se haverá remuneração de quem representa). O instrumento do mandato denomina-se procuração e daí por que se diz que o representante é o procurador.

Em princípio, qualquer ato pode ser realizado por procuração. Admite-se, até mesmo, o casamento por procuração. Já no fim do século XV, por exemplo, Lucrécia Borgia, filha do Papa Alexandre VI, teve seu terceiro casamento celebrado pelo pai, mas sem o noivo, que se fez representar por seu procurador. Evidentemente, não houve procuração para a lua de mel... Paradoxalmente, esse parece ter sido o único casamento feliz de Lucrécia.

Aliás, também o nosso D. Pedro I se casou por procuração com Dona Leopoldina. O Marquês de Marialva foi à Viena como representante do noivo.

Negócio consigo mesmo

O artigo 117[19-20] do Código Civil dispõe sobre o negócio consigo mesmo. É ocaso do representante que firma contrato com ele próprio; de um lado como procurador do representado e, do outro, agindo em seu nome. A mesma pessoa, nesses casos, assume a posição dos dois lados.

É o que ocorre se o curador (o administrador dos bens do absolutamente incapaz) de um louco vende para si próprio coisas de quem ele representa. No contrato de compra e venda, a mesma pessoa assinaria como comprador e vendedor. O mencionado artigo 117 do Código diz ser anulável esse negócio, salvo se a lei permitir ou o representado expressamente autorizar (sendo que, nesse caso, deixaria de haver negócio consigo próprio).

O evidente propósito da lei consiste em evitar que o representante tire vantagem indevida de seu cargo, em prejuízo do representado.

19 "Art. 117. Salvo se o permitir a lei ou o representado, é anulável o negócio jurídico que o representante, no seu interesse ou por conta de outrem, celebrar consigo mesmo.

Parágrafo único. Para esse efeito, tem-se como celebrado pelo representante o negócio realizado por aquele em quem os poderes houverem sido subestabelecidos".

20 Não há dispositivo semelhante no velho Código.

6

As Modalidades dos Negócios Jurídicos

6.1. Negócios puros e negócios sujeitos às modalidades

Uma pessoa vai à padaria e compra uma bisnaga. Nada mais prosaico. Essa situação revela um ato jurídico que se realiza imediatamente. Seus efeitos são sentidos de pronto.

Imaginemos que essa mesma pessoa fosse à padaria, mas ajustasse com o padeiro que o pão apenas seria entregue dentro de 10 dias. Esse ato não seria mais puro. Sua eficácia ficaria sujeita à verificação da data ajustada.

Em outra situação distinta, o sujeito ajusta com o padeiro que apenas receberá o pão se o seu time de futebol vencer a próxima partida. Esse ato jurídico, longe de ser puro, apenas se verificará se ocorrer outro fato futuro, cujo resultado se desconhece.

Na maioria das vezes, os efeitos dos atos jurídicos são sentidos imediatamente. A partir do momento em que os noivos declaram o consentimento com a união, o casamento se aperfeiçoa e passa a gerar consequências jurídicas.

Esses atos são conhecidos como puros, pois os seus efeitos são sentidos no momento de sua realização. Não pende sobre eles qualquer elemento acidental, que subordine seus efeitos a outro fato.

Todavia, as pessoas, não raro, ajustam que os atos jurídicos se sujeitem a modalidades. A lei permite às pessoas estipular que a eficácia do negócio dependa de outro fato. São as denominadas modalidades do ato jurídico, elementos acidentais que aderem ao principal. É bom ressaltar que o Código suprimiu a expressão "modalidades". Preferiu intitular o capítulo que trata delas como "Da condição, do termo e do encargo", precisamente as modalidades admitidas.

O Código Civil os examina nos artigos 121 a 137. A incidência das modalidades reconhecidas na lei – a condição, o termo e o encargo – se refletirá na eficácia do ato jurídico.

6.2. A condição

Os sujeitos podem estipular que a eficácia do ato jurídico fique subordinado à verificação de certo fato futuro e incerto, ou, ainda, que o ato gerará efeitos até que certo evento futuro e incerto ocorra. O nome dessa modalidade do ato jurídico é condição.

Veja-se: o ato é válido, mas somente gerará efeitos (terá eficácia), ou deixará de produzi-los, se ocorrer uma determinada situação, que ninguém sabe quando e se irá acontecer. O conceito encontra-se referido no artigo 121 do Código Civil.[1]

Assim, é lícito que uma pessoa faça um contrato de compra e venda, cuja eficácia fique sujeita à ocorrência de um fato futuro: que o Brasil ganhe a Copa do Mundo de futebol. Apenas e quando esse evento ocorrer o negócio se aperfeiçoará.

Esta modalidade do ato jurídico é denominada de condição, porque, efetivamente, o ato fica condicionado à ocorrência de um fato para surtir efeitos. Dessa forma, há uma incerteza quanto à realização do negócio jurídico.

Requisitos da condição

O artigo 121 do Código explica a modalidade, registrando que o fato mencionado na condição, ao qual se subordina a eficácia do negócio jurídico, precisa ser futuro e incerto. Futuro, porque deve ocorrer em um momento posterior àquele no qual se celebrou o negócio. Mais importante ainda, o evento necessita ser incerto. Caso as partes tenham conhecimento de que o fato subordinador ocorrerá, deixará de existir condição, para apenas haver um ato cujos efeitos se dariam no futuro. A incerteza é, pois, da essência da condição.

Tipos de incerteza

Atente-se à existência de dois tipos distintos de incerteza: (1) quanto à ocorrência do evento futuro e (2) quanto ao momento em que ele vai ocorrer. Essas duas incertezas não se confundem.

Sabe-se que uma pessoa natural irá morrer, mas não se sabe quando. Não se sabe, por exemplo, se um certo político será Presidente da República. Pode-se ajustar que um ato jurídico ficará subordinado à verificação de qualquer desses dois eventos. Entretanto, apenas na segunda hipótese haverá condição, porque somente nesse caso o evento é futuro e incerto. Nas situações em que houver incerteza apenas acerca de quando o evento ocorrerá, mas se está certo de que ele irá acontecer – como a morte de uma pessoa –, não haverá condição, mas termo, outra modalidade analisada adiante.

1 "Art. 121. Considera-se condição a cláusula que, derivando exclusivamente da vontade das partes, subordina o efeito do negócio jurídico a evento futuro e incerto".

Tipos de condição

O Direito admite dois tipos de condição: suspensiva e resolutiva. A primeira é a mais comum delas. Ao se ajustar um negócio sujeito à condição suspensiva, a eficácia do ato fica aguardando a verificação de um determinado evento futuro e incerto. Apenas ocorrido esse fato, o negócio gera efeitos. Diz-se suspensiva porque a eficácia do ato fica "suspensa" até a verificação do evento. O artigo 125 do Código Civil[2] define a situação, ressaltando que não haverá direito adquirido, mas apenas expectativa, enquanto não ocorrida a condição suspensiva.

Condição suspensiva

De fato, nos casos de um ato subordinado à condição suspensiva, o titular do direito futuro tem apenas uma expectativa. Contudo, o ordenamento protegerá essa situação. Mesmo estando o direito dependente da verificação da condição suspensiva, pode o seu titular, se for necessário, tomar as medidas para conservá-lo (artigo 130 do Código Civil[3]). Veja-se o seguinte exemplo: duas pessoas ajustam que uma delas transferirá a propriedade de um jardim no dia em que a monarquia for restaurada no Brasil. Essa data é futura e incerta. Trata-se, portanto, de uma condição que subordina a eficácia do ato (no caso, a transferência da propriedade). Mesmo antes de cumprida a condição (cuja futura ocorrência é impossível prever), o titular do eventual direito pode tomar medidas a fim de preservar a sua situação. Apenas dessa forma, na prática, o futuro direito estará garantido. Se o dono do jardim começar a destruí-lo, o titular da expectativa pode buscar meios legais para evitar o desaparecimento do bem.

Verificada a ocorrência da condição suspensiva, dá-se eficácia ao ato que estava sujeito à modalidade.

Entretanto, antes disso, enquanto não se der a condição suspensiva, podem ser adotados quaisquer atos com relação ao bem objeto da relação (admite-se, até mesmo, sua alienação para terceiros). A única restrição é a de que, implementada a condição, as novas disposições não terão valor. Será como se elas jamais tivessem ocorrido, diz o artigo 126 do Código[4]. Caso se ajuste a venda de um carro, sujeita à condição suspensiva, o seu dono poderia dispor do veículo (para vendê-lo, por exemplo), sendo

2 "Art. 125. Subordinando-se a eficácia do negócio jurídico à condição suspensiva, enquanto esta se não verificar, não se terá adquirido o direito, a que ele visa".

3 "Art. 130. Ao titular do direito eventual, nos casos de condição suspensiva ou resolutiva, é permitido praticar os atos destinados a conservá-lo".

4 "Art. 126. Se alguém dispuser de uma coisa sob condição suspensiva, e, pendente esta, fizer quanto àquela novas disposições, estas não terão valor, realizada a condição, se com ela forem incompatíveis".

certo, contudo, que, caso verificada a condição, esse negócio de alienação não teria valor. Nesse sentido, expressamente, dispõe a redação do artigo 1.359 do Código Civil[5], relativo à propriedade resolúvel.

Perda da coisa

Caso o bem relacionado no negócio principal, ao qual se estipulou a condição suspensiva, pereça antes de verificado o evento, o eventual titular poderá reclamar indenização se essa perda decorrer de culpa (artigo 234 do Código Civil[6]). Se não houve culpa, o titular do eventual direito nada poderá reclamar e o negócio se extinguirá pela falta de objeto.

Na hipótese de o bem deteriorar, a culpa funcionará, outra vez, para aferir a responsabilidade (artigo 235 do Código[7]).

Condição resolutiva

O outro tipo de condição é a resolutiva, referida no artigo 127 do Código[8]. Nesta, ao contrário, o ato gera efeitos desde logo e a ocorrência do fato futuro e incerto fará com que esses efeitos cessem. Seria a situação, para dar um exemplo comum, do empréstimo de um apartamento com duração até o dia em que o filho de quem emprestou se case. O comodatário (quem recebeu o imóvel emprestado) ficará no imóvel até que esse evento futuro e incerto ocorra: o casamento do filho do dono do bem, que pode dar-se ou não.

O artigo 128 da Lei[9] informa, inicialmente, que, verificada a condição, extinguem-se os efeitos do negócio jurídico que a ela estavam subordinados. A segunda parte do dispositivo cuida da situação de se verificar a condição resolutiva em negócio de execução continuada ou periódica. O Código de 1916 não tratava

5 "Art. 1.359. Resolvida a propriedade pelo implemento da condição ou pelo advento do termo, entendem-se também resolvidos os direitos reais concedidos na sua pendência, e o proprietário, em cujo favor se opera a resolução, pode reivindicar a coisa do poder de quem a possua ou detenha".

6 "Art. 234. Se, no caso do artigo antecedente, a coisa se perder, sem culpa do devedor, antes da tradição, ou pendente a condição suspensiva, fica resolvida a obrigação para ambas as partes; se a perda resultar de culpa do devedor, responderá este pelo equivalente e mais perdas e danos".

7 "Art. 235. Deteriorada a coisa, não sendo o devedor culpado, poderá o credor resolver a obrigação, ou aceitar a coisa, abatido de seu preço o valor que perdeu".

8 "Art. 127. Se for resolutiva a condição, enquanto esta se não realizar, vigorará o negócio jurídico, podendo exercer-se desde a conclusão deste o direito por ele estabelecido".

9 "Art. 128. Sobrevindo a condição resolutiva, extingue-se, para todos os efeitos, o direito a que ela se opõe; mas, se aposta a um negócio de execução continuada ou periódica, a sua realização, salvo disposição em contrário, não tem eficácia quanto aos atos já praticados, desde que compatíveis com a natureza da condição pendente e conforme aos ditames de boa-fé".

do assunto. Esses negócios são aqueles nos quais uma das partes fica obrigada a dar diversas prestações, de forma contínua. É o que se vê, para citar um conhecido exemplo, nos aluguéis. Enquanto uma pessoa utiliza o bem da outra, arca periodicamente com o pagamento do aluguel. Verificada a condição, os atos praticados no passado não ficam prejudicados.

Imagine-se a pessoa que aluga um imóvel, mas ajusta que esse negócio fica sujeito a certa condição resolutiva (que o locatário, a pessoa que ocupa o imóvel, fosse aprovado em concurso público, por exemplo). Sobrevindo a condição, o proprietário pode reclamar o término da relação locatícia, mas ninguém poderá solicitar a devolução dos aluguéis pagos no passado.

Existe, pois, uma irretroatividade dos efeitos dos atos na condição. Os frutos percebidos pelo titular do direito pertencem a ele, ainda que, depois, a condição se verifique e a propriedade do bem seja transferida a um terceiro. O mesmo se pode dizer dos atos de administração regular do bem. Quem era o titular do bem deve adotar as medidas para a sua conservação e esses atos são plenamente eficazes, independentemente de no futuro a condição resolutiva se verificar e a propriedade do bem passar para outrem.

Condições vedadas

O artigo 122 do Código Civil[10] registra como lícitas as condições não contrárias à lei, à ordem pública e aos bons costumes. Logo, por exclusão, não se admitem as condições que deixem de atender aos requisitos referidos.

Condições que invalidam todo o negócio

O artigo 123 da Lei civil[11], por sua vez, arrola as condições que, uma vez verificadas, acabam por macular todo o negócio a elas relacionadas. Diante de uma condição dessa natureza, a validade de todo o negócio fica comprometida. É o que passaremos a ver.

Condições ilícitas

O artigo 123, II, do Código Civil rejeita as condições ilícitas ou de fazer coisa ilícita. Com efeito, não se pode condicionar a realização de um negócio à prática de um homicídio, para dar um exemplo extremo. A existência de uma condição ilegal afetará todo o ato, que será reconhecido como ilícito.

10 "Art. 122. São lícitas, em geral, todas as condições não contrárias à lei, à ordem pública ou aos bons costumes; entre as condições defesas se incluem as que privarem de todo efeito o negócio jurídico, ou o sujeitarem ao puro arbítrio de uma das partes".

11 "Art. 123. Invalidam os negócios jurídicos que lhes são subordinados: I – as condições física ou juridicamente impossíveis, quando suspensivas; II – as condições ilícitas, ou de fazer coisa ilícita; III – as condições incompreensíveis ou contraditórias".

Condições puramente potestativas

Tampouco a lei admite as condições puramente potestativas, consoante anota o artigo 122 da Lei Civil. Naturalmente, a incerteza, com referência à realização do evento a que se condicionou o ato, deve existir para todos os sujeitos da relação, principalmente para o devedor, aquele que deve realizar uma atividade em benefício do credor. Caso contrário, haverá uma relação absolutamente desigual e injusta, pois o devedor poderá unilateralmente decidir o momento em que o ato terá eficácia, ou mesmo se o ato terá eficácia de todo. Por esse motivo, o artigo 122 do Código Civil veda a condição puramente potestativa, na qual a eficácia do ato esteja subordinada ao arbítrio do devedor (veja-se que a Lei de 2002, como antes a de 1916, cometeu um equívoco ao dizer que é puramente potestativa a cláusula que condicione a realização do ato à vontade de qualquer das partes. Na verdade, o credor de uma obrigação pode desistir de cobrar a dívida e não há mal algum nisso. A condição potestativa vedada é aquela que dá ao devedor o direito de cumprir seu dever se quiser).

Não se admite, em suma, condição na qual o devedor decida se e quando se dará o evento que torna eficaz o negócio (conta-se que São Bento e Santa Escolástica, irmãos queridos, apenas se encontravam uma vez por ano, durante uma tarde na qual rezavam em conjunto. Certa vez, a Santa pediu ao seu irmão que pernoitasse, mas São Bento recusou, alegando que precisava voltar ao seu mosteiro. Santa Escolástica, então, pôs-se a rezar muito concentrada e, pouco depois, uma enorme tempestade desabou. São Bento repreendeu sua irmã que, em resposta, lhe disse: "Você negou meu pedido, mas o Senhor me concedeu". Se chover fosse a condição do negócio, os fiéis diriam que, para a Santa, se tratava de uma condição potestativa...).

Fundamental, na oportunidade, ressaltar a diferença entre as condições potestativas simples e as puramente potestativas. Apenas as segundas são vedadas pelo artigo 122 do Código. As puramente potestativas são as cláusulas que subordinam a eficácia do ato à mera vontade do devedor. *Si volam*, diziam os romanos. Isto é, "se eu quiser". São consideradas ilícitas as condições nas quais a eficácia do ato dependa que o devedor diga "eu quero cumprir o dever". Essas são as condições puramente potestativas, vedadas no nosso ordenamento.[12]

12 Identificar a natureza da condição pode ser tarefa árdua, envolvendo, por vezes, questões subjetivas. Eis uma interessante decisão do Superior Tribunal de Justiça: "CLÁUSULA CONTRATUAL. POTESTATIVA OU SUSPENSIVA. Trata-se de ação de indenização por violação de contrato entre agremiações para venda de passe de jogador de futebol

Condição potestativa simples

A condição potestativa simples, por outro lado, é admitida. Nela, a eficácia do ato fica dependendo de uma atuação do credor. Haverá, para citar um caso, condição potestativa simples ao se ajustar que uma pessoa receberá de outra um relógio se aprender a falar russo. Note-se que o evento mencionado na condição depende de uma atitude de um dos sujeitos da relação, o credor, que apenas receberá a coisa se realizar a atividade, ou atingir certos objetivos.

Condições que privam de todo efeito o negócio jurídico

Não se reconhecem, ainda, as condições que privem de todo o efeito o negócio jurídico, consoante a última parte do artigo 122 do Código Civil. Não será, por exemplo, válida a estipulação que condicionar a venda de uma joia ao evento de sua destruição, incidindo o referido artigo legal para desqualificar esta condição.

Condição impossível

Questão interessante consiste em saber qual será o destino dos atos se reconhecida a impossibilidade da condição estipulada.

Note-se que a impossibilidade da condição pode ser de dois tipos: física (se o evento futuro não for realizável pela sua própria natureza) ou jurídica (quando a lei não permitir a realização da condição).

Não se confunda a condição ilícita com a condição juridicamente impossível. Na primeira, acima examinada, ajusta-se que a verificação do negócio encontra-se subordinada à realização de um ato ilícito (como cometer um roubo, por exemplo), enquanto na segunda o fato a que se subordinou não é admitido em nosso ordenamento, ou seja, não é possível juridicamente. Veja-se a hipótese de condicionar a eficácia do negócio a que um homem

profissional cedido por um dos clubes. O contrato continha cláusula condicionada a evento futuro, ou seja, se a transação de venda do passe ocorresse durante o primeiro ano de atuação do jogador, o clube cedente teria participação de 50% do lucro, se nos seis meses seguintes a esse prazo, 25%. Durante o período de vigência do acordo, o clube demandado recusou duas propostas de venda, mas, logo após o término da previsão contratual, vendeu o passe do jogador ao mesmo clube da recusa, sem nada pagar ao autor. O Juiz e o Tribunal *a quo* entenderam que a transação era lícita e a cláusula contratual traduzia uma condição suspensiva, por depender de evento futuro e incerto, não só de atuação do profissional, mas do interesse de outros clubes. A Turma reconhecendo se trata de matéria típica de direito, afastou a incidência da Súmula nº 5-STJ e proveu o recurso, condenando o recorrente a pagar 25% sobre a quantia injustificadamente recusada dentro do prazo de validade do contrato e julgando nula a cláusula contratual por ser potestativa, nos termos do art. 115 do CC, pois condicionou a realização de negócio futuro ao ilimitado arbítrio de uma das partes em prejuízo da outra, além de manifesta abusividade. Precedentes citados: REsp. 151.758-MG, *DJ* 29.6.1998, e REsp. 224.740-SP, *DJ* 13.12.1998." (REsp. 291.631-SP – STJ – Rel. Ministro Castro Filho – j. em 4.10.2001).

jamais reconheça a sua paternidade sobre quem quer que seja. Evidentemente, essa estipulação é juridicamente impossível, pois a qualidade jurídica de paternidade é irrenunciável.

O Código Civil distingue as duas hipóteses, arrolando, de um lado, a condição (física e juridicamente) impossível suspensiva no artigo 123, I, e a impossível resolutiva no artigo 124[13], e, de outro, as condições ilícitas no artigo 123, II.

Os artigos 123, I, e 124 do Código Civil cuidam dos casos de condição impossível suspensiva e resolutiva. Caso as condições impossíveis sejam suspensivas, elas invalidarão os atos a elas subordinados. Na hipótese de as condições impossíveis serem resolutivas, a modalidade deve ser considerada como inexistente e o ato será puro. Assim, caso se estabeleça que a transferência de propriedade de um bem fique condicionada suspensivamente a que se promova a emancipação de um bebê (o que é juridicamente impossível, diante do artigo 5º, parágrafo único, do Código Civil,[14] pois a emancipação se dará, no mínimo, aos 16 anos), o negócio todo restará invalido, por força do artigo 123, I. De outra ponta, se a condição foi resolutiva – transferiu-se o bem, mas ajustou-se que o negócio pode ser desfeito se ocorrida a mesma condição –, o ato é válido e considera-se não-escrita a modalidade, ensina o artigo 124 do Código.

Condições fisicamente impossíveis

Tome-se a hipótese de se ajustar que a venda de um carro fique condicionada à total erradicação da miséria no mundo. Trata-se de uma condição suspensiva e fisicamente impossível. A ocorrência desse fato é futuro e incerto, porém, infelizmente, não há como averiguá-lo. Nesse caso, deve o ato, consistente na venda do carro, subsistir, ou ser totalmente anulado? A questão é tratada no Código no artigo 123, I, que determina a invalidade de todo o ato.

O artigo 116 do antigo Código[15] estipulava que as condições fisicamente impossíveis se tinham por inexistentes, salvando-se o

13 "Art. 124. Têm-se por inexistentes as condições impossíveis, quando resolutivas, e as de não fazer coisa impossível".

14 "Parágrafo único. Cessará, para os menores, a incapacidade: I – pela concessão dos pais, ou de um deles na falta do outro, mediante instrumento público, independentemente de homologação judicial, ou por sentença do juiz, ouvido o tutor, se o menor tiver dezesseis anos completos; II – pelo casamento; III – pelo exercício de emprego público efetivo; IV – pela colação de grau em curso de ensino superior; V – pelo estabelecimento civil ou comercial, ou pela existência de relação de emprego, desde que, em função deles, o menor com dezesseis anos completos tenha economia própria".

15 "Art. 116. As condições fisicamente impossíveis, bem como as de não fazer coisa impossível, têm-se por inexistentes. As juridicamente impossíveis invalidam os atos a elas subordinados".

ato. O antigo Código não distinguia se as condições impossíveis eram suspensivas ou resolutivas. Digamos que se estipule, no contrato de venda de um cavalo, a condição de que o negócio apenas se realizará no momento em que o comprador, credor do animal, mostre ao devedor um macaco com asas. Ora, trata-se de uma condição fisicamente impossível, que jamais se verificará. O artigo 116 do Código de 1916 estipulava que, na referida hipótese, o negócio seria válido e eficaz, desconsiderando-se a condição. Já o Código atual deu tratamento distinto à matéria. De acordo com o artigo 123, I, as condições suspensivas impossíveis, físicas ou jurídicas, acarretam a invalidade do negócio a elas subordinado.

Em síntese, o Código de 1916 não previa a anulação de todo o ato subordinado à condição fisicamente impossível, como no exemplo acima citado da condição de demonstrar o fim da miséria no mundo. Apenas as condições seriam consideradas como não existentes. No Código de 2002, o mesmo vai ocorrer nos casos de condição impossível resolutiva e em qualquer hipótese de estipulação de não-fazer coisa impossível, diz o artigo 124. Entretanto, como se disse, se a condição impossível for suspensiva, haverá, segundo o artigo 123, I, do Código, invalidade de todo o ato.

Em resumo, na ordem estabelecida no Código Civil de 2002, se uma pessoa der um livro a um amigo, mas fixar uma condição resolutiva àquela doação, subordinando a devolução do livro à ocorrência de um evento impossível (como o de que caia uma nevasca sobre a cidade de Recife), essa condição será reputada inexistente e o ato de doação, por consequência, visto como puro. Já se a condição for suspensiva, o negócio todo estará invalidado. Por fim, se houvesse uma condição suspensiva negativa impossível: "caso não venha a nevar no Recife", o ato seria puro, diante da incidência do artigo 124 do Código Civil.

Deve-se, entretanto, registrar que, muitas vezes, a referência às condições fisicamente impossíveis não passa de uma brincadeira, feita sem o interesse de impedir a realização do ato. No momento em que uma pessoa se compromete a cumprir uma obrigação no dia em que houver a paz no mundo – quando se sabe que essa verificação é impossível –, deve-se apurar a real vontade do emitente dessa declaração. Apenas depois se poderá aferir a validade o ato principal. Afinal, impõe-se interpretar o negócio através do prisma da boa-fé, ordena o artigo 113 do Código Civil[16].

Condições incompre-ensíveis e contraditórias

O último dos casos nos quais a condição vai invalidar todo o negócio encontra-se referido no inciso III do artigo 123. Trata-se de outra novidade do Código de 2002 e consiste na referência de que as condições incompreensíveis e contraditórias invalidariam todo o negócio. De acordo com o Código, sempre que diante de condições com essas características – incompreensíveis e contraditórias –, todo o ato perde a validade. O reconhecimento dessas duas qualidades, na grande parte dos casos, requisitará boa dose de subjetivismo do intérprete, porque, afinal, o que é incompreensível para um pode não ser para outro. De toda forma, caso não seja possível entender a condição, o ato todo ficará prejudicado.

Condições que se desprezam

O artigo 124 do Código informa que, em duas situações, as condições devem ser reputadas como inexistentes. A primeira hipótese, antes mencionada, cuida das condições impossíveis resolutivas. A segunda se relaciona às condições nas quais se vinculou a eficácia do ato a um não-fazer coisa impossível (como no caso de se ajustar que um negócio fique subordinado a que alguém não vá a Plutão). Essas condições igualmente consideram-se não-escritas.

O momento em que se verifica a condição

No momento em que o evento incerto ocorre, considera-se verificada a condição e o ato passa a gerar efeitos, no caso da condição suspensiva, ou cessam os efeitos do ato, se diante de condição resolutiva.[17]

Segundo o artigo 129 do Código Civil,[18] numa regra de alto grau ético, se uma das partes, maliciosamente, impedir que a condição ocorra, seja porque essa a prejudicaria, seja por um motivo fútil qualquer, esse evento considerar-se-á realizado e o ato passará a gerar efeitos.

---

16 "Art. 113. Os negócios jurídicos devem ser interpretados conforme a boa-fé e os usos do lugar de sua celebração".

17 Atente-se ao artigo 474 do Código Civil, na parte da Lei que examina a extinção dos contratos, a referência à cláusula resolutiva: "Art. 474. A cláusula resolutiva expressa opera de pleno direito; a tácita depende de interpelação judicial".

18 "Art. 129. Reputa-se verificada, quanto aos efeitos jurídicos, a condição cujo implemento for maliciosamente obstado pela parte a quem desfavorecer, considerando-se, ao contrário, não verificada a condição maliciosamente levada a efeito por aquele a quem aproveita o seu implemento".

De outro lado, caso o implemento da condição tenha ocorrido por ato malicioso de quem ela favoreça, considera-se que ela não se verificou.

A condição, contudo, se extingue quando o ato a que ela se subordinou não puder mais verificar-se por motivo alheio às partes e em momento futuro ao que se estabeleceu a modalidade. Isso ocorre, por exemplo, se os sujeitos condicionarem a eficácia do ato a que um certo atleta ganhe uma corrida da qual participará. Entretanto, por motivos alheios aos sujeitos da relação subordinada à modalidade, a competição é cancelada. Com isso, impossibilitou-se a verificação da condição. Nessa hipótese, se sujeito à condição suspensiva, o ato não se realizará. Se for o caso de condição resolutiva, o ato se libera da modalidade.

Pluralidade de condições

Admite-se que haja mais de uma condição no mesmo negócio. Permite-se, até mesmo, que seja estipulada uma condição depois de já existente a primeira, desde que as posteriores sejam compatíveis com a que inicialmente se estabeleceu (sob pena de invalidar todo o negócio, por força do artigo 123, III, pois o dispositivo trata tanto das condições intrinsicamente contraditórias como dos casos nos quais haja mais de uma condição e elas sejam, entre si, contraditórias). Digamos que se celebre um contrato de prestação de serviços, no qual o devedor se compromete a tirar fotos do credor. O negócio, entretanto, fica condicionado ao fato futuro e incerto de o credor ser contratado por uma gravadora para lançar um disco. Nada impede que, posteriormente, as mesmas partes ajustem outra condição sobre o mesmo negócio: que, por exemplo, haja uma diminuição do custo da revelação de fotos no Brasil. Veja-se: uma condição foi estipulada e depois outra, sendo a segunda compatível com a primeira e, portanto, válida.

Limites da condição

Ressalve-se, em tempo, que a condição apenas pode dirigir-se aos elementos acidentais do negócio, nunca aos elementos essenciais. Os elementos essenciais são, como o nome indica, aqueles referentes à própria natureza do ato. É da essência do casamento, por exemplo, o consentimento dos nubentes; logo, não poderá haver condição relacionada a esse elemento. É elemento essencial do contrato de compra e venda a existência de coisa. Não se pode, portanto, estipular uma condição que retire a coisa do contrato. De outro lado, é elemento acidental que a coisa tenha essa ou aquela característica. Assim, pode-se estipular a condição de que uma pessoa se comprometa a comprar um carro a ser lançado se houver o modelo da cor azul. Em contrapartida, não se admite a fixação de condição na qual a pessoa fique obrigada a comprar um carro de modelo novo, mesmo que esse modelo não exista. Nesta última hipótese, a condição absurda do ponto de vista lógico, atingirá elemento essencial do ato (não haverá objeto) e, logo, não será possível.

Considera-se, com razão, que os atos de caráter eminentemente pessoal não admitem condição, como o casamento[19] e a adoção. Não seria moralmente admissível que a realização desses atos de tamanha relevância ficasse dependendo da verificação de outro evento.

O mesmo destino tinha o reconhecimento de paternidade. Entendia-se que esse ato não poderia ser condicionado de forma alguma. Entretanto, esse entendimento data da época em que a paternidade era declarada por meio de presunções, ao contrário do que ocorre nos dias de hoje, nos quais a paternidade, quando há dúvida, é aferida por testes científicos, cuja precisão revela-se quase absoluta. Não haveria nenhum problema se uma pessoa ajustasse o reconhecimento da paternidade, desde que fosse feito o teste de seu DNA e que o resultado fosse positivo. Essa condição parece ser válida. Imoral seria a condição que subordinasse o reconhecimento da paternidade a que a criança fizesse, representada por sua mãe, uma declaração abrindo mão de todos os seus direitos patrimoniais decorrentes da filiação.

6.3. O termo

Nos negócios puros, as obrigações ajustadas são exigíveis desde logo. As partes podem, entretanto, estipular que o ato somente passará a produzir efeitos em uma data futura, ou na ocorrência de um fato futuro e certo. Essa estipulação é mais um elemento acidental do negócio, denominado termo.

Nos negócios ajustados com termo (um acontecimento futuro), a obrigação somente terá eficácia com a verificação desse evento. A distinção fundamental da condição, apresse-se em dizer, é que na condição o evento futuro é incerto, ao passo que, no termo, ele é certo. Assim, enquanto na condição não se sabe se haverá o evento, no termo há certeza de que ele ocorrerá.

O exemplo mais comum de termo é o contrato no qual se estipula que a data de cumprimento da obrigação seja, por ex-

19 O casamento a que se refere é o da própria pessoa envolvida na relação. Não há nada de mal, entretanto, em condicionar a eficácia de certo ato ao casamento de terceiro, estranho à relação, como, por exemplo, dizer que se fará um negócio no dia que sicrano casar.

emplo, um mês depois da assinatura do negócio. Na data fixada, o negócio se realiza.

Assim como na condição, o termo pode ser resolutivo ou suspensivo. No suspensivo, o ato apenas passará a gerar efeitos quando sobrevier ao termo. No resolutivo, de outro lado, o ato produz efeitos desde logo, mas terá a sua eficácia cessada com a chegada do evento. Caso se ajuste que uma pessoa tem direito a usar um carro até o fim do ano, estaremos diante de um termo resolutivo. Se se estipular que a pessoa passará a ter direito ao uso do automóvel a partir do fim do ano, haverá termo suspensivo. O exemplo mais conhecido de termo resolutivo é o da Cinderela. A fada madrinha dá tudo à gata borralheira – vestido, carruagem, glamour –, mas o feitiço acaba com as doze badaladas. Eis o termo do encantamento.

Importante conhecer os conceitos de termo inicial e final. O termo, como se disse, marca o começo ou o término da eficácia de um negócio jurídico. O nome do período que existe entre dois termos é prazo. O termo inicial, na hipótese de ele ser resolutivo, assinala o momento em que o negócio passará a surtir efeitos, ao passo que o termo final indica o momento de extinção dos efeitos. É lícito, pois, ajustar que certo negócio jurídico possua termo inicial, que marque o início de sua eficácia, assim como se pode acertar negócio cujos efeitos se farão sentir até a ocorrência do termo final, quando os seus efeitos cessarão. Esta, em síntese, a distinção entre o termo suspensivo e o resolutivo, de que se falou pouco antes.

Eis outro exemplo: o dono de uma fazenda oferece a um amigo o direito de morar na sua propriedade durante o verão. O termo inicial é o início da estação e o final a chegada do outono. Durante o período que vai do prazo inicial ao final, o amigo do fazendeiro habita a fazenda.

Veja-se, no negócio puro, sem nenhuma modalidade incidente, a obrigação nele estabelecida pode ser exigida imediatamente, registra o artigo 134,[20] salvo, claro, se exista uma clara circunstância fática que diga o contrário. Se, entretanto, esse negócio estiver sujeito à condição suspensiva, ele apenas terá efeito se e quando implementado o evento. Por fim, se o ato estiver sujeito a termo suspensivo, a sua execução ficará sobrestada até a chegada da data futura.

20 "Art. 134. Os negócios jurídicos entre vivos, sem prazo, são exeqüíveis desde logo, salvo se a execução tiver de ser feita em lugar diverso ou depender de tempo".

Ajustam-se, com muita frequência, obrigações com termo. Uma pessoa empresta a outra seu carro por um mês. Aluga-se a casa por um ano. Acorda-se que dentro de dois meses um quadro será entregue.

Contagem dos prazos no direito civil

Importante, no estudo do termo, saber como se contam os prazos no Direito civil. Afinal, em função do prazo, o direito inicia ou se extingue. O artigo 132 do Código Civil[138] diz que, "salvo disposição em contrário, computam-se os prazos, excluindo o dia do começo, e incluindo o do vencimento".

Nos seus parágrafos, o artigo 132 ainda oferece outras regras que devem ser conhecidas: a prorrogação do prazo se o termo cair em feriado (§ 1º), ou a de que meado se considera o décimo-quinto dia do mês (§ 2º).

A definição legal do ano civil encontra-se na Lei nº 810, de 6.9.1949. Segundo ela, "considera-se ano o período de doze meses contados do dia do início ao dia e mês correspondentes do ano seguinte" (artigo 1º).

O artigo 133 do Código Civil[21] oferece algumas regras de interpretação dos prazos, como a de que, nos contratos, deve-se sempre buscar beneficiar o devedor. Isso contudo, apenas se dará se as circunstâncias ou o próprio acordo não indicarem de forma distinta.

Os prazos processuais seguem uma lógica distinta. A partir da vigência do Novo Código de Processo Civil (Lei nº 13.105, de 16.3.2015), os prazos para a prática de atos no curso do processo civil passaram a ser contados em dias úteis, conforme a norma do artigo 219 daquele Código[22].

Atos sem prazo expressamente definido

Muitas vezes, as partes não estipulam qualquer prazo para que se exija a execução do negócio. Pode ocorrer de se celebrar um contrato de compra e venda de um quadro, mas o titular do crédito não reclamar a peça de arte. A rigor, segundo o artigo 134 do Código Civil[23], o cumprimento do negócio poderia ser exigido imediatamente. Essa possibilidade de pronta exigência do cumprimento da obrigação ajustada no negócio não se dará,

---

21 "Art. 133. Nos testamentos, presume-se o prazo em favor do herdeiro, e, nos contratos, em proveito do devedor, salvo, quanto a esses, se do teor do instrumento, ou das circunstâncias, resultar que se estabeleceu a benefício do credor, ou de ambos os contratantes".

22 "Art. 219. Na contagem de prazo em dias, estabelecido por lei ou pelo juiz, computar-se-ão somente os dias úteis".

23 "Art. 134. Os negócios jurídicos entre vivos, sem prazo, são exeqüíveis desde logo, salvo se a execução tiver de ser feita em lugar diverso ou depender de tempo".

contudo, se, pelas circunstâncias, se puder compreender que a data da execução somente pode ocorrer no futuro. Caso alguém, por exemplo, compre certo produto agrícola sabendo que sua safra só se dará em alguns meses, é certo que não tem como exigir a entrega do bem desde logo.

Distinção entre condições e termo

Como acima se frisou, o termo se distingue da condição porque naquele o fato é certo quanto à sua realização. Vejam-se as seguintes situações: (1) Ajusta-se que a obrigação será cumprida no dia em que o filho do credor atingir a maioridade civil. O fato é incerto (o filho pode morrer antes de completar 18 anos),[24] mas a data é certa. Diz-se *incertus an, certus quando*. (2) Celebra-se um contrato de compra e venda, sendo que a entrega do bem se dará em um mês a contar da assinatura do acordo. Fato certo e data certa: *certus an, certus quando*. (3) Estipula-se contratualmente que o bem será entregue ao credor quando o atual proprietário morrer. O fato é certo, porém a data não. *Certus an, incertus quando*. (4) Acorda-se que a obrigação será cumprida no dia em que certo amigo dos contratantes se casar. Fato incerto, data incerta. Assim, *incertus an, incertus quando*. Na primeira e na quarta hipóteses, estamos diante de uma condição, pois há incerteza quanto à realização do negócio. No segundo e no terceiro caso há termo, pois haverá negócio, sua realização é certa, embora na terceira hipótese não se saiba quando irá ocorrer.

Admite-se, portanto, o termo nos casos em que não se sabe quando o evento se dará, mas apenas que ele ocorrerá. Acabou de se mencionar a hipótese do ato apenas passar a surtir efeito no dia da morte de uma das partes. Haverá, no caso, termo. Afinal, embora incerta a data em que o falecimento se dará, é certo que o fato ocorrerá.

No termo, portanto, o direito já é adquirido pelo sujeito no momento da celebração do negócio (artigo 131 do Código[25]), apenas a sua eficácia e o seu exercício estão suspensos até a verificação da data, que pode ser certa ou incerta, sendo, nesta última hipótese, ao menos determinável.

O artigo 135 do Código[26] inova ao mencionar que ao termo, no que couber, aplicam-se as disposições referentes às condições

24 Artigo 4º, I, do Código Civil: "Art. 4º São incapazes, relativamente a certos atos ou à maneira de os exercer: I – os maiores de dezesseis e menores de dezoito anos".

25 "Art. 131. O termo inicial suspende o exercício, mas não a aquisição do direito".

26 "Art. 135. Ao termo inicial e final aplicam-se, no que couber, as disposições relativas à condição suspensiva e resolutiva".

suspensivas. Assim, por exemplo, caso se ajuste que o termo inicial será no dia em que todos os argentinos reconhecerem que o Brasil é superior no futebol (o que é impossível), o negócio perderá validade, por aplicação do artigo 123, I (que trata das condições suspensivas impossíveis).

6.4. O encargo (ou modo)

Nos negócios gratuitos, a pessoa que o instituiu pode estabelecer que quem se beneficiou com o ato fique sujeito à realização de uma determinada atividade (que pode ser, também, um dever negativo, como o de deixar realizar um ato). Trata-se de um ônus imposto a quem obtém uma vantagem gratuita. A esta modalidade de negócio jurídico denomina-se encargo, também chamado de modo, em função de seu nome no Direito Romano: *modus*.

Uma pessoa doa a outra a sua casa, mas impõe o dever de a donatária manter bem cuidado o jardim do imóvel; o sujeito doa o cavalo, mas o comprador não pode inscrevê-lo em competições. Essa modalidade é bastante comum nas doações de obras de arte a museus; doam-se as peças com o encargo de permitir que o público tenha acesso a elas.

Trata-se, como se vê, de um ônus imposto pelo instituidor do ato a quem recebe a coisa gratuitamente. Esse ônus pode referir-se a um determinado ato que o novo proprietário da coisa deve realizar e, muitas vezes, refere-se ao dever de destinar o bem adquirido a um certo fim. Ainda, o encargo pode impor que o beneficiado realize algo para terceiro. Doa-se uma casa a uma fundação, mas impõe-se o encargo de que se deve transformar o imóvel em um museu e sua entrada seja gratuita aos moradores de certa cidade.

Segundo o artigo 137,[27] o encargo não pode ser ilícito ou impossível. Se assim for, deve-se considerá-lo como não escrito e o negócio será puro. O encargo ilícito ou impossível apenas maculará o negócio se ele for a sua causa. Ou seja, caso, por exemplo, uma pessoa tenha doado um bem a outra com a condição de que esta última cometa um assassinato, evidentemente todo o negócio estará contaminado (pois o doador realmente queria atrelar a sua generosidade a um crime). Diferentemente, se o doador estipular a mesma doação, porém criando um encargo de

27 "Art. 137. Considera-se não escrito o encargo ilícito ou impossível, salvo se constituir o motivo determinante da liberalidade, caso em que se invalida o negócio jurídico".

que o donatário deva ressuscitar Shakespeare (o que é lamentavelmente impossível), o negócio será válido e considerar-se-á a modalidade como não escrita.

Características do encargo

Repita-se: o encargo é uma modalidade típica do negócio gratuito. É comum, portanto, nas doações. Não se admite o encargo nos atos onerosos porque nestes há sempre a busca por uma equivalência econômica entre as prestações, o que não é compatível com o encargo.

Evidentemente, o encargo deve sempre ser lícito e moralmente aceitável, sob pena de se considerar não-escrito (artigo 137 da Lei de 2002). O referido artigo 137, contudo, ressalva que, se o encargo ilícito for o motivo da liberalidade, ele anulará o negócio. Dessa forma, caso se doe um gato a alguém com o encargo de que o beneficiado deva cometer um furto, em regra esse ato não será aceito, salvo se restar verificado que o motivo determinante do instituidor para doar o gato era a realização do ilícito. Apenas nesta última hipótese, o negócio não terá validade.

Muitas vezes o encargo é altamente complexo e dispendioso, chegando, até mesmo, a suplantar o valor da coisa. Veja-se a seguinte hipótese: faz uma doação de um terreno cheio de animais silvestres, com o encargo para o donatário, beneficiado do negócio, de alimentar todos os bichos que lá encontrar. Esse encargo, no entanto, pode sair muito caro e o beneficiado tem como recusar a doação.

Situação distinta é a do beneficiado que recebe o bem com um encargo, mas, posteriormente, esse ônus passa a ser um excesso. Neste caso, parece razoável avaliar a sua sustação temporária, se o motivo de seu agravamento for transitório, ou, até mesmo, permanente, caso não se justifique mais o ônus, sob o aspecto econômico ou mesmo moral.

A quem vincula o encargo

O encargo apenas vincula aquele que recebe o bem. Essa constatação é fundamental na análise dos encargos incidentes sobre bens transferidos, nos quais o novo proprietário se sujeita à realização de certo ato, como, por exemplo, o dever de expor o bem transferido, ou limpá-lo de uma maneira específica. Com uma nova transferência, alterando-se o dono da coisa, a modalidade desaparece, e o novo proprietário estará livre do ônus, salvo se o instituidor da modalidade demonstrar que houve má-fé na transmissão, isto é, que o mais recente negócio foi realizado para frustrar o encargo.

Com o falecimento do sujeito constrangido pelo encargo, encerra-se a modalidade e seus herdeiros receberão a coisa livre do ônus.

Efeitos do ato sujeito a encargo

O ato sujeito a encargo (ou modo) gera efeitos imediatamente. A doação com encargo, por exemplo, resulta na pronta transferência do bem ao donatário, que, todavia, deve sujeitar-se ao dever imposto pelo doador. Excepcionalmente, a lei, no artigo 136 do Código Civil[28], admite que o encargo possa suspender os efeitos do ato, como se fosse uma condição, se assim se estipular.

Inobservância do encargo

Caso o encargo não seja atendido, isto é, a pessoa beneficiada pelo ato jurídico gratuito deixe de realizar o dever imposto, o instituidor pode exigir o seu cumprimento, reclamando uma indenização pelos danos decorrentes da não-observância, pelo beneficiário, do ato que o encargo impunha.

Nesse sentido o artigo 553,[29] referente ao donatário (o beneficiado de uma doação), e o 1.938, relacionado aos legados (disposições testamentárias nas quais se aponta um bem específico que deve ser transferido na morte do testador), ambos do Código Civil.

Saliente-se, por fim, ser facultado ao doador promover a revogação do ato de liberalidade se o beneficiado da doação se recusar a cumprir o encargo, consoante o artigo 555 do Código Civil[30].

---

28 "Art. 136. O encargo não suspende a aquisição nem o exercício do direito, salvo quando expressamente imposto no negócio jurídico, pelo disponente, como condição suspensiva".

29 "Art. 553. O donatário é obrigado a cumprir os encargos da doação, caso forem a benefício do doador, de terceiro, ou do interesse geral".

30 "Art. 555. A doação pode ser revogada por ingratidão do donatário, ou por inexecução do encargo".

7

Existência, validade e eficácia dos negócios jurídicos

Para que o negócio jurídico produza os seus regulares efeitos é necessário, como se referiu, que estejam presentes os requisitos mencionados no artigo 104 do Código Civil[1] (agente capaz, objeto lícito e forma adequada), além da vontade do agente estar corretamente direcionada ao alcance de um determinado fim.

Para examinar a situação jurídica de um ato, deve-se apreciar três planos distintos: a existência, a validade e a eficácia.

Essa análise pressupõe o conhecimento de três conceitos: os elementos do ato, os seus requisitos de validade e, finalmente, seus efeitos. Os elementos são a parte constitutiva do negócio, a sua essência: não há, por exemplo, compra e venda sem a coisa, pois, ausente o bem, o ato não se constitui, não existe. Os requisitos, por seu turno, dizem respeito à qualidade dos elementos (dos sujeitos, do objeto e da forma). Veja-se, havendo os elementos, existe o negócio. Entretanto, cumpre avaliar a presença dos requisitos de validade do ato, como a efetiva capacidade da pessoa e se o objeto é lícito. Caso esses requisitos estejam atendidos, o negócio é válido. Por fim, avaliam-se os efeitos do ato. Nesse momento, aferir-se-á a sua aptidão para gerar efeitos. Um negócio sujeito à condição suspensiva é, a princípio, válido, mas não gerará efeitos (não terá eficácia) até o advento do fato que subordina o implemento da condição. Compete ao intérprete observar cada um dos três planos, sucessivamente.

Existência: verificação dos elementos

Sejamos mais específicos. Inicialmente, averígua-se se o ato existe, se ele preenche os requisitos mínimos suficientes para que seja considerado. Um casamento feito entre uma mulher e um cachorro é ato inexistente – o nosso ordenamento sequer cogita dessa hipótese esdrúxula –, diante da falta de um elemento: o sujeito. Será também inexistente o contrato de compra e venda

1 "Art. 104. A validade do negócio jurídico requer: I – agente capaz; II – objeto lícito, possível, determinado ou determinável; III – forma prescrita ou não defesa em lei".

no qual uma das partes sequer emitiu a sua vontade, ou deixou de dizer o que estava sendo alienado (pois, aqui, há falta de objeto). Sem a vontade ou sem o objeto não há ato, pela ausência de elementos essenciais e constitutivos.

São elementos essenciais do negócio jurídico, sem os quais ele sequer tem existência, os mesmos elementos referidos ao se avaliar a validade do ato jurídico (sujeito, objeto, forma e vontade). Entretanto, neste momento, não se irá analisar as suas características, mas apenas a sua presença.

Sem sujeitos ou objeto não há relação. Deve haver, ainda, uma forma qualquer (observe-se, neste momento não se avalia a correção da forma – isto se fará ao se tratar da validade). Por fim, o sujeito deve expressar a sua vontade.

Faltante qualquer um desses elementos, o ato jurídico não vai atingir o plano da existência.

Validade do ato

Ultrapassado esse nível, aprecia-se a validade do ato. Analisa-se, nessa segunda etapa, as características dos elementos essenciais. A mera presença do sujeito, objeto, vontade e forma não significa que o negócio é válido. Cumpre examinar a qualidade dos elementos. Nesse ponto, há duas gradações: a das nulidades absolutas, hipóteses nas quais o ato não produzirá qualquer efeito, e das anulabilidades, ou nulidades relativas, em que o ato pode ser anulado, se o interessado assim requerer.

As nulidades ocorrem nos atos que violarem os requisitos do artigo 104 do Código Civil. Note-se a diferença: os elementos estão presentes, mas de forma imperfeita. Há o sujeito, porém ele é incapaz. Existe o objeto, mas é ilícito. Será igualmente nulo o ato proibido por lei (artigo 166 do Código[2]). Caso não se encontrassem os elementos, haveria inexistência e não nulidade.

2 "Art. 166. É nulo o negócio jurídico quando: I – celebrado por pessoa absolutamente incapaz; II – for ilícito, impossível ou indeterminável o seu objeto; III – o motivo determinante, comum a ambas as partes, for ilícito; IV – não revestir a forma prescrita em lei; V – for preterida alguma solenidade que a lei considere essencial para a sua validade; VI – tiver por objetivo fraudar lei imperativa; VII – a lei taxativamente o declarar nulo, ou proibir-lhe a prática, sem cominar sanção".

Nada se aproveita dos atos nulos.[3] Verificada a nulidade absoluta, todos os efeitos do ato devem cessar, como se ele jamais tivesse existido, retornando as partes e seus patrimônios ao estado anterior.

Ao contrário, os atos anuláveis, ou relativamente nulos, são, a princípio, válidos, porém os interessados podem suscitar a sua invalidade. As hipóteses de anulabilidade são referidas na lei (artigo 171 do Código[4]) e têm o propósito de sanar defeitos na declaração de vontade (o erro, o dolo e a coação – que serão tratados a seguir), ou extinguir vícios do negócio que lesam o interesse de terceiros (algumas hipótese da simulação relativa e a fraude contra credores – que veremos adiante). O Código Civil inclui, ainda, entre os atos relativamente nulos aqueles nos quais há lesão ou estado de perigo, também examinados a seguir.

Consideram-se igualmente anuláveis os atos praticados pelos relativamente incapazes (artigo 171, I, do Código).

Eficácia

Finalmente, o último plano de análise – depois de verificada a existência e a validade – gira em torno da eficácia. Muitos atos têm presentes todos os elementos (são, pois, existentes), não afrontam o disposto no artigo 104 do Código Civil e não incidem nas hipóteses de anulabilidade (portanto, são válidos), mas, todavia, sua eficácia encontra-se restrita.

Tome-se, por exemplo, a hipótese referida no artigo 288 do Código Civil,[5] referente à cessão de crédito (a transferência do direito de ser credor de uma obrigação). Segundo o citado dispositivo, o devedor, antes de notificado da cessão (isto é, de que foi substituído o credor original), pode pagar ao credor antigo e esse pagamento será perfeito. A cessão foi feita, é existente e

---

3 Esta, com efeito, é a regra geral: nada pode ser extraído do nulo. Há, contudo, algumas exceções que, embora raras, têm grande repercussão. Veja-se o seguinte exemplo: os testamentos (documento cuja eficácia apenas se dará depois da morte de seu redator, no qual a pessoa faz declarações e manifesta como seus bens devem ser divididos quando morrer) podem ser anulados pelas mais variadas razões (porque não houve número mínimo de testemunhas que assistiu ao ato, por exemplo). Entretanto, se houve nesse documento, mesmo que posteriormente anulado, um reconhecimento de paternidade, essa manifestação poderá ser aproveitada, para fins de admitir o vínculo decorrente da filiação.

4 "Art. 171. Além dos casos expressamente declarados na lei, é anulável o negócio jurídico: I – por incapacidade relativa do agente; II – por vício resultante de erro, dolo, coação, estado de perigo, lesão ou fraude contra credores".

5 "Art. 288. É ineficaz, em relação a terceiros, a transmissão de um crédito, se não celebrar-se mediante instrumento público, ou instrumento particular revestido das solenidades do § 1º do art. 654".

válida, mas, antes que o devedor seja devidamente notificado, ela é ineficaz em relação a ele. O mesmo se pode afirmar do testamento. O ato no qual a pessoa indica como deverão ser distribuídos seus bens após a sua morte existe e é válido, mas apenas terá eficácia quando do falecimento do testador.

Convém examinar progressivamente os atos, iniciando pelo estudo de sua existência, passando pela validade até chegar à eficácia. Ao realizar essa varredura, será possível averiguar se o ato preenche os requisitos para gerar efeitos e em que extensão isso ocorrerá.

7.1. Os defeitos do negócio jurídico decorrentes dos vícios da vontade

Como a vontade do sujeito é ponto central do negócio jurídico, o ordenamento garante: se não houver vontade, o negócio não chega a existir. Se, de outro lado, o real interesse do agente for, de alguma forma, distinto daquilo que foi declarado, ou, ainda, se a vontade for perturbada por fator externo, o negócio que nasceu daquela vontade pode ser invalidado.

A pessoa que emitiu uma vontade impura pode requerer que o ato originado por essa manifestação tenha sua validade revogada.

As hipóteses de vício da vontade são: o erro, o dolo e a coação, tratados no Código Civil pelos artigos 136 a 155. Esta listagem encontra-se contemplada no artigo 171 e é taxativa. Portanto, são apenas esses os casos de anulabilidade (juntamente com a situação da incapacidade relativa do agente, também mencionada no artigo 171 do Código Civil).

O Código cuida, também, do estado de perigo (artigo 156[6]), hipótese em que a vontade do agente também se encontra deturpada por uma situação emergencial, e da lesão (artigo 157[7]), em que a vontade do agente inexperiente ou sob premente necessidade o leva a celebrar negócios jurídicos em que haja manifesta desproporção entre as prestações.

---

6 "Art. 156. Configura-se o estado de perigo quando alguém, premido da necessidade de salvar-se, ou a pessoa de sua família, de grave dano conhecido pela outra parte, assume obrigação excessivamente onerosa".

7 "Art. 157. Ocorre a lesão quando uma pessoa, sob premente necessidade, ou por inexperiência, se obriga a prestação manifestamente desproporcional ao valor da prestação oposta".

7.1.1. O erro

Plínio, o velho, escreveu na sua História Natural, em meados do século I da nossa era, que Zêuxis, um artista da antiguidade, pintara uvas tão perfeitas que os pássaros vinham voando bicá-las. Pois esses pássaros, coitados, tinham uma ideia acerca do fato distinta da realidade. Agiam, portanto, em erro.

Nem só os animais irracionais se enganam. Talvez a pretensão da racionalidade seja a responsável pelos maiores equívocos. O ordenamento, que protege a vontade, garante a possibilidade de se anular o ato no qual a pessoa age sem o correto entendimento acerca da situação. São as hipóteses de erro, nas quais a pessoa possui um falso conceito da realidade e, por esse desconhecimento, atua de uma forma equivocada. Contudo, se soubesse corretamente dos fatos, agiria de outro modo.

Elementos do erro

O erro se compõe de dois elementos, o segundo consequência do primeiro: (1) o sujeito não tem conhecimento acerca de um fato e, por causa disso, (2) adota uma conduta diversa da que tomaria se o conhecesse.

Erra quem compra um camelo achando que é um dromedário. Erra quem se refere a uma pessoa, na crença de que fala de outra. Erra, enfim, para citar um ditado popular, quem compra gato por lebre.

Erro escusável

Evidentemente, todos os seres humanos, em função de sua própria natureza, erram muito. Entretanto, não é todo erro que vai justificar a anulação do ato. O erro com repercussões jurídicas, apto a retirar a validade do ato, deve ser escusável e essencial (ou substancial, como preferiu a redação do artigo 138 do Código[8]).

Escusável porque o erro não pode ser grosseiro. A pessoa comprou um camelo no lugar do dromedário porque, afinal, os dois animais são semelhantes e muitos sequer sabem diferenciá-los. O artigo 138 do Código diz que apenas se reconhece o erro que "poderia ser percebido por pessoa de diligência normal, em face das circunstâncias do negócio."

Assim, não se reconhecerá o erro, para citar outro exemplo retirado do reino animal, no caso de uma pessoa adquirir um cão, mas depois alegar que, na verdade, desejava ter um gato. Esse erro é inescusável e, logo, não pode ser suscitado como

8 "Art. 138. São anuláveis os negócios jurídicos, quando as declarações de vontade emanarem de erro substancial que poderia ser percebido por pessoa de diligência normal, em face das circunstâncias do negócio".

vício. O equívoco, para ensejar a anulação do ato, não pode ser brutal, crasso. Deve existir, em suma, uma plausibilidade no ato equivocado.

Hoje, muitos advogam a perda da importância do requisito da "escusabilidade do erro", focando-se apenas na situação de o erro ter sido perceptível ao receptor da declaração. Com base numa leitura do negócio que privilegia a confiança entre as partes, entende-se que a análise do erro deve atestar a boa-fé, para reconhecer o erro se o receptor da vontade não tinha como identificar o vício da vontade de quem a emanou. Embora seja útil esse enfoque do erro, em sintonia com a relação do artigo 138 do Código, a ideia de se exigir a "escusabilidade" de quem suscita o erro não deve ser desprezada.

O requisito de plausibilidade se justifica porque, do contrário, haveria sempre uma romaria de pessoas alegando erro, sendo impossível avaliar a sua real intenção no momento do ato. Assim, apenas os erros que se podem justificar serão reconhecidos como aptos a gerar a anulação do ato.

Salta aos olhos que, na avaliação do erro, a análise subjetiva da pessoa que emitiu a declaração é fundamental. Vejamos a seguinte situação: um sujeito, leigo em matéria de gado, comparece a um leilão de bois, encarregado de adquirir um zebu. Compra um animal, acreditando estar adquirindo o bem correto. Depois, descobre que o boi, apesar de muito semelhante aos zebus, pertencia a outra espécie. O erro pode ser suscitado. Entretanto, outra resposta seria oferecida se o adquirente do boi fosse um especialista em pecuária. O erro precisa ser escusável e, para se chegar a essa constatação, é fundamental analisar subjetivamente quem realizou o ato.

Erro essencial

Além disso, o erro, para anular o ato, deve ser essencial (ou substancial, como consta do artigo 138 do Código Civil), isto é, o ato apenas se realizou porque o sujeito estava equivocado. Deve-se ter em mente que os erros são comuns nos negócios. Entretanto, apenas vicia o ato o erro que foi a sua razão determinante, ou, ainda, sem o qual não se teria realizado o negócio.

Com efeito, o simples desconhecimento acerca das circunstâncias que envolvem o fato não significa que se possa obter a anulação do ato. É necessário mais: em decorrência do desconhecimento o sujeito realizou o negócio. Em outras palavras, o erro precisa ser essencial.

Os artigos 138 e 139 do Código Civil de 2002 tratam do assunto. As referidas normas registram que apenas o erro substancial é anulável, mencionando as hipóteses nas quais isso vai ocorrer e, por consequência, permitir a anulação do ato.

Para responder à pergunta se o erro foi essencial (substancial, na redação do artigo 139 do Código[9]) ou meramente acidental, cumpre averiguar o seguinte: se o sujeito tivesse um correto entendimento das circunstâncias (que ele desconhecia), o negócio seria realizado? Caso a resposta seja negativa – "não, o negócio não seria concluído" –, estaremos diante de um erro essencial (ou substancial). O erro foi, pois, a causa exclusiva ou principal do negócio. O sujeito achou, equivocadamente, que comprova um gato siamês, mas, na verdade, era um gato vira-lata. Se soubesse que adquiria um gato sem nenhum *pedigree*, não teria celebrado o negócio. Nessas hipóteses, haverá erro substancial, que pode resultar na anulação do ato.

Entretanto, se alguém comprou um carro azul achando que era vermelho, é evidente que teria realizado o negócio de toda forma. Pode ser até que o ato fosse concluído de modo distinto, mas, ao responder que o negócio seria concluído, afasta-se a incidência do erro essencial, havendo, apenas, erro acidental, que não acarretará a anulação do ato. O erro acidental, assim, recai apenas sobre qualidades secundárias.

O erro substancial pode incidir sobre o objeto (achava que comprava uma maçã, mas adquiria laranjas) ou sobre qualidades desse objeto (acreditava que o cavalo era corredor, mas ele era apenas marchador).

Causa ou motivo do negócio

O erro de forma alguma se confunde com a causa ou com o motivo do negócio. O erro, como se disse, é a falta de conhecimento acerca de um fato, que faz com que a pessoa emita uma declaração distinta da que faria se o soubesse. A situação, se reconhecida, retira a validade do ato. Uma pessoa deu à outra um prêmio, mas, na verdade, desejava premiar uma terceira. Isso não se confunde com a causa do negócio, que é a razão determinante sócio-econômica pela qual a pessoa realizou o ato.

---

9 "Art. 139. O erro é substancial quando: I – interessa à natureza do negócio, ao objeto principal da declaração, ou a alguma das qualidades a ele essenciais; II – concerne à identidade ou à qualidade essencial da pessoa a quem se refira a declaração de vontade, desde que tenha influído nesta de modo relevante; III – sendo de direito e não implicando recusa à aplicação da lei, for o motivo único ou principal do negócio jurídico".

Cumpre, nesse passo, distinguir os dois conceitos: a causa e o motivo. Para o Direito, causa e motivo não possuem o mesmo significado. A causa é objetiva. É a razão econômica e social pela qual o negócio foi realizado. Nos atos onerosos, a causa é a contraprestação (num contrato de compra e venda de um livro, a causa, por parte do comprador, é adquirir o livro). Nos atos gratuitos, a causa é o interesse de beneficiar (numa doação, a causa é o propósito do doador de favorecer o donatário). Todo negócio deve ter uma causa, isto é, deve ter uma razão, uma justificativa admitida pelo ordenamento jurídico. O motivo é diferente. Ele vai relacionar-se com os fatores íntimos que levaram a pessoa a realizar o ato. O motivo pelo qual uma pessoa adquiriu um livro de contos de fada no sebo decorre do fato de que aquele exemplar lhe traz a nostalgia de sua infância querida. O motivo, normalmente, não é externado e, por isso, não tem relevância jurídica.

Assim, a causa relaciona-se ao futuro e o motivo está ligado ao passado, às razões internas da vontade, no momento em que ela foi externada, pelas quais se realizou o negócio.

Um sujeito comprou uma casa na praia porque queria curar-se de bronquite. Depois, descobre que não sofre de bronquite. Evidentemente, não poderá anular o negócio.

Dessa forma, o motivo, em regra, não tem relevância. Terá somente se ele for referido expressamente como a razão do negócio. Assim, o motivo apenas viciará o ato se ele for sua causa.

Diz o artigo 140 do Código Civil[10-11] que o falso motivo somente vicia o ato se foi expresso como sua razão determinante. Dessa forma, se, no negócio acima referido de transferência de propriedade da casa de praia, as partes tivessem feito menção expressa de que a casa era adquirida porque o comprador pretendia curar-se da bronquite, o negócio, verificada a perda do seu motivo, poderia ser desfeito.

Em regra, contudo, o nosso ordenamento não questiona o motivo do negócio para aferir a sua validade, salvo, como se viu, se as partes assim convencionaram.

Erro acidental

Mencionou-se, antes, que apenas o erro substancial gera a anulação do ato. Entretanto, pode haver um erro que, embora

10 "Art. 140. O falso motivo só vicia a declaração de vontade quando expresso como razão determinante".

11 O artigo 90 do Código de 1916 falava em "falsa causa", enquanto o novo Código usa corretamente a expressão "falso motivo". O Código corrigiu o anterior, que tratava como causa o que, na realidade, era motivo.

não tenha sido decisivo para a realização do negócio, importe aumento ou diminuição do preço do negócio. Nesses casos, embora não anulado o ato, a parte que se beneficiou do equívoco deve restituir à outra o valor acrescido, na medida do proveito que obteve com o erro.

Denominam-se erros acidentais os pequenos defeitos no conhecimento de uma das partes acerca do negócio. Se o erro fosse substancial, o ato seria anulado. Verificado o erro acidental, haverá, apenas, uma equiparação econômica entre as partes, para que o vício não seja fonte de um benefício injusto para qualquer delas. Nesse sentido, o artigo 144,[12] atendendo ao princípio que visa a conservar os atos jurídicos, estipula que esses erros acidentais apenas determinam à parte, beneficiada com o equívoco, o dever de restituir a outra o benefício econômico experimentado, de sorte que o erro não terá mais repercussões econômicas. Tome-se o exemplo de uma pessoa que adquiriu um excelente vinho, mas pagou ainda mais caro porque achou, equivocadamente, que se tratava de uma excepcional safra. Ao perceber que tinha uma falsa percepção da realidade (eis uma boa definição de erro), externou ao vendedor do vinho seu erro acidental. De boa-fé, o vendedor do vinho aceitou, com base no artigo 144, diminuir o preço do bem, a fim de que ele ficasse em conformidade com o seu real valor. Assim, o erro não gerou um prejuízo.

Um sujeito paga um preço elevado por um quadro que acredita ser de um pintor conhecido, mas, posteriormente, descobre que a obra fora feita por outro artista menos valorizado. No caso, o sujeito, comprovado o erro acidental, pode pedir um abatimento do preço. Fique certo, todavia, que, se o erro fosse essencial, poder-se-ia suscitar a anulação do ato.

Erro obstativo

Situação distinta é a do erro obstativo, que não foi prevista no Código Civil de 1916 nem na Lei de 2002. Como se disse, o erro é a declaração de vontade adotada com o falso conhecimento da realidade. No erro, o sujeito se manifestou de acordo com a sua vontade, mas a vontade estava viciada. O erro obstativo, diferente do erro mencionado no Código Civil, é aquele no qual há divergência entre a vontade e a manifestação. O sujeito queria uma coisa, mas se expressou mal e acabou declarando querer outra. Não há, no caso, vício de vontade, mas de declaração.

12 "Art. 144. O erro não prejudica a validade do negócio jurídico quando a pessoa, a quem a manifestação de vontade se dirige, se oferecer para executá-la na conformidade da vontade real do manifestante".

Do ponto de vista técnico, é forçoso reconhecer que, no erro obstativo, sequer há vontade dirigida no sentido da declaração. Do aspecto prático, contudo, os efeitos são análogos aos do erro, razão pela qual os nossos tribunais aplicam os mesmos dispositivos indistintamente para ambos os casos, o que parece, embora não sendo de total pureza técnica, de profundo bom senso.

De toda forma, quando se averiguar a total falta de vontade (e não apenas a declaração equivocada ou contrária à lei), será o caso de reconhecer a inexistência do ato, pela ausência de um de seus elementos essenciais de constituição. Se no momento solene da cerimônia de casamento, em que os nubentes devem manifestar a sua expressa aquiescência, a noiva ficar calada, não haverá matrimônio, por ausência de declaração.[13] Aí está um exemplo de ato inexistente e não de erro.

Erro de direito

Por fim, cumpre ressaltar a hipótese do erro de direito. Enquanto o erro referido na Lei se relaciona a alguma circunstância de fato, o erro de direito se refere à existência e aos contornos da norma jurídica. Como foi salientado, o artigo 3º da Lei de Introdução às Normas do Direito Brasileiro[14] registra que ninguém pode deixar de agir de acordo com a lei sob o argumento de desconhecê-la. Todavia, admite-se a possibilidade de se requerer a anulação do ato porque o agente, apesar de conhecer a lei, não sabia o seu alcance, ou tinha uma ideia errada dos efeitos da norma, ou, por fim, por que o sujeito achou que a lei existia, embora na realidade ela havia sido revogada.

O Código de 2002, menciona que é erro substancial o erro de direito, se foi ele o principal motivo do negócio (artigo 139, III[15]).

Tome-se o seguinte caso: um sujeito fez uma doação de uma loja na falsa crença de que, na doação, ele seguiria com o direito de receber os lucros do negócio e apenas seria transferida a propriedade da empresa, mantidos os demais direitos advindos do comércio. Houve, no caso, erro de um conceito jurídico. Ao fazer a doação, o sujeito perde todos os seus direitos sobre a coisa gratuitamente. Provado o erro e considerando-se que ele é substancial (artigo 139, III, do Código) e escusável, admite-se anular o negócio.

---

13 Pouco acima, mencionou-se que o silêncio, em certas situações, pode indicar a aquiescência (artigo 111 do Código). Deve-se aferir se, na situação concreta, pode-se interpretar o silêncio como um gesto de afirmação. No casamento, por ser um ato de profunda relevância social, o consentimento expresso é necessário.

14 "Art. 3º. Ninguém se escusa de cumprir a lei, alegando que não a conhece".

15 "Art. 139. O erro é substancial quando: III – sendo de direito e não implicando recusa à aplicação da lei, for o motivo único ou principal do negócio jurídico".

Veja-se que, muito corretamente, não pode esse erro de direito implicar recusa à aplicação da lei. Assim, não se admite que a pessoa sustente que não pagou um cheque porque acreditava que ele representava apenas uma garantia ao crédito.

Saneamento do erro

Não há dúvida, contudo, de que, em certos casos, a vontade do sujeito ficará viciada por incompreensão da extensão ou existência da norma. O Código foi sensível a essa situação.

Hipótese inovadora, prevista no artigo 144 do Código, é a de o ato ser sanado se a pessoa a quem a manifestação se dirige admitir executá-la na forma da real vontade do manifestante. Caso uma pessoa envie a outra uma proposta visando a adquirir imóvel situado na Rua A, mas, na verdade, pretendia comprar imóvel semelhante, na Rua B, o ato – admitindo que seja erro escusável – não será anulado se o vendedor admitir negociar o imóvel da Rua B, como era a real vontade do manifestante.

Erros que anulam e os que não anulam

Em suma, na sistemática do Código, os seguintes tipos de erro irão anular o negócio: o erro obstativo (se a vontade difere daquilo que foi declarado), o erro escusável, o substancial, o erro de direito (se isso foi o motivo único ou principal do ato, segundo o artigo 139, III, do Código) e o erro quanto ao motivo, se expresso como razão determinante (artigo 140[16]). Os dois últimos tipos são inovações da Lei de 2002.

De outro lado, não acarretam a anulação o erro inescusável, o acidental, o erro de cálculo (artigo 143 do Código[17]) e o erro sanado (executado na forma da real vontade do manifestante, como admite o artigo 144 do Código[18]).

Vício redibitório

Uma situação distinta do erro é o vício redibitório. Neste, a coisa alienada tem um defeito oculto, desconhecido pelo adquirente (pois não era possível identificá-lo momento em que recebeu o bem). Esse vício impede ou dificulta muito o uso da coisa (ou, ainda, diminui substancialmente o seu valor). Por exemplo: compra-se um carro novo, que, entretanto, tem um problema no motor. O vendedor responde pelo vício, pois o vendedor deve garantir a boa qualidade dos bens que alienou.

16 "Art. 140. O falso motivo só vicia a declaração de vontade quando expresso como razão determinante".

17 "Art. 143. O erro de cálculo apenas autoriza a retificação da declaração de vontade".

18 "Art. 144. O erro não prejudica a validade do negócio jurídico quando a pessoa, a quem a manifestação de vontade se dirige, se oferecer para executá-la na conformidade da vontade real do manifestante".

7.1.2. O dolo

O dolo é o erro qualificado. Também no dolo há o falso conhecimento acerca de um fato e essa falta de ciência é determinante para que o negócio se realize. Entretanto, a situação de engano do agente ocorre porque outra pessoa o induziu. A malícia de uma das partes provoca o erro da outra. O dolo é, pois, o erro incutido.

No dolo, o Direito não se preocupa primordialmente com o erro – que, por si só, já seria vício suficiente para macular o ato –, mas vai examinar a intenção sorrateira de iludir e, com isso, obter alguma vantagem. Se não houve o *animus* (intenção) de induzir ao engano (mas todos os demais sintomas estão presentes: a vontade derivada de um falso conhecimento), haverá apenas erro.

Elementos do dolo

Há, no dolo, a junção de dois elementos. O primeiro é objetivo, consubstanciado no comportamento ilícito de uma das partes que engana a outra, induzindo-a a realizar um ato. O outro ingrediente é subjetivo e está na intenção de enganar. O negócio, portanto, poderia ser anulado.

O vendedor itinerante de tônicos mágicos, que saía de cidade em cidade negociando suas poções, sabia que sua fórmula era um embuste. Mesmo assim, anunciava qualidades incríveis de seu produto, iludindo a população dos lugarejos por onde passava, que adquiria as poções fantásticas, na crença de que seria salva de uma dor de cabeça ou de uma unha encravada. O vendedor agia com dolo, isto é, com a intenção de enganar. O negócio, portanto, poderia ser anulado.

Dolus bonus: a gabação

Fundamental a distinção entre o dolo e a mera gabação, a jactância, o autoelogio exagerado. Em uma sociedade capitalista, onde a circulação de bens, o consumo, é da essência do mercado, e se defende, sem constrangimento, que "a propaganda é a alma do negócio", é natural que as pessoas ofereçam com entusiasmo os bens que pretendem negociar. Assim, comumente, o vendedor é enfático ao enaltecer as qualidades do objeto que oferece.[19] Muitas vezes, esse destaque excessivo é ostensivamente falso, como a situação do anúncio de sapatos que faz seu usuário voar, ou a do sujeito que fuma um cigarro e atrai a atenção das mulheres mais bonitas. Nesses casos há o que se denomina de *dolus bonus*, a mera gabação, que não acarretará a anulação do ato.

---

19 Não sem bom motivo, o Código do Consumidor (Lei nº 8.078, de 11.9.90) relaciona, entre os direitos básicos do consumidor, a proteção contra a publicidade enganosa (artigo 6º, IV). Mais adiante, nos artigos 36 e 37, o Código do Consumidor examina especificamente a publicidade enganosa e abusiva.

Situação diferente acontece se essa ênfase induzir a outra parte ao equívoco (não é necessária a malícia, basta que a manifestação de uma parte engane a outra). Se houver o divórcio entre a vontade do agente e a realidade, causada pela informação oferecida de má-fé, estaremos diante do dolo, que, na forma do artigo 145 do Código,[20] tornará anulável o ato.

Dolo como causa do negócio

O artigo 145 do Código diz, ainda, que o dolo deve ser a causa do ato, a razão pela qual a parte lesada celebrou o negócio. Em outras palavras, se a parte não fosse enganada não teria celebrado o negócio.

Ademais, assim como o erro, o dolo, para gerar a anulação do ato, precisa ser substancial. Poucas linhas acima, registrou-se que, na hipótese de erro acidental, isto é, na situação em que o negócio teria ocorrido de qualquer forma, o sujeito que errou tem o direito de requerer a restituição do valor pago em excesso. Com isso, o ordenamento visa a impedir o enriquecimento sem causa (ou seja, que uma pessoa obtenha uma vantagem econômica sem um motivo lícito). No caso do dolo, a resposta para a mesma situação é um pouco distinta. O artigo 146 do Código Civil[21] examina especialmente o assunto e permite que o lesado exija, de quem o induziu ao erro (quem agiu com dolo), o dever de arcar, além da devolução do que se pagou a mais, com as perdas e danos sofridos.

Digamos que alguém compre um terreno porque foi avisado pelo vendedor que o imóvel oferecia uma bela vista para o mar. Depois de celebrado o negócio, o adquirente averigua que a praia é distante e não há qualquer vista. O caso é, ao que tudo indica, de dolo, admitindo-se que o comprador, induzido ao erro essencial, reclame a anulação do negócio. Admita-se, entretanto, que o imóvel comprado tivesse, efetivamente, vista para o mar. Só que a visão da praia se desse apenas por uma minúscula fresta de difícil acesso. Neste caso, pode-se dizer que haveria dolo apenas acidental e o comprador poderia reclamar as perdas que sofreu em função de ser enganado (o exemplo revela a subjetividade da questão, pois, dependendo de como a vontade foi viciada, a hipótese da pequena fresta pode ser qualificada como dolo essencial). No dolo acidental, a parte lesada deve receber a devolução do valor que pagou a mais, na falsa suposição de

20 "Art. 145. São os negócios jurídicos anuláveis por dolo, quando este for a sua causa".

21 "Art. 146. O dolo acidental só obriga à satisfação das perdas e danos, e é acidental quando, a seu despeito, o negócio seria realizado, embora por outro modo".

um fato. Em suma, devem ser reparados os danos resultantes do engodo. Fique claro, entretanto: no dolo acidental não se fala na anulação do ato.

Aspectos objetivos na averiguação do dolo

Como o dolo se relaciona ao induzimento a erro, deve-se sempre avaliar quem seja a pessoa lesada. Apenas apreciando-a subjetivamente será possível indicar se houve ou não o engano. Sustentar que um colecionador de arte foi ludibriado na compra de um quadro exigirá maiores provas do que quando se alegar que uma pessoa, leiga no assunto, tenha sido dolosamente enganada em situação semelhante.

Entende-se, com razão, que tirar proveito do estado psíquico momentaneamente desequilibrado de alguém pode ser considerado atitude dolosa. É o caso, por exemplo, da mulher que acabou de perder o marido e aparece um corretor, espertalhão, tentando aproveitar-se da pouca experiência do momento de imponderação da viúva, para fazer qualquer negócio. Nesses casos, aferido que a pessoa foi enganada, que não faria o negócio na forma como ele se realizou, o ato pode ser anulado.

Dolo por omissão

Também há dolo pela omissão. Isso se dá quando um dos sujeitos do negócio percebe que o outro está a fazer o negócio com uma falsa suposição acerca de um fato, mas nada faz para corrigir o equívoco.[22] É o caso, por exemplo, do vendedor de certo terreno, que fecha negócio com um incorporador que ostensivamente revelou ser seu interesse construir um arranha-céus no imóvel adquirido. Entretanto, o vendedor tem plena ciência de que o terreno, pela sua constituição, não permite que sobre ele se faça qualquer construção, muito menos um espigão. O vendedor, contudo, nada fala, omite dolosamente do comprador o fato essencial, para garantir a realização do negócio. Pois aferida essa omissão dolosa, a validade do negócio pode ser retirada.

Dolo de terceiro

Se o dolo foi de terceiro, estranho ao negócio, pode-se anular o ato, desde que se prove que quem se beneficiou com o negócio sabia, ou tinha condições de saber, que a outra parte estava sendo enganada, ensina o artigo 148 do Código.[23]

22 "Art. 147. Nos negócios jurídicos bilaterais, o silêncio intencional de uma das partes a respeito de fato ou qualidade que a outra parte haja ignorado, constitui omissão dolosa, provando-se que sem ela o negócio não se teria celebrado".

23 "Art. 148. Pode também ser anulado o negócio jurídico por dolo de terceiro, se a parte a quem aproveite dele tivesse ou devesse ter conhecimento; em caso contrário, ainda que subsista o negócio jurídico, o terceiro responderá por todas as perdas e danos da parte a quem ludibriou".

Se quem se beneficiou do ato não sabia do dolo, não se poderá reclamar a anulação do negócio e ao lesador restará apenas o direito de agir contra quem o enganou, informa o referido artigo 148. Provado que o terceiro e uma das partes agiram em conluio, devem responder ambos, de forma solidária, pelos danos que causaram.

Dessa forma, há três situações que podem ocorrer em relação ao dolo de terceiro (1) pode haver cumplicidade da parte beneficiada; (2) pode não haver qualquer cumplicidade da parte que se beneficiou, se não havia como ela ter ciência do dolo cometido por terceiro; ou, por fim, (3) não há cumplicidade entre quem agiu dolosamente e o beneficiado, mas este tinha como saber do vício. De acordo com o artigo 148 do Código Civil, é anulável o negócio na primeira e terceira hipóteses. Em todos os casos, contudo, quem agiu dolosamente fica responsável por indenizar o lesado.

Dolo de ambos os sujeitos do negócio jurídico

O artigo 150 do Código[24] traz uma interessante regra, cuja melhor interpretação merece ser ressaltada. Segundo o dispositivo, se as duas partes agiram dolosamente, com o objetivo de enganar uma à outra, nenhuma delas poderá alegar o dolo para anular o fato, ou para requerer indenização. A regra lembra um preceito básico do Direito inglês, segundo o qual quem reclama um julgamento de equidade deve vir "com as mãos limpas" (literalmente, "*equity must come in clean hands*").

Para que esse dispositivo tenha incidência, é necessário que ambos os dolos sejam essenciais. Isto é, se uma parte agiu dolosamente, mas o erro que ela incutiu na outra era apenas acidental, haverá possibilidade de a primeira reclamar a anulação do ato.

Ademais, ainda que ambos os sujeitos do negócio tenham atuado dolosamente, não parece razoável interpretar a norma a ponto de concluir: "o mais esperto que se beneficie". Mesmo havendo dolo dos envolvidos, impõe-se avaliar, ao menos, se um dos dois sujeitos teve vantagem financeira considerável sobre o outro. Caso contrário, estar-se-á dando guarida ao mais preparado dos gatunos, chegando, até mesmo, a estimulá-lo. Reconhecida a invalidade, o patrimônio das partes deve retornar ao estado inicial, sem que nenhuma delas aufira benefício econômico com o ato.

24 "Art. 150. Se ambas as partes procederem com dolo, nenhuma pode alegá-lo para anular o negócio, ou reclamar indenização".

Dolo do representante

Por derradeiro, cite-se a regra do artigo 149 do Código[25], segundo a qual a pessoa não fica obrigada a responder (senão até o proveito que obteve) se seu representante legal agiu dolosamente. Representantes legais são aqueles que agem em nome de outra pessoa por determinação da lei, como é o caso dos pais enquanto os filhos forem incapazes.

Contudo, se o representante era convencional (como o procurador para realizar um negócio em nome de outrem, por exemplo), o representado responderá conjuntamente pelas perdas e danos que o ato doloso causar.

7.1.3. A coação

Imagine-se a seguinte cena: um sujeito ameaça o outro; caso não lhe venda uma casa, ele revelará segredos da sua vida pessoal – a existência de uma amante, por exemplo –, que trará ao último desastrosas repercussões. Diante disso, a vítima da ameaça consente na alienação do imóvel. Nesse exemplo, o agente, quem realizou o negócio de venda da casa, teve a sua vontade viciada. Ele não praticaria o ato (não venderia a casa), mas acabou sendo constrangido a fazê-lo. Só tomou essa atitude porque foi forçado. Diante da intimidação injusta, teve que ceder. O Direito entende que atos jurídicos semelhantes a esse podem ser anulados, porque o declarante foi coagido – sofreu uma intimidação moral – e a sua declaração não representa a sua efetiva vontade. Eis a coação. Demonstrado que a vontade foi viciada, pode-se anular o negócio.

Coação física e coação moral

Fundamental, antes de mais nada, distinguir a coação física da moral. Na coação moral, também conhecida como violência relativa (*vis relativa*), o sujeito é pressionado a adotar uma conduta, mas ele tem a opção de não seguir a orientação, por mais duras que sejam as consequências. A pessoa é constrangida a fazer uma doação porque ameaçada de morte: a manifestação de vontade dela foi moldada pela coação externa. Logo, o negócio poderá ser anulado.

Situação distinta é a da coação física, ou sob violência absoluta (*vis absoluta*). Aqui não há qualquer vontade. No caso de uma pessoa segurar a mão de outra com força e assinar um documento por ela, é razoável entender que não houve vontade

25 "Art. 149. O dolo do representante legal de uma das partes só obriga o representado a responder civilmente até a importância do proveito que teve; se, porém, o dolo for do representante convencional, o representado responderá solidariamente com ele por perdas e danos".

manifestada. Tome-se um exemplo histórico: a princesa Margot, casou-se com Henrique de Navarra – futuro Henrique IV da França – por motivos políticos. Ela era católica e, sabe-se, não queria desposar um noivo protestante (com a péssima fama de não tomar banho). No momento em que o celebrante do casamento perguntou à noiva se era de sua espontânea vontade unir-se ao nobre, a princesa, que respondia com um relutante silêncio, recebeu um empurrão de sua mãe, a atenta Catarina de Médici, o que a fez balançar a cabeça. Pronto: estava casada. É certo, contudo, que não houve manifestação de vontade. Houve, na hipótese, coação física. Aquele negócio, se examinado à luz do Direito contemporâneo, seria fatalmente reconhecido como defeituoso. Sem vontade, como já se ressaltou, o ato sequer existe, pois ausente um de seus elementos essenciais.

Não se deve confundir: a coação moral pode ser a ameaça de uma atividade física. Haverá coação moral, por exemplo, se o pai da moça exigir que o namorado desta se case com sua filha, sob pena de levar uma surra. Neste caso, embora haja a intimidação de uma sova (ato físico), a coação é moral. Na coação física, observa-se uma atividade corpórea, material, que retira, por completo, a chance de resistência de quem emite a manifestação de vontade, que fica sem alternativa senão capitular, aquiescendo ao interesse do coator.

O Código Civil trata apenas da coação moral, excluindo a física. Ressalvem-se, contudo, as situações nas quais, embora haja coação física, existe possibilidade de resistência. Como essas hipóteses podem ocorrer, correto o Código de 2002 ao deixar de dizer que apenas a coação moral era causa de anulação. O melhor a fazer é analisar se a coação física era superável, se houve ou não vontade, para apontar se o caso é de inexistência do ato, de anulação, ou, finalmente, se o negócio é válido.

Elementos da coação

Como se extrai do artigo 151 do Código,[26] para que se verifique a coação, a ameaça deve ser séria. Isso se dá tanto porque uma mera repreensão, ou uma simples brincadeira, não podem ser vistas como coação, como também porque a ameaça precisa ser suficiente para incutir verdadeiro temor.

O nosso ordenamento adotou, na análise da coação, um critério subjetivo, para, ao apontar se houve o vício do negócio

26 "Art. 151. A coação, para viciar a declaração da vontade, há de ser tal que incuta ao paciente fundado temor de dano iminente e considerável à sua pessoa, à sua família, ou aos seus bens".

jurídico, avaliar as características de quem sofre a ameaça. O homem é a medida de todas as coisas, sentenciou, há mais de dois mil anos, Protágoras. Pois o Direito, para fins de apreciar a incidência da coação no caso específico, adotou esse mesmo princípio, como se nota do artigo 152 do Código.[27] Avaliam-se as suscetibilidades de cada um às circunstâncias do caso,[28] para, apenas depois, apontar se existe vício no negócio jurídico. Não basta a mera suspeita de que o coator levará adiante a ameaça caso o coagido não tome certa atitude: o medo da reação, caso a pessoa deixe de agir como quer o coator, precisa ser vivo, pulsante, concreto. Deve, em suma, haver um fundador temor.

Dentro do contexto de seriedade da coação está a necessidade de que ela se verifique, ao menos, em um futuro próximo. A ameaça não pode ser a de repreensão em um período vindouro, mas deve ser presente.

Outro requisito para reconhecer a coação é o de que o dano, decorrente da consumação do ato ameaçador, seja igual ou superior a do sofrido se a ameaça se concretizar. Diz-se, dessa forma, que o prejuízo resultante da intimidação precisa ser considerável se comparado com o dano que decorrer da declaração da vontade sob coação.

A sentença direcionada às pessoas próximas daquela que agiu também podem dar causa à anulação do ato. Caso, por exemplo, se intimide uma pessoa a exonerar-se de seu cargo para que o filho dela não sofra um mal qualquer, caracteriza-se a coação. O artigo 98 do Código de 1916[29] estipulava que esses terceiros se restringiam a membros da "família" do ameaçado. A doutrina tratou de ampliar a interpretação do dispositivo, para admitir a coação mesmo se a ameaça se dirigisse a pessoa sem vínculo familiar, porém com proximidade afetiva. O parágrafo único do artigo 151 do Código trata desta hipótese, alargando o conceito, para que a ameaça sobre terceiros, depois de analisada

---

27 "Art. 152. No apreciar a coação, ter-se-ão em conta o sexo, a idade, a condição, a saúde, o temperamento do paciente e todas as demais circunstâncias que possam influir na gravidade dela".

28 Uma curiosidade da elaboração do Código antigo é que Beviláqua quis inserir a sugestão hipnótica entre os meios de coação moral. Ela constava do anteprojeto e foi afastada pela Comissão da Câmara. De toda forma, é certo que a pessoa que age em estado hipnótico pode anular o ato se a sua vontade for viciada.

29 "Art. 98. A coação, para viciar a manifestação da vontade, há de ser tal, que incuta ao paciente fundado temor de dano à sua pessoa, à sua família, ou a seus bens, iminente e igual, pelo menos, ao receável do ato extorquido".

a hipótese, também seja suficiente para gerar anulabilidade do negócio.

Numa passagem das Lusíadas, Camões conta que o navegador Vasco da Gama se defronta com o gigante Adamastor. Na verdade, trata-se de uma belíssima imagem, pois o gigante simboliza o Cabo das Tormentas, que intimida o navegador, ameaçando que irá destruí-lo se por ele quiser passar:

> "Sabe que quantas naus esta viagem
> Que tu fazes, fizerem, de atrevidas,
> Inimiga terão esta paragem,
> Com ventos e tormentas desmedidas!
> E da primeira armada, que passagem
> Fizer por estas ondas insufridas,
> Eu farei d'improviso tal castigo,
> Que seja mor o dano que o perigo!"

Eis a clara ameaça: não passes, senão te destruo. Evidentemente, o gigante Adamastor tenta constranger o navegador a não realizar uma atividade. Na coação há isso: uma pessoa é forçada a celebrar um negócio, com medo de sofrer um mal qualquer, indicado pelo coator. O exemplo literário serve para entender que o coagido (quem sofre a ameaça) deve sopesar: de um lado, o sacrifício que lhe é imposto pelo coator (fazer o que não deseja) e, de outro, o risco do possível dano que sofrerá se a ameaça do coator se concretizar. Se o mal ameaçado pelo coator for raquítico e neurastênico, não se justificará anular o ato com base na coação. O navegador Vasco da Gama tinha, diante de si, o seguinte dilema: ou avançava com suas naus (que era a sua vontade) ou recuava (fugindo do risco de enfrentar a ameaça do gigante Adamastor).

Causalidade

Por fim, impõe-se identificar a relação de causalidade entre a ameaça e o ato realizado. Trocando em miúdos, aferir-se-á se, por causa da coação, o sujeito realizou o ato. Disso se extrai que, para que se anule o ato com base na coação, a ameaça deve ter sido essencial para o negócio.

Exercício regular de um direito

Além disso, a ameaça, consoante a redação do artigo 153 do Código[30], deve ser injusta. Em outras palavras, não será coação a

30 "Art. 153. Não se considera coação a ameaça do exercício normal de um direito, nem o simples temor reverencial".

ameaça do exercício regular de um direito. Para ilustrar, note-se que não haverá coação na intimidação feita pela mulher a um homem, consistente na propositura de ação visando a investigar a paternidade de uma criança, caso o homem se recuse a reconhecê-la. A mulher age de acordo com o seu direito.

Não se pode, todavia, entender que nunca haverá coação caso se busque garantir um direito. Reconhecer isso seria o mesmo que, por exemplo, legitimar a atividade da Yakusa, a máfia japonesa, que coloca um revólver na cabeça do devedor para que este pague a dívida (veja-se: a dívida existe). É necessário proceder a uma valoração entre o interesse almejado (ou seja, o direito que se busca garantir) e o meio de constrangimento empregado. Evidentemente, haverá coação na hipótese de se ameaçar a integridade física de alguém para receber uma dívida. Por outro lado, não será coação se o credor, na mesma hipótese de dívida, ameaçar revelar ao mercado que o tal devedor não honra as suas obrigações. Em outras palavras, não haverá coação se a ameaça consistir em um exercício normal do direito. A lei fala em "exercício normal", no artigo 153, precisamente para realçar a oposição à prática nociva do direito, ao abuso.

Veja-se, sobre esse tema, que o Código do Consumidor, no seu artigo 42[31], veda que o consumidor inadimplente seja cobrado de forma constrangedora. Aqui, a Lei diz que a cobrança (que é correta, pois há uma dívida) não pode ocorrer de modo a coagir (pela exposição ao ridículo) o devedor. Essa regra, embora constante do Código do Consumidor, principalmente no que se refere às cobranças de pessoas físicas, deve ser entendida como válida para outras relações civis, notadamente por força do conceito de "exercício normal" expresso no artigo 153 do Código. A cobrança de forma excessivamente constrangedora escapa da ideia de "exercício normal". Não se deve proteger os inadimplentes, mas também não se pode admitir a sua humilhação, até em respeito à dignidade deles.

Coação por terceiro

No Código de 1916, a coação anulava o negócio mesmo se a ameaça injusta tivesse sido feita por terceiro (artigo 101[32]). A lei fazia uma distinção: aferida a ciência do beneficiário, isto é, da pessoa com quem o coagido realizou o negócio, este também responderia pelas perdas e danos. Caso contrário – se a pessoa

31 "Art. 42. Na cobrança de débitos, o consumidor inadimplente não será exposto a ridículo, nem será submetido a qualquer tipo de constrangimento ou ameaça".

32 "Art. 101. A coação vicia o ato, ainda quando exercida por terceiro".

que realizou o ato não tinha ideia da coação –, haveria apenas a anulação do negócio, sendo responsável pelas perdas o coator, estranho ao ato (conferir os dois parágrafos do artigo 101 do Código Civil de 1916[33]).

O Código alterou a regra. Agora, o negócio no qual se verificou coação de terceiro só é anulado se o beneficiário teve ciência (artigo 155[34]). De outra ponta, segue a regra de que o negócio é anulável se a parte a quem ele aproveita sabia, ou tinha condições de saber, da coação exercida por terceiro.

Saliente-se, ainda, a regra do artigo 155 do Código, segundo a qual não haverá anulação do negócio ocorrido por coação de terceiro se a parte que se aproveitou do negócio não sabia, ou não tinha como saber, do vício. De toda forma, o autor da coação responderá pelos danos a que a sua conduta der causa.

Temor reverencial

Por derradeiro, não se considera coação o temor reverencial, anota o artigo 153 do Código Civil[35]. Acontece que, naturalmente, as pessoas tendem a sentir respeito pelos seus superiores na hierarquia profissional, ou mesmo por autoridades e personalidades conhecidas. Nesses casos, sói ocorrer de o sujeito se sentir constrangido, pelo excesso de respeito ou admiração que nutre. Entretanto, a lei resguarda que essa natural reverência não é suficiente para apontar a coação.

Digamos que uma pessoa coloque seu imóvel à venda e o Presidente da República apareça para comprá-lo. Não é razoável supor que apenas porque o comprador é uma pessoa importante ele tenha coagido o vendedor, não obstante a relação de profundo respeito que possa existir. O mero temor reverencial, assim, não implica coação. É claro, contudo, que, se for verificada a existência de coação nesses casos – ou seja, caso se tenha tirado proveito da situação de superioridade ou reverência –, o ato será anulado. Por esse motivo, a lei diz que não é coação o "simples" temor reverencial. Se se perder o adjetivo "simples" na relação,

33 "§ 1º. Se a coação exercida por terceiro for previamente conhecida à parte, a quem aproveite, responderá esta solidariamente com aquele por todas as perdas e danos. § 2º Se a parte prejudicada com a anulação do ato não soube da coação exercida por terceiro, só este responderá pelas perdas e danos".

34 "Art. 155. Subsistirá o negócio jurídico, se a coação decorrer de terceiro, sem que a parte a que aproveite dela tivesse ou devesse ter conhecimento; mas o autor da coação responderá por todas as perdas e danos que houver causado ao coacto".

35 "Art. 153. Não se considera coação a ameaça do exercício normal de um direito, nem o simples temor reverencial".

haverá coação, pois uma pessoa estará tirando proveito de sua posição para tolher a vontade de outra.

Importa, ao avaliar a ocorrência da coação, saber se a intenção do agente era ou não distinta da sua declaração. Não se pode perder de vista que a coação é um vício do consentimento: a pessoa não teria proferido aquela declaração de vontade se não fosse coagida; ou, de outro modo, a sua declaração divergiu de sua vontade porque foi intimidada. Apenas nesse caso, aferida a vontade violada, é que o Direito permite ao interessado requerer a anulação do ato viciado.

7.1.4. Estado de perigo

"Um cavalo, meu reino por um cavalo", bradava, moribundo, Ricardo III, em um derradeiro momento na batalha do campo de Bosworth. O cambaleante rei estava desesperado. Havia perdido a luta e sequer tinha um cavalo para seguir guerreando. Naquele momento de desespero, trocava seu reino por um cavalo. Shakespeare falava, mesmo sem se dar conta, do estado de perigo, a hipótese na qual a pessoa realiza um negócio que lhe é altamente prejudicial porque se encontra em situação difícil, na qual precisa salvar-se a si próprio ou a alguém de sua família.

Eis outra inovação do Código Civil em relação ao de 1916: a referência expressa ao estado de perigo, encontrada no artigo 156[36].

A vontade do agente, nesse caso, encontra-se deturpada pela ocorrência do fato excepcional e grave, que o impele a realizar um negócio que, ordinariamente, não realizaria.

Imagine-se a situação do pai cujo filho é acometido por gravíssima doença e a única forma de cura consiste em viajar para o exterior e realizar dispendioso tratamento. O pai, desesperado porque não possui os valores necessários, vende, rapidamente e por preço ínfimo, o único imóvel que possui, tudo a fim de salvar seu filho. De acordo com o artigo 156 do Código, este negócio pode ser anulado.

O conceito é semelhante ao da lesão, que logo a seguir será analisado: aqui também há uma disparidade dos valores econômi-

36 "Art. 156. Configura-se o estado de perigo quando alguém, premido da necessidade de salvar-se, ou a pessoa de sua família, de grave dano conhecido pela outra parte, assume obrigação excessivamente onerosa".

cos das prestações no negócio ajustado. O peculiar no estado de perigo é o momento, a situação emergencial, o caso crítico que permite o aproveitamento de uma parte sobre a outra (para alguns doutrinadores, entre eles José Carlos Moreira Alves, o redator da parte geral do Código Civil, a outra peculiaridade seria a de que o estado de perigo apenas admitiria a assunção de obrigações de fazer – nas quais a parte acuada pela situação ajustaria a realização de uma atividade – e não obrigações de dar).

O dispositivo faz, ainda, outra exigência: a parte que se beneficiou do ato tenha ciência da situação emergencial, de desespero, da outra pessoa com quem ela se relacionou. O artigo 156 do Código menciona, assim, que a parte beneficiada com o negócio deve ter conhecimento do estado de perigo pelo qual passa a pessoa com quem ela negocia e disso tire vantagem. Trata-se, pois, de um aspecto subjetivo exigido pela lei.

Note-se que, na coação, uma parte maldosamente cria a situação, a fim de que o negócio ocorra, para então, tirar algum proveito – ameaça, por exemplo, dar uma surra se houver a venda de certo bem. No estado de perigo, diferentemente, não é a contraparte que cria a situação de emergência. Esta surge por algum fator externo. Entretanto, alguém tira proveito da desgraça – como o caso do transportador que cobra um preço muito caro para levar uma pessoa gravemente ferida ao hospital.

Por derradeiro, o parágrafo único do artigo 156 cuida da hipótese de a necessidade de realizar o negócio não decorrer do interesse de salvar alguém da família que se onerou, mas de terceiro. Neste caso, o juiz (a quem, em última análise, caberá decidir se se deve anular o ato) deve ser ainda mais rigoroso para apreciar se o negócio deve ser invalidado. Afinal, entende-se que alguém desesperadamente queira vender, a qualquer preço, um bem para obter dinheiro e, com isso, pagar o tratamento médico de um filho, ou de um pai. O mesmo não se poderá dizer do caso no qual se alegue que o negócio foi feito em bases economicamente desiguais para ajudar a uma pessoa que não era da família de quem celebrou o ato. Há, contudo, situações nas quais a relação de amizade é ainda mais forte do que os laços de sangue. Andou bem a norma ao estabelecer que compete ao juiz analisar a situação casuisticamente, sensível ao caso correto.

7.2. Os defeitos dos negócios jurídicos decorrentes de vícios sociais

Ao lado dos vícios da vontade, o Código Civil arrola, ainda, os vícios sociais (a simulação e a fraude contra credores eram referidas no Código de 1916 e o novo Código acresce a lesão). São situações nas quais a vontade do agente não está viciada. Contudo, a finalidade da declaração de vontade é contrária à lei e causa danos às pessoas de boa-fé. Por esse motivo, o ordenamento, se algum interessado requerer, reconhecerá a invalidade do ato (no caso da simulação, especificamente, o vício gera, de acordo com o Código Civil, a nulidade do negócio).

7.2.1. Lesão

Numa conhecida passagem bíblica, Jacó compra de seu irmão, Esaú, o direito da primogenitura (isto é, de ter as vantagens de ser o filho mais velho e sucessor do pai) por um prato de comida. Evidentemente, a primogenitura valia muito mais do que o prato, sendo ostensiva a disparidade entre as prestações de cada uma das partes nesse negócio. Do ponto de vista legal, houve lesão.

A lesão, vício do negócio jurídico, consiste, segundo clássica definição, no prejuízo que uma pessoa sofre em decorrência de um negócio, resultante da desproporção do valor econômico das prestações, o que se chegou pela inexperiência de uma das partes ou pela necessidade que ela se encontrava quando celebrou o negócio. Em Roma, o conceito surgiu nos contratos de compra e venda, nas hipóteses nas quais havia a alienação da coisa por menos da metade do seu justo valor. Depois, a noção generalizou-se para os demais acordos.

Esse vício do negócio jurídico não foi contemplado no Código Civil de 1916. O motivo pelo qual isso ocorreu é bastante conhecido: o antigo Código foi elaborado dentro de um contexto histórico em que afloravam valores liberais. A lesão, como se mencionou, constitui defeito do ato jurídico decorrente de uma razoável desproporcionalidade econômica entre as prestações, de forma que uma das partes sofra prejuízo. Como no início do século XX, vivia-se em um período de exaltação da autonomia privada, entendia-se que os contratos deveriam ser respeitados, independentemente de seus resultados. Se as partes, em seus perfeitos juízos, realizaram um acordo qualquer, o seu resultado merecia ser tutelado, ainda que uma das partes sofresse prejuízo com isso. Qualquer intervenção externa iria de encontro aos princípios da plena liberdade dos contratantes, pilar da ideologia liberal.

Clóvis Beviláqua, redator do Código de 1916, justificou a ausência do instituto da lesão no projeto. Segundo o jurista, o lesado em um negócio poderia suscitar a invalidação do ato com base nos demais vícios constantes naquele Código (erro, dolo, coação, fraude e simulação).

A lesão era, contudo, prevista nas ordenações portuguesas. Nas ordenações Filipinas – lei civil que vigorou no Brasil até 1916 –, por exemplo, estipulava-se que:

> "Posto que o contrato de compra e venda de qualquer cousa móvel, ou de raiz seja de todo perfeito, e a cousa entregue ao comprador, e preço pago ao vendedor for achado que o vendedor foi enganado além da metade do justo preço, póde desfazer a venda per bem do dito engano, ainda que o engano não procedesse do comprador, mas sómente se causasse da simpleza do vendedor" (título XIII do Quarto Livro).

Desprezada no Código de 1916, a lesão, gradualmente, vem recebendo maior atenção, a ponto de ressurgir no Código Civil de 2002, no artigo 157. Preocupa-se com a vantagem exorbitante que uma das partes possa obter numa relação contratual, a ponto de o Estado interferir na relação, buscando equilibrá-la economicamente.

O marco, entre nós, de repressão à lesão é o Decreto-lei 22.626, de 7.4.33.[37] A referida norma coibiu o anatocismo (a cobrança de juros sobre juros, de forma a tornar a dívida muito superior ao seu real valor econômico), flagelo que gerava a total ruptura da proporcionalidade econômica dos contratos (artigo 4º do mencionado Decreto-lei[38]). Com isso, buscava-se evitar o benefício desmesurado de qualquer das partes do ato.

37 Além da Lei de Usura (Decreto-lei 22.626, de 07.4.33), registre-se, ainda, o Decreto-lei 869, de 18.11.38, que define os crimes contra a economia popular, e a Lei nº 1.521, de 26.12.51, conhecida como a Lei de Proteção à Economia Popular.

38 "Art. 4º. E proibido contar juros dos juros: esta proibição não compreende a acumulação de juros vencidos aos saldos líquidos em conta corrente de ano a ano".

O Código Civil trata especificamente da lesão no artigo 157:

> "Ocorre lesão quando uma pessoa, sob premente necessidade, ou por inexperiência, se obriga à prestação manifestamente desproporcional ao valor da prestação oposta."

Como se vê, o conceito de lesão referido no Código traz congênito um elemento subjetivo: o aproveitamento do estado psicológico de uma parte sobre a outra.

O aproveitamento

O Código filiou-se à corrente que, além do aspecto objetivo da lesão (a desproporcionalidade das prestações e o fato de que esse desnível se verificou no tempo da constituição do negócio), entende ser necessário comprovar o aspecto subjetivo, consistente no dolo de aproveitamento de uma das partes do negócio.

Na lesão, a parte que se beneficia sabe que se aproveita da situação. Não há necessidade de que a parte induza a outra a realizar o negócio lesivo (nesta hipótese, haveria um dolo de aproveitamento). A lei requer, apenas, que exista a malícia da parte que leva uma vantagem exorbitante. Seguindo essa linha de raciocínio, caso exista apenas a desproporção entre as prestações sem que a parte que se beneficiou tivesse ciência que celebrou um negócio desigual, haveria apenas um bom negócio para um dos contratantes, sem a possibilidade de se invocar o vício e anular o ato.

Uma outra corrente, contudo, defende que a lesão deve ater-se exclusivamente à vantagem excessiva, ao benefício desmesurado de uma das partes em negócio comutativo,[39] que o ordenamento deve evitar, sendo irrelevante as questões psicológicas dos sujeitos. Afinal, o bom negócio não se confunde com a vantagem desproporcional.

Requisitos da lesão

Classicamente, exigia-se a presença dos seguintes requisitos para se reconhecer a lesão: (1) a natureza do contrato deve ser comutativa (isto é, deve haver idealmente uma relação de equilíbrio entre as prestações de cada parte); (2) a desproporção entre as prestações de cada uma das partes se verifica no momento da realização do contrato, consoante o § 1º do artigo

39 Negócio comutativo, consoante se explicou, é aquele no qual a prestação e a contraprestação tenham valores econômicos equivalentes.

157 do Código[40]; (3) o lucro considerável de uma das partes, isto é, a desproporção entre as prestação precisa ser razoável; e (4) o aproveitamento de uma parte sobre a outra, em função de premente necessidade ou da inexperiência.

A lei não indica, concretamente, qual desproporção é capaz de ocasionar a lesão. A lei fala apenas em "prestação manifestamente desproporcional", cabendo ao intérprete apontar a presença dessa proporção e se ela é considerável.

O interesse do ordenamento em evitar a lesão reside em garantir que as obrigações acordadas entre as partes guardem equilíbrio no seu valor econômico, pois assim atingir-se-á a justiça concreta. Para tanto, avalia-se a equivalência das prestações. Examina-se se uma das partes teve vantagem excessiva com o negócio, descomunal segundo as regras de experiência, o bom senso e levando-se em consideração a natureza do ato. Caso positivo, pode ser declarada a lesão, como forma de controle dos exageros da autonomia privada.

Sublinhe-se, nesse passo, que, embora normalmente caminhem juntas, a equivalência das prestações e a justiça podem, eventualmente, separar-se. Nessas situações, o juiz deve preferir a justiça. O exemplo ginasial – e frequente – é o do adquirente de uma roupa cara, de grife conhecida. Evidentemente, o comprador sabe que pagou pelo produto bem mais do que ele vale. O vendedor não escondeu que a sua mercadoria é negociada por preço exorbitante. As partes agiram lealmente apesar da disparidade das prestações. Não há equivalência, mas há justiça. Seria até mesmo imoral que o adquirente da roupa cara pretendesse reclamar alguma comutatividade no seu acordo, visando a obter indenização depois de realizado o negócio.

Lesão no Código do Consumidor

O Código do Consumidor, antes do Código Civil, positivou, no artigo 6º, V,[41] 2ª parte, a proteção contra a excessiva disparidade das prestações, que, essencialmente, é semelhante à lesão. Ele arrola, entre as cláusulas abusivas, aquela que coloca o consumidor em desvantagem econômica exorbitante (artigo 51, IV[42]).

40 "§ 1º. Aprecia-se a desproporção das prestações segundo os valores vigentes ao tempo em que foi celebrado o negócio jurídico".

41 "Art. 6º São direitos básicos do consumidor: V – a modificação das cláusulas contratuais que estabeleçam prestações desproporcionais ou sua revisão em razão de fatos supervenientes que as tornem excessivamente onerosas".

42 "Art. 51. São nulas de pleno direito, entre outras, as cláusulas contratuais relativas ao fornecimento de produtos e serviços que: IV – estabeleçam obrigações consideradas iníquas, abusivas, que coloquem o consumidor em desvantagem exagerada, ou sejam incompatíveis com a boa-fé ou a equidade".

Cite-se, também o artigo 39, V, do Código do Consumidor[43] que proíbe ao fornecedor obter vantagens excessivas, inclusive econômicas, em detrimento do consumidor, numa clara referência à lesão.

Atente-se que, no Código do Consumidor, não há a exigência do elemento subjetivo: ou seja, a lei exige, para reconhecer a lesão nas relações de consumo, apenas a verificação da disparidade econômica das prestações.

Análise objetiva da lesão

A doutrina que defende uma análise objetiva da lesão, dando menor ênfase ao aspecto psicológico, representa um avanço ao instituto. Para essa corrente – que não foi a adotada pelo Código –, dispensa-se qualquer elemento subjetivo, focando-se na averiguação objetiva de que o valor econômico das parcelas se revela altamente incompatível, de modo que uma das partes tire benefício desmesurado da outra. Quer-se evitar que o princípio da obrigatoriedade do cumprimento dos contratos legitime um acordo economicamente desigual. Essa corrente parece mais sintonizada com o propósito contemporâneo do Direito Civil.

Convalidação do ato lesivo

Um último aspecto a ser examinado com respeito à lesão é a possibilidade, referida no § 2º do artigo 157 do Código,[44] de se aproveitar o ato se, posteriormente, qualquer das partes envolvidas admitir equilibrar o valor econômico das prestações. Para tanto, a parte beneficiada deve devolver a outra, em dinheiro, o suficiente para tornar justo o negócio.

Distinção entre lesão, teoria da imprevisão e onerosidade excessiva

O Código Civil de 2002 trouxe três novas hipóteses, desconhecidas na legislação civil anterior, de revisão – e eventual perda de validade ou resolução – do negócio jurídico, em decorrência da disparidade econômica que possa haver entre as prestações devidas por cada parte. São os casos de (1) lesão, no artigo 157; (2) alteração das bases econômicas do negócio, depois de sua celebração, por motivos imprevisíveis, no artigo 317;[45] e (3) onerosidade excessiva, referida no artigo 478.[46]

43 "Art. 39. É vedado ao fornecedor de produtos ou serviços, dentre outras práticas abusivas: V – exigir do consumidor vantagem manifestamente excessiva".

44 "§ 2º Não se decretará a anulação do negócio, se for oferecido suplemento suficiente, ou se a parte favorecida concordar com a redução do proveito".

45 "Art. 317. Quando, por motivos imprevisíveis, sobrevier desproporção manifesta entre o valor da prestação devida e o do momento de sua execução, poderá o juiz corrigi-lo, a pedido da parte, de modo que assegure, quanto possível, o valor real da prestação".

46 "Art. 478. Nos contratos de execução continuada ou diferida, se a prestação de uma das partes se tornar excessivamente onerosa, com extrema vantagem para a outra, em virtude de acontecimentos extraordinários e imprevisíveis, poderá o devedor pedir a resolução do contrato. Os efeitos da sentença que a decretar retroagirão à data da citação".

Na lesão, como se viu, há o aproveitamento de uma parte sobre a outra (que tira vantagem da inexperiência ou de uma situação de emergência). No momento em que o negócio é estipulado, observa-se uma enorme desproporção entre as prestações. O artigo 157 do Código diz que o ato pode ser anulado, ou, como permite o § 2° do referido dispositivo legal, a parte que teve benefício pode concordar com a redução do benefício e o ato será aproveitado.

É o caso da pessoa inexperiente que compra uma bicicleta por um preço cinco vezes o seu efetivo valor. Pode-se anular o ato, devolvendo-se o dinheiro ao incauto e a bicicleta ao vendedor espertalhão. A outra opção é a de que quem obteve a vantagem concordar em restituir o que recebeu em excesso e o negócio seguirá válido.

O artigo 317 do Código trata do caso da alteração das bases econômicas de um negócio em decorrência de um fato futuro e imprevisível. Trata-se da consolidação, na norma, da teoria da imprevisão, que já era aplicada há muito pelos tribunais. Segundo a teoria, é razoável que se reclame a modificação das bases ajustadas em um acordo se, depois do momento em que se celebra o negócio, sucederem-se fatos que transformam a realidade, quebrando o equilíbrio econômico que existia inicialmente. O conceito é o de que, após ajustadas as prestações, pode ocorrer fato imprevisível, não imaginado pelas partes, que altere o equilíbrio econômico das prestações. Neste caso, o juiz poderá, a pedido da parte, corrigir o valor da prestação a fim de restaurar a comutatividade (ou seja, a paridade econômica entre as prestações).

Um exemplo de incidência do artigo 317 do Código: certa pessoa ajusta que pagará, em uma semana, determinada quantia por um terreno. Ocorre que, no dia seguinte ao acordo, descobre-se petróleo no imóvel, e, evidentemente, a área passa a valer muito mais do que as partes supunham quando ajustaram as bases econômicas do contrato. No caso, se o dono do terreno solicitar ao juiz, este pode fixar um novo valor para a prestação, tudo a fim de reequilibrar economicamente o negócio.

Por fim, há a hipótese da resolução dos contratos por onerosidade excessiva, mencionada pelo artigo 478 do Código. Neste caso também, a lei requer um acontecimento imprevisível e extraordinário, que venha a abalar as bases econômicas do contrato, permitindo ao devedor reclamar a sua resolução. A hipótese legal cuida dos contratos de execução continuada ou diferida, ou seja, aqueles nos quais uma das partes segue pagando a outra periodicamente a prestação (como nos aluguéis, ou na compra de um bem por prestações), ou cujo pagamento se dará no futuro, em momento distinto do que foi ajustado o negócio. Pode ocorrer que, no curso da relação, sobrevenha um fato que altere as bases econômicas daquela relação e faça com que a prestação fique por demais onerosa, resultando em extrema vantagem para o devedor. A parte lesada, verificadas essas circunstâncias, pode pedir o término do contrato.

O artigo 479 do Código[47] admite que a parte beneficiada possa reduzir a prestação ou alterar a forma de sua vantagem, tudo a fim de evitar a onerosidade excessiva e, com isso, manter vivo o contrato.

Eis uma hipótese: uma pessoa aluga, por tempo indeterminado, um imóvel, de frente para o mar, pelo preço de mercado. Ocorre que sobrevém um grande vazamento de óleo perto da praia onde se situa o bem, de modo que ela ficará poluída pelos próximos anos. A prestação do aluguel pago mensalmente pelo imóvel passou a ser injusta, pois o valor de mercado daquele local diminuiu violentamente. Logo, pode-se invocar o artigo 478 do Código Civil para terminar o contrato, ou, se o dono do imóvel desejar, rever as bases econômicas do acordo.

Essencialmente, os artigos 317 e 478 cuidam do mesmo fenômeno: a alteração da base inicial do negócio por motivo extraordinário. Ambos os dispositivos visam a evitar que haja um benefício desmesurado por uma das partes. A diferença fundamental está em que o artigo 317 dá ao juiz o poder de corrigir o valor da prestação devida por uma das partes (a fim de tornar o negócio justo economicamente), ao passo que o artigo 478 trata do poder do devedor de reclamar o fim do vínculo contratual por conta dessa superveniente disparidade econômica.

Antes de encerrar o tema, saliente-se que todos os dispositivos acima citados devem ser aplicados com muito critério, sob pena de rasgar princípio jurídico fundamental de que os negócios jurídicos estabelecidos livremente devem ser respeitados. Estas inovações têm incidência excepcional e jamais podem ser entendidas como a regra geral, que segue sendo a de respeitar o acordo como foi feito, garantindo a segurança jurídica, embora, também, seja certo notar o interesse do Estado moderno de coibir

47 "Art. 479. A resolução poderá ser evitada, oferecendo-se o réu a modificar eqüitativamente as condições do contrato".

negócios injustos. Não há que se confundir o bom negócio com nenhum dos casos acima mencionados.

7.2.2. Fraude contra credores

O patrimônio das pessoas – o conjunto de seus bens suscetível de apreciação pecuniária – constitui garantia de suas obrigações. Com a soma de seus bens, a pessoa responderá pelas suas dívidas.[48] Ninguém responde fisicamente pelas obrigações que contraiu. Eis uma conquista da civilização, que distingue o corpo da pessoa, como valor superior e bem inegociável, de seu patrimônio com apreciação econômica.

Se há dívida, mas não há patrimônio positivo, o credor nada poderá fazer senão aguardar até que o devedor volte a ter algum bem que possa satisfazer o pagamento.

Para evitar que o devedor se aproveite desse princípio e transfira todas as suas propriedades para fugir dos credores, o Direito irá anular os atos realizados com o deliberado intuito de esvaziar esse patrimônio e, com isso, lesar terceiros com crédito perante esse devedor.

De fato, pode ocorrer que o devedor, a fim de frustrar o pagamento de uma obrigação, decida passar todos seus bens para uma pessoa de sua confiança. Com isso, pretendeu o sorrateiro devedor obstar o pagamento da dívida, quando esta vier a ser exigida.

Para impedir a consumação do golpe, evidentemente contrário à lei, os artigos 158 e 159 do Código permitem que terceiros lesados com a artimanha, credores do devedor que negociou seus bens, reclamem a anulação do ato fraudulento.

No caso do dolo, avalia-se o aspecto subjetivo: indaga-se a existência do intuito de enganar. Já na fraude contra credores, esse questionamento é irrelevante. Observa-se apenas, objetivamente, se o ato realizado pelo devedor irá levá-lo à situação financeira ruinosa – ou agrava a sua situação de penúria econômica –, a ponto de comprometer o pagamento de sua dívida com seu credor ou credores.[49] Caso positivo, haverá a anulação do negócio.

---

48 Artigo 391 do Código Civil de 2002: "Art. 391. Pelo inadimplemento das obrigações respondem todos os bens do devedor".

49 Analisar a fraude contra credores somente no seu lado objetivo é conquista recente. A doutrina clássica, hoje superada, avaliava também o aspecto subjetivo (o *consilium fraudis*), consistente no interesse malicioso de evitar o pagamento pela transferência de bens.

No ato gratuito, no qual o devedor cedeu seus bens a terceiro sem qualquer retribuição patrimonial, como na doação ou na renúncia de determinado crédito, em que houve prejuízo aos credores, a fraude é presumida, consoante a redação do artigo 158 do Código.[50]

Já se o ato é oneroso, deve-se perquirir se o negócio leva o devedor à insolvência (isto é, se ele passará a ter dívidas superiores ao seu patrimônio ativo), ou se houve conluio, o acordo espúrio entre o devedor e terceiro, que com ele contratou, para lesar o credor (atente-se à redação precisa do artigo 159 do Código de 2002[51]). Deve-se frisar que o enfoque na análise de fraude deve ser dado ao aspecto objetivo, ou seja, na diminuição patrimonial que acarrete a insuficiência patrimonial. Assim, a princípio, não se questiona a boa-fé das partes. Entretanto, a identificação da fraude contra credores fica facilitada se a insolvência do devedor (que realizou os atos) for notória (o que pode ocorrer, por exemplo, se esse devedor for executado em diversas causas).

São exemplos conhecidos de fraude contra credores os seguintes atos do devedor em estado de dificuldade econômica: pagamento de dívida antes de seu vencimento, o perdão de dívidas e a doação para parentes ou amigos próximos.

Quem pode suscitar a fraude

O Código traz uma alteração no que concerne a quem possa requerer a anulação do ato. No Código Civil de 1916, apenas os credores quirografários estavam autorizados a suscitar a anulação do ato com base na fraude. Credores quirografários são aqueles que não possuem nenhuma garantia real (não há, por exemplo, hipoteca: situação na qual um bem imóvel fica vinculado ao pagamento da dívida se o devedor falhar no seu dever, conforme os artigos 1.473 e seguintes do Código) para assegurar o pagamento da dívida. O Código de 2002 permite aos credores com garantia que suscitem a anulação do ato fraudulento, caso se demonstre que ela se tornou insuficiente, informa o § 1º do artigo 158 do Código.[52]

A situação é a seguinte: o credor, cujo crédito encontra-se garantido pela hipoteca de uma casa, pode, se o devedor não paga

50 "Art. 158. Os negócios de transmissão gratuita de bens ou remissão de dívida, se os praticar o devedor já insolvente, ou por eles reduzido à insolvência, ainda quando o ignore, poderão ser anulados pelos credores quirografários, como lesivos dos seus direitos".

51 "Art. 159. Serão igualmente anuláveis os contratos onerosos do devedor insolvente, quando a insolvência for notória, ou houver motivo para ser conhecida do outro contratante".

52 "§ 1º. Igual direito assiste aos credores cuja garantia se tornar insuficiente".

a dívida, promover a alienação do imóvel hipotecado e receber o valor do crédito. Se a casa, objeto da hipoteca, for parcialmente destruída, tornando insuficiente a garantia, incide, então, o § 1º do artigo 158 do Código, para permitir que, também nessa hipótese, esse credor tenha como questionar atos suspeitos do devedor, que coloquem em risco o recebimento da dívida.

Pode ocorrer, ainda, que a simples concessão de garantia ou reforço dela, dada por um devedor em estado financeiro debilitado, represente um ato lesivo aos demais credores, que, portanto, podem, a valer o artigo 163 do Código,[53] requerer a anulação do ato.

Se certo credor obteve uma garantia considerada fraudulenta, essa concessão pode ser anulada e ele voltará ao estado anterior (artigo 165, parágrafo único[54]).

Cumpre ressaltar, em tempo, que não se consideram fraudulentos os atos ordinários da administração dos negócios, consoante a regra do artigo 164 do Código.[55] O referido dispositivo, entretanto, faz acrescer entre os atos normais de mera administração os relacionados "à subsistência do devedor e de sua família". Importante, nesses casos, é identificar a necessidade do gasto do devedor em dificuldade financeira, para, então, dizer se ele é fraudulento.

Ação pauliana ou revocatória

O credor lesado tem à sua disposição ação denominada pauliana[56] ou revocatória, na qual poderá requerer a anulação do ato fraudulento. Os réus da ação serão as partes do negócio que se visa a desconstituir, compreendendo, até mesmo, o terceiro adquirente, se agiu de má-fé.[57] Evidentemente, apenas podem

53 "Art. 163. Presumem-se fraudatórias dos direitos dos outros credores as garantias de dívidas que o devedor insolvente tiver dado a algum credor".

54 "Parágrafo único. Se esses negócios tinham por único objeto atribuir direitos preferenciais, mediante hipoteca, penhor ou anticrese, sua invalidade importará somente na anulação da preferência ajustada".

55 "Art. 164. Presumem-se, porém, de boa-fé e valem os negócios ordinários indispensáveis à manutenção de estabelecimento mercantil, rural, ou industrial, ou à subsistência do devedor e de sua família".

56 Há uma certa discussão sobre a origem do termo "ação pauliana". Acredita-se que essa denominação surgiu porque em obra do jurista romano Paulo foi feita referência à ação a ser proposta para socorrer o credor contra fraudes cometidas por seu devedor, que dificultassem o recebimento da dívida.

57 Artigo 161 do Código: "Art. 161. A ação, nos casos dos arts. 158 e 159, poderá ser intentada contra o devedor insolvente, a pessoa que com ele celebrou a estipulação considerada fraudulenta, ou terceiros adquirentes que hajam procedido de má-fé".

exercer esse direito aqueles que já eram credores na época da realização do ato fraudulento.[58]

Para invocar a ação pauliana ou revocatória, o credor deve comprovar que o fato consistente na transferência de patrimônio do devedor, acarretou a insolvência do devedor (naturalmente, se o devedor quiser alienar graciosamente qualquer de seus bens, mas tiver muitos outros que garantam a dívida, não há que se falar em fraude), ou agravou negativamente seu estado financeiro conturbado, colocando em risco o pagamento de dívida.

O efeito do julgamento de procedência da ação pauliana é a anulação do ato lesivo, com o retorno do bem transferido em fraude ao patrimônio do devedor ou ao conjunto de seus bens (o acervo) que está por ser dividido por seus credores (artigo 165 do Código[59]). Dessa forma, o fato de um credor anular o ato – e com isso conseguir o retorno de um bem ao patrimônio do devedor – não significa que ele receberá o montante recuperado. Se houver outros cocredores, o valor apurado deverá ser colocado à disposição de todos para a divisão, observando-se um concurso desses credores, na forma estabelecida na lei (artigos 955 e seguintes do Código), que indicará a ordem de recebimento.

Contra quem se dirige a ação pauliana

Segundo o artigo 161 do Código Civil, a ação pauliana poderá ser ajuizada contra o devedor e o adquirente do bem. Se houver terceiros envolvidos, a parte lesada também poderá dirigir sua ação contra estes, desde que demonstrada a sua má-fé. Imagine-se a situação da venda de um bem por preço vil, visando a prejudicar o credor do vendedor. Adiante, o adquirente passa o bem para terceiro, tudo com o propósito de impedir que se recupere o bem (dificultando ainda mais o pagamento da dívida ao credor original). Todas as pessoas que participaram do conluio poderão ser incluídas na ação.

Saliente-se que, na inteligente redação do artigo 164 do Código, há uma presunção de boa-fé – incompatível com a ideia de prejudicar o credor –, nos atos de mera gestão dos estabelecimentos mercantis, rurais, industriais ou nos atos de subsistência do devedor e de sua família.

Evidentemente, essa presunção é relativa e pode ceder se, diante da realidade dos fatos, ficar comprovado que o devedor

58 Veja-se o § 2º do artigo 158 do Código Civil: "§ 2º. Só os credores que já o eram ao tempo daqueles atos podem pleitear a anulação deles".

59 "Art. 165. Anulados os negócios fraudulentos, a vantagem resultante reverterá em proveito do acervo sobre que se tenha de efetuar o concurso de credores".

quis, com o ato, prejudicar seu credor. Entretanto, o fato de uma pessoa ter um credor não significa que a sua vida econômica fica engessada. Ela segue com a disposição de seu patrimônio, livre para gerir seus negócios. Aliás, quando o dispositivo do artigo 164 fala em subsistência de sua família, inclui-se, aí, todos os gastos, desde que moderados, com educação, saúde, alimentação, vestuário e lazer.

Fraude à execução

Registre-se que o ato de alienação fraudulenta do devedor, realizado depois de já ajuizada uma demanda com vistas a cobrar a dívida, não importará fraude contra credores, mas fraude à execução. As consequências desta última são mais sérias.

Eis a distinção: se não há qualquer ação judicial em curso, mas o ato prejudica quem possui algo a receber de quem negociou, estamos diante de fraude a credores. Caso já exista ação judicial, na qual se cobre algo do devedor e sobrevém negócio que comprometa o seu patrimônio, haverá fraude à execução.[60] Veja-se que, nesta hipótese, a afronta é também ao Poder Judiciário, que terá maior dificuldade em solucionar o litígio, pois o ato visa a esconder o patrimônio do devedor já cobrado judicialmente, estorvando a satisfação do credor.

O ato realizado em fraude à execução é considerado ineficaz em relação ao credor lesado. Isso significado que esse credor está autorizado a desconsiderar o negócio, solicitando, até mesmo, o leilão – venda forçada e pública – do bem negociado em fraude à execução para satisfazer seu crédito, independentemente do fato de o devedor tê-lo entregue a outra pessoa. É de se ressalvar, em tempo, que os tribunais têm protegido o terceiro de boa-fé que adquire onerosamente o bem do devedor. Nestes casos, o credor não conseguirá a anulação do ato e deve reclamar seu crédito diretamente do devedor.

60 Artigo 792 do Código de Processo Civil: “Art. 792. A alienação ou a oneração de bem é considerada fraude à execução: I – quando sobre o bem pender ação fundada em direito real ou com pretensão reipersecutória, desde que a pendência do processo tenha sido averbada no respectivo registro público, se houver; II – quando tiver sido averbada, no registro do bem, a pendência do processo de execução, na forma do art. 828 ; III – quando tiver sido averbado, no registro do bem, hipoteca judiciária ou outro ato de constrição judicial originário do processo onde foi arguida a fraude; IV – quando, ao tempo da alienação ou da oneração, tramitava contra o devedor ação capaz de reduzi-lo à insolvência; V – nos demais casos expressos em lei”.

7.2.3. Simulação

Às vésperas da separação, o marido reconhece uma enorme dívida com terceiro, fruto de um antigo empréstimo, que diminui sensivelmente o patrimônio a ser dividido com sua mulher. Na realidade, a dívida não existiu e o negócio somente foi declarado para que o marido obtivesse alguma vantagem no momento de partilhar os bens. Caso a mulher descubra o embuste, ela pode requerer a declaração de invalidade do ato, pois houve simulação. Isso é, simulou-se o negócio para enganá-la.

A simulação é um dos vícios do ato jurídico. Dá-se na situação em que uma pessoa emite declaração enganosa, com a finalidade de atingir um efeito diverso do que produziria o ato que efetivamente existiu, se é que existiu. A simulação é, pois, um ato com aparência normal, mas que, na verdade, visa a criar uma situação jurídica que não reflete a realidade, como a hipótese acima referida, na qual o marido reconhece uma dívida falsa para obter um benefício.

Requisitos da simulação

São três os requisitos da simulação: (1) a consciente desconformidade entre a vontade e a declaração. O eminente da manifestação de vontade tem plena ciência do que declarou. Assim, esse defeito do ato não se confunde com os vícios de vontade; (2) a finalidade de enganar terceiro (veja-se que, no dolo, uma das partes da relação quer beneficiar-se da outra. Na simulação, a vítima é um terceiro, que não participa do negócio). Na simulação, há sempre o interesse de lesar alguém por meio do ato; e (3) o conluio entre os sujeitos do ato simulado. As partes do ato simulado sabem que agem para prejudicar terceiro.

Discute-se se as partes que contribuíram para a simulação podem suscitar a nulidade do ato, ou apenas o terceiro lesado. Para alguns, como se trata de nulidade, qualquer das partes, mesmo que tenha contribuído diretamente para a simulação, pode suscitar a invalidade do ato. Outros entendem que se a parte contribuiu para a simulação (para tirar algum proveito indevido), não está autorizada a reclamar a invalidade, pois estaria tirando um proveito da própria torpeza. O dilema não merece uma resposta simplista. Cabe ao intérprete apreciar o caso concreto, a fim de que, se anular o ato, não crie um duplo proveito à parte que simulou o negócio.

Imagine-se, para dar um exemplo, que duas pessoas combinaram simular a venda de um bem, porque uma delas queria esvaziar seu patrimônio para fugir do seu credor. Depois de prescrita a dívida, o "real" dono do bem pede a devolução da coisa àquele que a adquiriu, de forma simulada. Esta, contudo, decide que não vai mais devolver o bem ao seu "verdadeiro" dono, seja por que motivo for. Será que o "real" proprietário, que simulou a venda de seu bem, apenas para escapar do seu credor, pode suscitar a nulidade do ato a fim de reaver sua propriedade? Será que ele pode tirar proveito da própria torpeza? Como se disse, o intérprete deve analisar a situação para ponderar qual o maior mal em jogo, tudo a fim de ver para qual lado pende o dano mais nocivo à sociedade: no caso do exemplo, manter o ato simulado ou anular o ato (em benefício da parte que tirou proveito da simulação).

Tipos de simulação

Há duas espécies de simulação: a relativa e a absoluta. Na relativa, existem dois atos: o manifestado (o ato simulado) e o ato querido pelas pessoas (o ato dissimulado). Já na simulação absoluta, há apenas um ato simulado, que, na verdade, não ocorreu e não encobre nenhum outro.

A distinção, à luz do Código Civil, é fundamental, pois o artigo 167[61] fulmina de nulidade absoluta o negócio jurídico simulado, mas admite a subsistência do dissimulado, se este último for válido na sua substância e forma. Assim, o ato dissimulado poderá – depois de aferida a validade de sua substância e forma – gerar efeitos. O Código trouxe sensível modificação, pois a Lei Civil de 1916 entendia que a simulação era causa de nulidade relativa, sem fazer qualquer distinção entre a simulação relativa ou absoluta. Agora, a simulação gera nulidade e, apenas excepcionalmente, em alguns casos de simulação relativa, o ato será apenas anulável e, logo, sujeito à convalidação.

Simulação relativa

Tratemos, inicialmente, da simulação relativa. Antes se explicou seu conceito. A hipótese mais comum é aquela na qual, para evitar a incidência de um imposto maior, se declara que o negócio teve um valor inferior ao real. Ou, numa outra situação, para garantir uma tributação menos pesada, diz-se, falsamente, que houve compra e venda, embora, na verdade, deu-se doação (o imposto da doação é superior ao da compra e venda). Neste último exemplo, o ato simulado foi a compra e venda, mas é mera aparência. Houve, na realidade, doação (este o ato dissimulado, disfarçado, encoberto), mas se diz que existiu compra e venda para garantir o pagamento de um imposto menor. Nos dois casos

61 "Art. 167. É nulo o negócio jurídico simulado, mas subsistirá o que se dissimulou, se válido for na substância e na forma".

acima referidos, visa-se a lesar o erário, a Fazenda Pública, que recolhe um imposto inferior ao que teria Direito.

Simulação absoluta

Na simulação relativa, um ato encobre outro, efetivamente realizado, mas que os sujeitos desejavam esconder. É o lobo em pele de cordeiro. Nessas hipóteses, apenas o ato dissimulado pode subsistir – caso sua natureza e forma sejam válidas –, diz o citado artigo 167 do Código. No exemplo referido, de simulação de uma compra e venda, valerá o verdadeiro ato (de doação), devendo as partes recolher a diferença do imposto.

Na simulação absoluta, diferentemente, ocorre apenas um ato, o simulado. Ao contrário da simulação relativa, não se pretende encobrir outro negócio, apenas dar aparência de realidade a um fato que não existiu. No exemplo acima referido, do marido que diz ter reconhecido uma dívida apenas para diminuir seu patrimônio, mas, na realidade, jamais houve qualquer negócio, a simulação é absoluta. Há apenas um ato, que não esconde nenhum outro, mas cria uma situação falsa. Neste caso haverá, na sistemática do Código, nulidade (artigo 167) e não mera anulabilidade, como previa a Lei de 1916.

Logo se vê que, na simulação, deve, necessariamente, haver o conluio entre ambos os sujeitos da relação. Isso porque ambos precisam fazer uma declaração deturpada da realidade, a fim de evitar o efeito que a lei daria ao verdadeiro ato cometido, ou para obter um efeito a partir de ato fictício.

Hipóteses de simulação

O § 1º do artigo 167 do Código Civil[62] faz referência aos atos considerados simulados, como os que contiverem declarações não verdadeiras, ou os que forem pós-datados. Evidentemente, o referido dispositivo é uma norma aberta, cabendo ao intérprete avaliar o caso concreto e ver se ele está absorvido pela regra.

Simulação inocente

Distingue-se, contudo, o ato no qual, embora presente a simulação, não exista interesse em lesar ninguém (assim era no artigo 103 do Código Civil de 1916[63]).[64] Trata-se da simulação

62 "§ 1º. Haverá simulação nos negócios jurídicos quando: I – aparentarem conferir ou transmitir direitos a pessoas diversas daquelas às quais realmente se conferem, ou transmitem; II – contiverem declaração, confissão, condição ou cláusula não verdadeira; III – os instrumentos particulares forem antedatados, ou pós-datados".

63 "Art. 103. A simulação não se considerará defeito em qualquer dos casos do artigo antecedente, quando não houver intenção de prejudicar a terceiros, ou de violar disposição de lei".

64 "O Código Civil não possui artigo semelhante. Diante dessa omissão, o intérprete pode entender que a exceção – da simulação inocente – foi suprimida, embora o melhor entendimento seja, valendo-se dos princípios que tratam da conservação dos atos, no sentido de não se declarar a nulidade sem prejuízo".

inocente. Esta não será anulada, como ocorre, por exemplo, se o credor dá quitação dizendo que recebeu o valor em moeda corrente, mas o pagamento foi feito em cabeças de gado. Embora a declaração seja incorreta, a simulação não acarreta nenhuma perda, nenhuma lesão, ninguém fica prejudicado, de forma que o ato é válido.

Um tipo comum dessa simulação é aquela que se relaciona ao valor do negócio. Por uma razão ou por outra, as partes indicam que o negócio teve um valor diferente do real (podem, por exemplo, querer fraudar uma preferência, ou lesar a Receita Federal). Nesses casos, não haverá simulação, porém ineficácia. O negócio será ineficaz em relação à parte prejudicada. Nesse sentido, o artigo 116 do Código Tributário Nacional[65] informa que, em relação à Fazenda Pública, o negócio onde houver simulação de preço é ineficaz. Assim, se duas pessoas acertarem um negócio e mentirem em relação ao preço, a Fazenda Pública poderá desconsiderar a estipulação.

Fraude à lei

Situação que se assemelha à simulação, embora distinta, é a hipótese de fraude à lei. Na realidade, pode-se dizer que a fraude à lei será, por vezes, uma espécie do gênero das simulações.

Tal como ocorre na simulação, o ato ocorrido em fraude à lei é aparentemente lícito, mas atinge efeito jurídico que, na prática, equivale à situação vedada pela lei.

A lei, é óbvio, se exterioriza da forma escrita, por meio de palavras. A interpretação literal da norma permite concluir aquilo que foi dito. Entretanto, o espírito da lei, a sua razão de ser, é normalmente, maior do que aquilo que se encontra externado. Por essa razão, a interpretação teleológica da lei – na qual se afere a finalidade da norma – é fundamental, pois apenas dessa forma se conseguirá atingir o verdadeiro objetivo da regra legal

Muitas vezes, a pessoa atende à letra da lei, mas se distancia do seu espírito. Na fraude à lei, a pessoa age de acordo com a letra da regra legal, mas foge ao verdadeiro interesse da norma.

Tome-se o exemplo da *Lex Licinia*, ocorrido na Roma antiga. Esta lei foi instituída por um certo pretor Lícino, com a finalidade de evitar a existência de latifúndios em nome de uma

65 "Art. 116. Salvo disposição de lei em contrário, considera-se ocorrido o fato gerador e existentes os seus efeitos: I – tratando-se de situação de fato, desde o momento em que o se verifiquem as circunstâncias materiais necessárias a que produza os efeitos que normalmente lhe são próprios; II – tratando-se de situação jurídica, desde o momento em que esteja definitivamente constituída, nos termos de direito aplicável".

só pessoa, daí seu nome *Lex Licinia*, isto é, Lei Licinia (ou do Licínio). Ocorre que o próprio Licínio decidiu, para escapar da lei, emancipar seu filho para que este também pudesse ter um pedaço de terra. Juntos, Licínio e seu filho, passaram a deter mais do que permitia a norma. Era evidente a fraude à lei. De uma forma camuflada, obtinha-se exatamente o que a lei vedava. Mais ainda, os atos realizados – de emancipação e de aquisição de terras – eram lícitos, embora, ao final, eles acabassem por permitir aos envolvidos obter situação que a lei proibia. Ora, não se pode usar o ordenamento para atingir resultado que o próprio ordenamento repudia.

Para aferir qual será a consequência jurídica da fraude à lei – mesmo considerando a regra do artigo 166, VI, do Código Civil[66] –, é necessário avaliar qual o efeito do descumprimento da norma fraudada. Caso a lei imponha a nulidade de certo ato, a fraude à lei acarretará a mesma sanção. Assim, se a sanção da *Lex Licinia* fosse, digamos, a anulação do registro dos latifúndios, essa a sanção que o pretor e seu filho deveriam receber pela fraude à lei.

Em muitas ocasiões haverá a conjunção da fraude à lei com a simulação. Tome-se a seguinte situação: uma pessoa tem dois filhos. Um deles é o querido, o outro, a ovelha negra. O pai quer beneficiar o filho amado e decide passar todos os seus bens para ele. Ocorre que o artigo 496 do Código Civil[67] veda a venda de bens de ascendente para descendente sem a autorização dos demais filhos. Como o pai e o filho dileto não querem que essa transferência seja descoberta, a venda é feita para uma pessoa jurídica, que tem como sócio majoritário exatamente o filho amado. Ao descobrir o ardil, o filho prejudicado pode requerer a invalidade do negócio da compra e venda. Nesse exemplo, a simulação resultou em fraude à lei.

Em resumo, na simulação absoluta nada é querido e não existe nenhum ato; na simulação relativa, há ocultação do ato realmente desejado; e, por fim, na fraude à lei, quer-se realizar o ato, mas ele ofende o espírito e finalidade da norma.

66 "Art. 166. É nulo o negócio jurídico quando: VI – tiver por objetivo fraudar lei imperativa".

67 "Art. 496. É anulável a venda de ascendente a descendente, salvo se os outros descendentes e o cônjuge do alienante expressamente houverem consentido".

7.3. Os prazos para invocar os vícios do ato jurídico

Embora a análise mais detida dos prazos para invocar a tutela do direito seja feita adiante, com mais vagar, registre-se, por oportuno, que o artigo 178 do Código Civil[68] dá o prazo decadencial de quatro anos para o requerimento da anulação do ato jurídico se a sua causa foi coação, erro, dolo, fraude a credores, estado de perigo ou lesão. Caso, contudo, a anulabilidade se der por outro motivo, referido na lei, mas que, entretanto, não exista um prazo para pleitear a anulação, o prazo para suscitar a invalidade será de dois anos, contados, diz o artigo 179,[69] a partir da data da conclusão do ato.

Passado o prazo para reclamar a anulação, o ato se aperfeiçoa e não poderá ter sua validade questionada, até mesmo para garantir a segurança jurídica.

7.4. O princípio da conservação dos negócios jurídicos

Antes já se mencionou a existência de princípio, da mais alta relevância, que visa a proteger os negócios, sanando-os, se possível, de eventuais vícios, tudo a fim de que eles tenham algum efeito e utilidade.

Nas nulidades relativas, se não houver qualquer reclamação, a convalidação decorre pelo simples decurso do prazo de quatro anos para suscitá-las (logo acima, falamos do artigo 178).

As partes de um ato anulável (como o erro, por exemplo) podem refazê-lo, convalidando-o, tudo a fim de sanar o vício, salvo se isso afetar o direito de terceiro (artigo 172[70]).

Essa medida sanatória é expressa, como antes se mencionou, no artigo 157, § 2º, do Código, relativo à lesão. A parte que se beneficiou com o ato lesivo pode devolver o que recebeu a mais, estabelecendo o equilíbrio econômico do negócio, e, com isso, manter a validade do ato. Com efeito, melhor conservar o negócio do que invalidá-lo.

---

68 "Art. 178. É de quatro anos o prazo de decadência para pleitear-se a anulação do negócio jurídico, contado: I – no caso de coação, do dia em que ela cessar; II – no de erro, dolo, fraude contra credores, estado de perigo ou lesão, do dia em que se realizou o negócio jurídico; III – no de atos de incapazes, do dia em que cessar a incapacidade".

69 "Art. 179. Quando a lei dispuser que determinado ato é anulável, sem estabelecer prazo para pleitear-se a anulação, será este de dois anos, a contar da data da conclusão do ato".

70 "Art. 172. O negócio anulável pode ser confirmado pelas partes, salvo direito de terceiro".

A busca pela conservação do negócio jurídico passa, como antes se alertou, por uma interpretação inteligente, que visa a extrair da leitura do ato um efeito prático (e não uma interpretação que conclua pela existência de um ato vazio e despido de sentido).

A conservação, contudo, apenas pode ocorrer nos negócios anuláveis. Nos atos nulos, por força do artigo 169[71], não se admite a confirmação, nem ele se convalesce com o decurso do tempo. A exceção a essa regra se dá com a simulação, apenas, entretanto, se esta for relativa, hipótese na qual, segundo a lei, se pode proteger o ato dissimulado, caso ele for válido na forma (artigo 167 do Código Civil, como antes se examinou).

71 "Art. 169. O negócio jurídico nulo não é suscetível de confirmação, nem convalesce pelo decurso do tempo".

8

As nulidades

8.1. A nulidade do negócio jurídico

A Constituição Federal de 1988 arrolou, dentre os direitos e garantias fundamentais, o princípio de que ninguém é obrigado a fazer ou a deixar de fazer coisa alguma, salvo em virtude da lei (artigo 5º, II[1]). Assim, de modo geral, tudo é lícito, até que se diga o contrário. Em outras palavras, ao homem, juridicamente, tudo é permitido, desde que não seja expressamente proibido. Portanto, a análise dos efeitos que os atos podem gerar deve sempre partir dessa premissa: o homem é livre para agir, devendo-se, contudo, observar as normas jurídicas para verificar a existência de uma eventual vedação.

Existência, validade e eficácia

Já se referiu anteriormente aos três planos a que o intérprete do negócio jurídico deve ater-se para avaliar os efeitos que podem advir do ato: existência, validade e eficácia.

O ato inexistente é aquele que não contém qualquer dos elementos para se constituir. Ele jamais gerará efeitos e a declaração desse estado não depende de uma manifestação judicial.

Nulidade absoluta e abusiva

Quanto à validade, há dois planos: as hipóteses de nulidade absoluta e as de nulidade relativa, nas quais os atos serão nulos ou anuláveis, respectivamente.

As hipóteses de nulidade absoluta correspondem aos efeitos dos atos considerados mais graves, motivo pelo qual o ordenamento não permite que dele se extraia qualquer efeito. Já nos casos de anulabilidade, ou nulidade relativa, os vícios do ato são menos nocivos, permitindo-se, até mesmo, a sua convalidação, como veremos adiante.

Eficácia

Por fim, consoante já se mencionou, por vezes o ato, embora existente e válido, tem sua eficácia restrita, normalmente pela falta de observância de certo requisito considerado essencial para que ele produza seus normais efeitos.

---

1 "II – ninguém será obrigado a fazer ou deixar de fazer alguma coisa senão em virtude de lei".

Nulidade absoluta

Neste capítulo, inicialmente, vamos examinar as nulidades absolutas, hipóteses nas quais se verifica uma imperfeição de tal forma séria que o ordenamento retira do ato qualquer validade e este não gera efeito algum. Depois, trataremos das nulidades relativas (ou anulabilidade), apontando os seus casos e como esses atos, embora imperfeitos, podem subsistir.

O artigo 166 do Código Civil[2] trata dos casos de nulidade, espelhando o artigo 104[3], que esmiúça os requisitos para a validade do ato, que são, simultaneamente, agente capaz, objeto lícito e forma prescrita ou não defesa em lei, como antes mencionado.

Inciso I: ato celebrado por absolutamente incapaz

A primeira hipótese de nulidade referida pelo artigo 166 do Código é a dos atos nos quais uma das partes é incapaz. Evidentemente, uma criança impúbere não pode realizar os atos da vida civil, não tem como dispor de seu patrimônio. Seu ato não é válido.

Obrigações de pequena monta contraídas por incapazes

Uma situação bastante interessante é a dos atos de pequena monta realizados por menores, absolutamente incapazes. Eis um exemplo: uma criança vai à padaria e compra duas bisnagas. Esse ato é, a valer o artigo 166, I, do Código Civil, absolutamente nulo. Entretanto, o padeiro, mesmo que bacharel em Direito, venderá os seus pães. Pode, posteriormente, o pai do menor suscitar a nulidade do ato? Do ponto de vista legal, sim. Mas isso foge à nossa cultura e à razoabilidade. Consagrou-se o costume (contrário à lei, é verdade) de que o menor absolutamente incapaz está autorizando a realizar negócios de pequena monta, como comprar figurinhas no jornaleiro, ou refrigerantes na cantina de sua escola, sem que isso represente qualquer nulidade. Já é tempo de o nosso ordenamento apresentar norma, como fizeram

2 "Art. 166. É nulo o negócio jurídico quando: I – celebrado por pessoa absolutamente incapaz; II – for ilícito, impossível ou indeterminável o seu objeto; III – o motivo determinante, comum a ambas as partes, for ilícito; IV – não revestir a forma prescrita em lei; V – for preterida alguma solenidade que a lei considere essencial para a sua validade; VI – tiver por objetivo fraudar lei imperativa; VII – a lei taxativamente o declarar nulo, ou proibir-lhe a prática, sem cominar sanção".

3 "Art. 104. A validade do negócio jurídico requer: I – agente capaz; II – objeto lícito, possível, determinado ou determinável; III – forma prescrita ou não defesa em lei".

os portugueses, permitindo que esses negócios de valor reduzido, realizados por menores, sejam válidos.[4-5]

Inciso II: objeto ilícito, impossível ou indeterminável

A segunda situação de nulidade é aquela na qual o objeto da relação jurídica é ilícito, impossível ou indeterminável. É nulo o contrato no qual se ajusta, por exemplo, a venda de uma pessoa (porque é ilegal esse comércio); o transporte de alguém a Plutão (porque impossível essa missão), ou uma obrigação de dar grãos de milho, sem especificar a quantidade e a qualidade (fazendo nulo o ato pela falta de determinação de seu objeto).

Não há qualquer problema em que o objeto do negócio seja desconhecido, desde que seja, ao menos, determinável. Caso, por exemplo, se ajuste a entrega de uma colheita do milharal, não se sabe, ao certo, no momento do acordo, qual será o objeto, que pode ser de poucas ou milhares de espigas de milho. Entretanto, o objeto é determinável: entregar-se-á o que vier a ser colhido.

Inciso III: motivo ilícito

O terceiro inciso do artigo 166 do Código Civil traz o conceito de motivo. O motivo é a razão psicológica pela qual as partes realizam o ato, como já mencionados anteriormente. Em regra, o motivo não transparece no momento em que se realiza o ato. Pode ser, contudo, que as partes de um negócio desejem que esse motivo ganhe relevância e o mencionem expressamente. Nesta hipótese, ele passa a ser a causa do negócio, que é aparente, e, diante disso, passa a ter repercussão jurídica.

Analise-se o seguinte caso: a venda de um revólver a pessoa que tem porte de armas é ilícita. Mas se o vendedor de um revólver sabe que o comprador está adquirindo a arma para cometer um crime, pois foi informado disso, pode-se anular o ato. O motivo, assim, é a razão subjacente pela qual as partes negociam. Se ele é ilícito, o ato deve ser anulado.

---

4 Eis a redação do artigo 127, 1, b, do Código Civil português: "São excepcionalmente válidos, além de outros previstos na lei: (...) os negócios próprios da vida corrente do menor que, estando ao alcance de sua capacidade natural, só impliquem despesas, ou disposições de bens, de pequena importância".

5 O artigo 145, II, do Código Civil de 1916 tachava de nulo apenas o objeto ilícito ou impossível. O Código de 2002 adicionou o conceito de que o objeto indeterminável também acarreta a nulidade. Atualmente, contudo, a doutrina consagra a existência dos chamados "contratos sem negócio jurídico", categoria relevante para atribuir validade aos contatos sociais mais básicos da sociedade moderna. Trata-se de reconhecer validade aos "contratos" realizados nas pequenas interações do dia-a-dia, como a compra de bala por uma criança no baleiro da escola.

Incisos IV e V: irregularidade formal e ausência de solenidade

O inciso IV do artigo 166 do Código fulmina de nulidade o ato que não se revestir de forma exigida pela lei, e o inciso V impõe a nulidade dos atos cuja solenidade necessária não foi observada.

Ressaltou-se anteriormente que o ordenamento exige de que alguns atos atendam a requisitos de ordem formal. A sanção dada aos atos que não respeitam essa forma ou solenidade é exatamente a nulidade. Será nulo, por exemplo, o casamento secreto porque, segundo o artigo 1.534 do Código,[6] a cerimônia deve ser pública. Trata-se de um defeito formal que gera a nulidade.

Inciso VI: fraude à lei

Uma novidade do Código Civil de 2002 é a referência expressa à nulidade do ato que tiver por objetivo fraudar à lei. Mencionou-se anteriormente, ao se falar dos vícios do ato jurídico, a hipótese de fraude à lei. Isso ocorre quando as partes agem corretamente do ponto de vista formal, mas a sua atitude viola o espírito e a finalidade da lei. Contou-se a histórica do pretor romano que, visando a burlar a norma que vedava a uma mesma pessoa ser proprietária de uma grande gleba de terra, emancipou seu filho e deu a ele enorme feudo, tudo a fim de que a sua propriedade e a de seu filho, juntas, tivessem tamanho maior do que a lei admitia a uma só pessoa, embora, sozinhos, nenhum deles estivesse violando a lei. Veja-se que o ato de doação de terras é válido; todavia, como o objetivo do negócio era fraudar a lei, pode-se pleitear a sua nulidade.

Vale anotar, entretanto, que a sanção da nulidade apenas será aplicada se a pena pelo descumprimento da lei fraudada for a de nulidade. Em outras palavras, a sanção da fraude à lei deve ser equivalente à da lei fraudada. Se a pessoa frauda a lei para pagar um imposto menor, a sanção não pode consistir em anular o ato, mas em garantir que o imposto seja pago corretamente, acrescido de multas, se for o caso.

Inciso VIII: atos expressamente declarados nulos

Como não poderia deixar de ser, o último inciso do artigo 166 do Código Civil reconhece como nulos os atos quando a lei assim declarar. São os casos nos quais a própria lei indica a nulidade do negócio, como a hipótese do artigo 426 do Código,[7] segundo o qual são nulos os contratos nos quais se negocie herança de pessoa viva.

---

6 "Art. 1.534. A solenidade realizar-se-á na sede do cartório, com toda publicidade, a portas abertas, presentes pelo menos duas testemunhas, parentes ou não dos contraentes, ou, querendo as partes e consentindo a autoridade celebrante, noutro edifício público ou particular".

7 "Art. 426. Não pode ser objeto de contrato a herança de pessoa viva".

Simulação absoluta

Por fim, o artigo 167 do Código[8] qualifica de nulos os negócios jurídicos onde houve simulações. Já se examinou essa hipótese ao se falar dos vícios do ato jurídico no capítulo anterior. Na simulação absoluta, o negócio possui apenas aparência, mas não substância. Na relativa, o negócio encobre outro, de substância distinta. São nulos os atos simulados, porém se admite que os dissimulados (aqueles encobertos pelas simulações) subsistam, naquilo que forem válidos.

Consequências do ato nulo

O ato nulo não produz quaisquer efeitos, não admite ratificação e pode ser alegado a qualquer tempo, por qualquer interessado, ou mesmo conhecido pelo juiz, consoante os artigos 168[9] e 169 do Código Civil.[10]

Aproveitamento do ato

Não se pode perder de vista, contudo, que o objetivo do ordenamento é, sempre que possível, aproveitar o ato. A segunda parte do artigo 184do Código[11] dizia que a nulidade de parte do negócio não contaminará o seu todo, se essas partes forem divisíveis.

Dessa forma, caso se compre uma fazenda, com seus diversos acessórios e acessões (sede, curral, vacas etc.), mas uma fração da terra negociada pertença à União – e, portanto, seja indisponível –, a nulidade de parte do negócio (com relação à fração de terra pertencente à União) não prejudicará o restante, que será salvo.

Conversão do ato nulo

O artigo 170 do Código[12] oferece regra que preconiza o aproveitamento do ato, a despeito da nulidade. Segundo o dispositivo, se o negócio jurídico nulo tiver os requisitos bastantes para garantir a validade de outro ato, deve-se permitir a subsistência dos efeitos deste último ato, caso se possa depreender das circunstâncias que as partes envolvidas tinham essa intenção.

8 "Art. 167. É nulo o negócio jurídico simulado, mas subsistirá o que se dissimulou, se válido for na substância e na forma".

9 "Art. 168. As nulidades dos artigos antecedentes podem ser alegadas por qualquer interessado, ou pelo Ministério Público, quando lhe couber intervir".

10 "Art. 169. O negócio jurídico nulo não é suscetível de confirmação, nem convalesce pelo decurso do tempo".

11 "Art. 184. Respeitada a intenção das partes, a invalidade parcial de um negócio jurídico não o prejudicará na parte válida, se esta for separável; a invalidade da obrigação principal implica a das obrigações acessórias, mas a destas não induz a da obrigação principal".

12 "Art. 170. Se, porém, o negócio jurídico nulo contiver os requisitos de outro, subsistirá este quando o fim a que visavam as partes permitir supor que o teriam querido, se houvessem previsto a nulidade".

Tome-se a seguinte hipótese: uma pessoa faz testamento público no qual reconhece a paternidade sobre outra e deixa para ela todo o seu patrimônio. Ocorre que, depois da morte do testador, descobre-se que o testamento não observou uma série de exigências necessárias para que ele tenha efeito (por exemplo: não houve o necessário registro no livro de notas do tabelião, como determina o artigo 1.864 do Código Civil[13]). Nesse caso, apesar de o testamento ser nulo, pela falha formal, o reconhecimento da paternidade gerará efeitos, porque esse ato pode ser realizado de qualquer forma.

De igual maneira, diz o artigo 183 do Código[14] que a invalidade do instrumento não implica a nulidade do ato, caso se possa comprová-lo de outra forma. Assim, por exemplo, caso se faça uma confissão de dívida em uma bandeira nacional, rabiscando sobre o que Castro Alves qualificou como o "Auriverde pendão de minha terra, que a brisa do Brasil beija e balança", haverá uma ilegalidade. Afinal, não se admite utilizar um símbolo nacional para finalidade distinta daquela que lhe é própria.[15] Entretanto, comprovado o empréstimo – pela demonstração do depósito, por exemplo –, o negócio jurídico não será invalidado.

Efeitos do ato nulo

Se alguém compra um relógio de ouro de um menor de 12 anos, o ato é nulo. A transferência de propriedade não se opera e esse acordo firmado com o absolutamente incapaz não gera efeitos. Pode ocorrer, no entanto, que, não obstante a irregularidade, o comprador, com o relógio em mãos, o tenha vendido a terceiro, de boa-fé, que comprou o bem sem nada saber de sua origem. O exemplo demonstra que a aplicação dessa regra, segundo a qual os atos nulos não geram efeitos, encontra, na prática, situações de difícil solução. Na hipótese, reconhecida a nulidade, o negócio não pode gerar efeitos e o relógio deve ser restituído ao menor.

Caso isso já não seja possível (o relógio pode ter sumido, por exemplo), deve-se buscar o retorno econômico das partes ao estado inicial, como se o negócio jamais tivesse acontecido, de tal forma que, ao menos do aspecto financeiro, o

13 "Art. 1.864. São requisitos essenciais do testamento público: I – ser escrito por tabelião ou por seu substituto legal em seu livro de notas, de acordo com as declarações do testador, podendo este servir-se de minuta, notas ou apontamentos".

14 "Art. 183. A invalidade do instrumento não induz a do negócio jurídico sempre que este puder provar-se por outro meio"

15 A Lei nº 5.700, de 01.09.71, no seu artigo 31, II, diz que é proibido acrescentar qualquer inscrição na bandeira do Brasil.

patrimônio dos envolvidos não sofra abalo, aponta o artigo 182 da lei civil.[16]

Como se examinou, em um contrato com várias estipulações no qual haja, entre essas cláusulas, uma nula, esta não contaminará o resto do negócio. De outra ponta, garante o artigo 184 do Código, a nulidade da obrigação principal acarretará invalidade de todas as obrigações a ela acessórias. Vê-se que, para avaliar se há ou não possibilidade de salvar o ato, ou, ao menos, parte dele, deve-se analisar se o ato nulo é o principal, ou apenas um acessório, para, então, conjugar essa resposta com a regra do referido artigo 184.

Nulidades relativas

As nulidades relativas, ou anulabilidades, dar-se-ão nos casos referidos no artigo 171 do Código Civil,[17] São os atos realizados por relativamente incapazes e aqueles nos quais haja vícios do consentimento ou sociais, referidos nos artigos 138 a 165 do Código.

Os atos anuláveis são, a princípio, válidos e geram efeitos, mas podem ter a sua invalidade declarada, caso algum interessado reclame essa providência.

Dessa forma, os atos realizados por relativamente incapazes – as pessoas mencionadas no artigo 4º do Código Civil[18] – são, de início, reconhecidos e geram efeitos, mas podem ser anulados posteriormente.

Ato realizado por relativamente incapaz

Cumpre salientar as exceções quanto à invocação de anulação de atos realizados por relativamente incapazes.

O artigo 180 do Código Civil[19] cuida do caso no qual o menor, relativamente incapaz, esconde a sua situação para realizar o ato, mas, depois, para se eximir dos deveres oriundos da relação, invoca a sua condição de incapaz. O ordenamento não permite que alguém tire proveito da própria torpeza. Logo,

---

16 "Art. 182. Anulado o negócio jurídico, restituir-se-ão as partes ao estado em que antes dele se achavam, e, não sendo possível restituí-las, serão indenizadas com o equivalente".

17 "Art. 171. Além dos casos expressamente declarados na lei, é anulável o negócio jurídico: I – por incapacidade relativa do agente; II – por vício resultante de erro, dolo, coação, estado de perigo, lesão ou fraude contra credores".

18 "Art. 4º. São incapazes, relativamente a certos atos ou à maneira de os exercer: I – os maiores de dezesseis e menores de dezoito anos; II – os ébrios habituais e os viciados em tóxico; III – aqueles que, por causa transitória ou permanente, não puderem exprimir sua vontade; IV – os pródigos".

19 "Art. 180. O menor, entre dezesseis e dezoito anos, não pode, para eximir-se de uma obrigação, invocar a sua idade se dolosamente a ocultou quando inquirido pela outra parte, ou se, no ato de obrigar-se, declarou-se maior".

não admitirá a anulação do ato para beneficiar o relativamente incapaz que agiu maliciosamente.

Tome-se a hipótese de o relativamente incapaz, menor de 18 e maior de 16 anos, proprietário de um carro, vender seu automóvel e, no documento de transferência, informar, falsamente, que já contava com 18 anos. Se o menor não entrega o carro que vendeu e, acionado pelo adquirente, invoca a sua condição, a lei não o protege, porque, para tanto, estaria dando guarida ao ato desleal.

Atos ilícitos cometidos por relativamente incapaz

O artigo 156 do Código Civil de 1916[20] estipulava que o relativamente incapaz se equiparava ao maior na resposta aos atos ilícitos dos quais teve culpa. Esse dispositivo se relaciona à responsabilidade do menor pela reparação dos danos que ele causa. Se um menor de 18 anos e maior de 16 joga uma pedra numa vidraça – um ato ilícito, pois causa um dano injusto –, é ele quem responde pelo dever de reparar o prejuízo. A responsabilidade do relativamente incapaz consta do artigo 116 do Estatuto da Criança e do Adolescente (Lei nº 8.068, de 13.7.90)[21], que possui ordem análoga à do antigo Código Civil. O Código, no artigo 928,[22] ao falar de responsabilidade civil, diz que o incapaz responde pelos prejuízos que causar com seus atos, se os responsáveis por ele não forem obrigados ou não tiverem meios para tanto.

Quem pode suscitar a anulação do ato

O artigo 168 do Código,[23] de que antes se deu notícia, trata de forma generosa quem pode invocar a nulidade absoluta do negócio. No que se refere à declaração de anulabilidade do ato, a possibilidade de requerê-la é mais restrita. Apenas pode invocá-la quem tenha interesse. Esse interesse, evidentemente, é jurídico. Isto é, quem quer que suscite a invalidade do ato deve ter alguma relação jurídica (e não meramente moral ou econômica) com o fato. Pode ser o pai do relativamente incapaz, buscando invalidar o ato de seu filho, que adquiriu um bem sem a sua autorização. Pode, ainda, ser a própria pessoa que agiu em erro e, posterior-

20 "Art. 156. O menor, entre dezesseis e vinte e um anos, equipara-se ao maior quanto às obrigações resultantes de atos ilícitos, em que for culpado".

21 "Art. 116. Em se tratando de ato infracional com reflexos patrimoniais, a autoridade poderá determinar, se for o caso, que o adolescente restitua a coisa, promova o ressarcimento do dano, ou, por outra forma, compense o prejuízo da vítima".

22 "Art. 928. O incapaz responde pelos prejuízos que causar, se as pessoas por ele responsáveis não tiverem obrigação de fazê-lo ou não dispuserem de meios suficientes".

23 "Art. 168. As nulidades dos artigos antecedentes podem ser alegadas por qualquer interessado, ou pelo Ministério Público, quando lhe couber intervir".

mente, deseja invalidar o ato. O mero interesse moral não habilita ninguém a pedir a declaração de anulabilidade.

Confirmação do ato anulável

O ato anulável, ao contrário do nulo, permite ratificação, garante o artigo 172 do Código Civil.[24] Com a ratificação (a nova redação do dispositivo fala em confirmação), os sujeitos do ato sanam o vício e o ato passa a ser perfeito. Requer o Código (artigo 173[25]) que as partes mencionem expressamente o desejo de ratificar o ato. Caso os sujeitos apenas refaçam o negócio, entende-se que ele passou a existir apenas a partir de quando adveio o último ato, celebrado sem qualquer mácula. O negócio anterior será simplesmente desconsiderado, pois substituído.

Para exemplificar, digamos que um menor, relativamente incapaz, tenha vendido um terreno. Posteriormente, o comprador, preocupado por ter negociado com uma pessoa relativamente incapaz, procura o pai do vendedor e sugere que o ato seja ratificado, para que se faça uma nova escritura, desta feita com o menor assistido por seu pai.

Diz o artigo 173 do Código Civil que nesse ato de confirmação deve constar expressamente que ele visa a sanar os defeitos do negócio realizado inicialmente. Caso se faça menção ao ato anterior, será como se o negócio fosse válido desde o início (não haverá, propriamente, efeitos retroativos), isto é, como se o primeiro ato jamais tivesse qualquer nódoa. Contudo, se não houver a referência, o ato novo é válido, mas apenas a partir dele é que se operam os efeitos do negócio.

O Direito deve ser prático. Pensando nisso, o artigo 174 do Código Civil[26] assevera que não há necessidade de ratificação expressa se a obrigação potencialmente anulável já foi realizada em parte pela pessoa que poderia suscitar a sua anulação. Houve, no caso, uma ratificação tácita.

De toda forma, ao se confirmar o ato, ou admitir o cumprimento da prestação, haverá a renúncia quanto ao direito de invocar a invalidade (*vide* o artigo 175 do Código[27]). O dispositivo consagra o princípio do *nemo potest venire contra factum*

24 “Art. 172. O negócio anulável pode ser confirmado pelas partes, salvo direito de terceiro”.

25 “Art. 173. O ato de confirmação deve conter a substância do negócio celebrado e a vontade expressa de mantê-lo”.

26 “Art. 174. É escusada a confirmação expressa, quando o negócio já foi cumprido em parte pelo devedor, ciente do vício que o inquinava”.

27 “Art. 175. A confirmação expressa, ou a execução voluntária de negócio anulável, nos termos dos arts. 172 a 174, importa a extinção de todas as ações, ou exceções, de que contra ele dispusesse o devedor”.

proprium (em português: a ninguém é dado vir contra os atos próprios). Segundo o princípio, as pessoas não devem adotar atitudes contraditórias, porque isso ofende a boa-fé e o comportamento leal que se espera na conduta de todos. A pessoa que ratifica o ato fica impedida de questioná-lo judicialmente em relação ao vício inicial.

Anote-se, por oportuno, que, ao se ratificarem os atos anuláveis, resguarda-se o direito dos terceiros. Essa ressalva, feita pelo artigo 172 do Código, se dirige, principalmente, aos casos de vícios sociais (a simulação relativa – na qual se possa aproveitar o ato dissimulado – a fraude a credores e a lesão). Afinal, seria temerário admitir que os sujeitos do ato fraudulento pudessem ratificá-lo (e, como isso, saná-lo), deixando que um terceiro sofresse os efeitos prejudiciais do negócio. Assim, antes de se confirmar o ato, mister avaliar se ele causa dano a outras pessoas, distintas das partes envolvidas.

Por derradeiro, ainda examinando as hipóteses de ratificação do ato anulável, cite-se o artigo 176 da lei civil,[28] que inovou ao tratar do caso no qual a eventual declaração de nulidade relativa decorra da falta de autorização de terceiro. Permite a lei que o negócio se convalide com a posterior autorização desse terceiro. É o que ocorre no ato realizado pelo relativamente incapaz, no qual era necessária a assistência do pai. Essa autorização pode dar-se posteriormente e com isso, sanar plenamente o negócio.

Ressaltou-se que o ato nulo não gera quaisquer efeitos. Pois o ato anulável produzirá efeitos até que a referida invalidade seja declarada judicialmente, consoante o artigo 177 do Código Civil.[29]

Efeitos da anulação

Reconhecida judicialmente a nulidade relativa (ou anulabilidade) do ato, os efeitos dessa decretação de invalidade retroagem ao momento em que o interessado propôs a medida judicial com vistas à declaração do vício do negócio. Os efeitos da anulação são, assim, *ex nunc*, ou seja, produzem-se desde quando se questionou a validade do negócio. Registre-se, em tempo, que, no caso de declaração de nulidade vão retroagir ao momento em que se realizou o negócio invalidado. São, pois, *ex tunc*, desde sempre. Afinal, como se esclareceu, dos atos nulos, em regra, não se pode extrair qualquer consequência.

28 "Art. 176. Quando a anulabilidade do ato resultar da falta de autorização de terceiro, será validado se este a der posteriormente".

29 "Art. 177. A anulabilidade não tem efeito antes de julgada por sentença, nem se pronuncia de ofício; só os interessados a podem alegar, e aproveita exclusivamente aos que a alegarem, salvo o caso de solidariedade ou indivisibilidade".

Declarada a invalidade do ato, deve a situação retornar ao seu estado anterior. Os patrimônios dos sujeitos envolvidos retrocederão no tempo, para refletir a mesma situação que existia no momento em que o ato anulado foi realizado, como se ele jamais tivesse ocorrido. De fato, essa declaração não pode servir de escudo para nenhuma das partes. Jamais haverá vantagem financeira com a sua averiguação. Busca-se, apenas, equiparar a situação ao que havia anteriormente.

Esse conceito, fundamental, consta do artigo 182 do Código Civil, cujo conteúdo revela a quintessência do objetivo do Direito Civil: dar a cada um o que é seu e não lesar a ninguém.

8.2. Os prazos para invocação das nulidades

Os atos nulos envolvem valores sociais mais elevados, enquanto os anuláveis gravitam primordialmente em uma órbita de interesses privados. Diante disso, a resposta do Direito para cada uma dessas situações é distinta, como fica claro ao verificar os efeitos da passagem do tempo sobre cada uma das hipóteses.

Antecipando, em parte, o que será tratado com mais vagar adiante, expõem-se aqui os prazos nos quais a invocação da nulidade é admissível, isto é, até quando, no tempo, a nulidade e a anulabilidade podem ser suscitadas.

De forma muito singela, pode-se dizer que o estudo da prescrição e da decadência cuida de avaliar o efeito do tempo sobre as relações jurídicas. Afinal, nada é para sempre, nem as relações jurídicas. O ordenamento estabelece um prazo para que os interessados possam pleitear seus direitos e impor sua efetivação, sem que ninguém possa questioná-los. Passado esse período, o direito de reclamar o direito (está escrito assim, com dois "direitos" de propósito, para realçar que são dois poderes distintos: um de reclamar "o direito" e o outro consistente no próprio "direito") fica prejudicado: na prescrição porque a outra parte pode defender-se, dizendo que o direito não pode mais ser exigido, e na decadência porque o próprio direito se extinguiu pelo decurso do tempo.

Deixemos maiores considerações sobre o tema para depois. No momento, importa esclarecer que as anulabilidades – as nulidades relativas – somente podem ser invocadas no prazo decadencial de quatro anos, consoante o artigo 178 do Código Civil.[30]

30 "Art. 178. É de quatro anos o prazo de decadência para pleitear-se a anulação do negócio jurídico, contado: I – no caso de coação, do dia em que ela cessar; II – no de erro, dolo,

O Código Civil fala, ainda, do prazo decadencial de dois anos para as demais hipóteses de anulabilidade referidas na lei (artigo 179[31]). Ou seja, os casos não referidos no artigo 178 encontram-se sujeitos a um prazo decadencial de dois anos. Ultrapassado esse período, a invalidade convalesce e não se pode mais suscitá-la. Eis a razão pela qual muitos chamam essa tolerância à passagem do tempo, sem qualquer reclamação, de ratificação tácita.

Antes da vigência do Código Civil, discutia-se a incidência da prescrição sobre os atos nulos. O assunto era bastante debatido, havendo bons argumentos para ambos os lados: uns defendiam que invocar a nulidade do ato nulo não prescrevia, e outros advogavam o oposto. A jurisprudência do Superior Tribunal de Justiça inclinava-se pelo entendimento de que os atos nulos não prescrevem,[32] o que, reconheça-se, tem todo sentido técnico, pois o Direito não tolera o ato nulo. O Código Civil, no artigo 169,[33] terminando com a discussão, registra que a nulidade não convalesce, não está sujeita à prescrição, podendo ser invocada a qualquer momento.

Reconheça-se que, esse entendimento pode criar uma indesejável instabilidade. Imagine-se – o exemplo extremo é propositado – se os herdeiros de Pedro Álvares Cabral, o "descobridor" do Brasil, reclamarem a nulidade de um documento celebrado em 1500, no qual seu antecessor abdicara das terras encontradas,

---

fraude contra credores, estado de perigo ou lesão, do dia em que se realizou o negócio jurídico; III – no de atos de incapazes, do dia em que cessar a incapacidade".

---

31 "Art. 179. Quando a lei dispuser que determinado ato é anulável, sem estabelecer prazo para pleitear-se a anulação, será este de dois anos, a contar da data da conclusão do ato"

32 Eis algumas decisões nesse sentido do Superior Tribunal de Justiça: "Processual Civil. Ação de Anulação de Declaração de Compra e Venda de Imóvel. Prescrição. Ato Nulo. Ausência. Outorga Uxória. I – A ausência de consentimento ou outorga uxória em declaração de transferência de imóvel pertencente ao patrimônio do casal é ato jurídico absolutamente nulo, por isso, imprescritível, podendo sua nulidade ser declarada a qualquer tempo, além de não produzir qualquer efeito jurídico. II – Inaplicabilidade à espécie dos artigos 177 e 178 do Código Civil." (REsp. nº 38549/DF – 3ª Turma – STJ – Rel. Min. Antônio de Pádua Ribeiro – j. em 08.06.2000 – *DJ* 28.08.2000, p. 70). "Recurso Extraordinário. Arguido de Relevância. Ação Declaratória de Nulidade. Alteração de Contrato Social. Assinatura Falsificada. Nulidade Absoluta (...). 2. Os atos jurídicos nulos não prescrevem, podendo ser declarados nulos a qualquer tempo. Precedentes da Turma." (REsp. nº 7364/SP – 3ª Turma – STJ – Rel. Min. Carlos Alberto Menezes Direito – j. em 18.02.1997 – *DJ* 10.11.1997, p. 57.741).

33 "Art. 169. O negócio jurídico nulo não é suscetível de confirmação, nem convalesce pelo decurso do tempo".

para defender que, na verdade, todo o país lhes pertence. Logo se vê que a possibilidade de suscitar a nulidade pela eternidade pode gerar situações de incerteza.

Dois valores colidem; de um lado, há o princípio da segurança jurídica, que acena favoravelmente ao reconhecimento da prescrição do requerimento de nulidade; de outro, a pureza técnica, a precisão do conceito e a ojeriza ao ato perpetrado de forma contrária ao ordenamento militam em favor da possibilidade de se questionar, até a consumação dos séculos, se preciso, a nulidade de ato realizado de forma contrária ao artigo 156 do Código Civil.[34] O Código tomou uma posição no seu artigo 169, encerrando a discussão: a partir da vigência da Lei de 2002, o negócio jurídico nulo não pode ser confirmado e jamais convalesce.

34 "Art. 156. Configura-se o estado de perigo quando alguém, premido da necessidade de salvar-se, ou a pessoa de sua família, de grave dano conhecido pela outra parte, assume obrigação excessivamente onerosa".

9

Os atos ilícitos

Lembremo-nos dos elementos da relação jurídica: fato, sujeitos, norma, vínculo e objeto. Ao analisar, mais detidamente, o vínculo existente em todas as relações jurídicas, observa-se que, de um lado, há a possibilidade de se exigir uma determinada conduta (um poder), e, de outro, um dever jurídico, consistente em adotar certa conduta. Assim, em toda relação jurídica há um dever, ainda que apenas em potência.

O ato ilícito é a transgressão de dever jurídico, ou, por outras palavras, consiste na lesão a um bem jurídico. Se o sujeito da relação deveria ter agido de certa forma e deixou de o fazer (ou o contrário: deveria abster-se de agir de certa forma, mas fez), haverá um ato ilícito, contrário ao Direito, oposto ao interesse do ordenamento.

A razão de ser do ordenamento jurídico está em proteger os atos lícitos, realizados de acordo com a lei, e, de outro, reprimir os atos ilícitos (incluídos aí, atente-se, os inválidos). Ou seja, quer afastar os atos feitos em desacordo com a lei e nos quais haja violação de deveres jurídicos. Em suma, o ordenamento jurídico não protegerá os atos contrários à norma.

Verificada a existência de ato inválido, o ordenamento jurídico retirará os efeitos do negócio. Uma vez reconhecido o ato ilícito, haverá o nascimento da obrigação, para o seu causador (entenda-se: a pessoa que violou o dever jurídico), de reparar o dano causado.

Uma pessoa bateu no carro de outra. Este ato não é nulo. Infelizmente, não pode ser desfeito. Trata-se de um ilícito, pois houve lesão a um bem alheio. O causador fica obrigado a reparar o dano resultante de seu ato.

Ilícitos penais e civis

Existem ilícitos penais e civis. Em ambas as situações haverá a violação de um dever jurídico. Entretanto, em algumas hipóteses, entende-se que a violação de um determinado dever, tipificado e referido na lei, é mais grave do ponto de vista social, sujeitando seu infrator a uma pena mais severa, previamente estabelecida pelo Estado. Neste caso haverá o ilícito penal.

A lei manda que não se cometa homicídio. Quem quer que transgrida esse preceito arcará com a sanção decorrente, sendo o Estado o interessado na aplicação da pena.

Em outras hipóteses, relativas aos ilícitos civis, o interesse em jogo é majoritariamente privado. Diz-se majoritariamente porque em toda relação jurídica haverá sempre, ainda que em pequeno grau, um interesse geral da sociedade (público, portanto).

Nos casos de violação a um dever jurídico estabelecido em uma relação que o ordenamento não tenha qualificado como de natureza penal, estaremos diante de um ilícito civil.[1] Assim, é uma opção do legislador, sensível aos valores prevalecentes na sociedade, estabelecer quais as transgressões a deveres jurídicos que violarão a esfera civil e quais os incidentes na penal. O Estado indica quais os ilícitos mais graves: esses serão os ilícitos penais. As violações a deveres jurídicos de natureza privada serão civis.

Ilícitos contratuais e extracontratuais

A responsabilidade civil consiste no dever jurídico subsequente ao ilícito. Se uma pessoa cometeu um ilícito, ela deve reparar o mal causado.

Os ilícitos civis podem ser distinguidos em função de sua origem. Se o dever jurídico descumprido foi estabelecido em um contrato, estaremos diante de um ato ilícito contratual. De outro lado, caso o dever jurídico violado decorra de imposição legal, haverá ilícito extracontratual.

Na hipótese de uma pessoa se comprometer com outra a entregar uma mesa no primeiro dia do ano e deixar de fazê-lo, haverá um ilícito contratual, pois o dever estabelecido nasceu de um contrato. Já, se houve um acidente de carro, o causador da batida passa a ter o dever de reparar o dano, porque os artigos 186[2] e 927[3] do Código Civil dizem que quem quer que cause um dano a terceiro fica sujeito a reparar o prejuízo. Como esse dever nasceu da lei, o caso é de responsabilidade extracontratual (ou aquiliana).

A responsabilidade extracontratual é denominada de aquiliana por um fato histórico. Nos primórdios do Direito Romano,

1 Faz-se essa divisão entre ilícitos civis e penais para facilitar a exposição do tema. Entre os ilícitos não penais há uma série de outros, contidos em distintos ramos do Direito, tais como os ilícitos administrativos (o sujeito que constrói uma casa sem licença) e os ilícitos tributários (a sonegação de imposto).

2 "Art. 186. Aquele que, por ação ou omissão voluntária, negligência ou imprudência, violar direito e causar dano a outrem, ainda que exclusivamente moral, comete ato ilícito".

3 "Art. 927. Aquele que, por ato ilícito (arts. 186 e 187), causar dano a outrem, fica obrigado a repará-lo".

os ilícitos civis, assim como os penais até hoje, estavam referidos expressamente em alguma lei. Somente havia responsabilidade se a hipótese factual fosse referida na legislação. Com isso, os casos não tipificados ficavam sem reparação. No século III a.C., contudo, foi editada a *Lex Aquilia*, que trazia a benfazeja ideia de que todos os danos oriundos de atos contrários ao ordenamento, deveriam ser ressarcidos, independentemente de estarem ou não tipificados. Esse conceito é válido até os nossos dias, tendo-se tornado verdadeiro norte nas indenizações decorrentes de ato ilícito.

9.1. O dever de reparar decorrente do ato ilícito

O artigo 186 do Código Civil, cumulado com o artigo 927 da mesma Lei, estabelece o princípio de que todo dano decorrente de um ato ilícito deve ser reparado, se o seu responsável agiu com culpa.

O referido dispositivo do artigo 186 da Lei define ato ilícito. Anote-se, contudo, que a definição do artigo 186 é equivocada. Isso porque ele qualifica ato ilícito como aquele que causa um dano. Ora, pode haver um ato ilícito que não traga qualquer dano. As partes ajustaram um contrato de compra e venda no qual se fixou para 1º de janeiro a data do pagamento, com a entrega da coisa negociada. Contudo, o devedor apenas oferece o bem no dia 2 de janeiro. Houve um descumprimento contratual (logo, deu-se um ato ilícito), mas o credor, nesse exemplo, não sofreu qualquer dano com o atraso. O prejuízo é requisito para que se dê o dever de reparar o ato ilícito; é um elemento da aferição de responsabilidade, não do ato em si. Isso vai ficar ainda mais claro ao se examinar os elementos que compõem o dever de reparar, que será visto logo adiante.

Com efeito, o artigo 186 do Código fala do dano ao definir o ato ilícito. Essa referência não é técnica. Pior, está errada. Dano, insista-se, é requisito para a indenização. Imagine-se que uma pessoa invada a casa de outra e sai, sem nada pegar, nem sequer ser vista. O ato da invasão é lícito? Claro que não! Houve dano? Também não. Logo se vê que o dano não é elemento do ilícito. Pode haver ato ilícito mesmo sem dano.

O Direito vai oferecer um tratamento diferenciado para os ilícitos civis contratuais e os extracontratuais. Apesar dos princípios semelhantes – muitas vezes até iguais –, em algumas situações a resposta será diversa para os dois casos.

Na parte geral do Código, apenas se define o conceito de ato ilícito, nos artigos 186 e 188.[4] Estes dispositivos devem ser lidos em conjunto com o artigo 927 do Código, que impõe ao autor do ato ilícito o dever de reparar o dano que causou.

A discussão acerca da responsabilidade pode ser altamente complexa. O Digesto (Livro IX, Título 2, 11) apresenta a seguinte questão: várias pessoas estão jogando bola num lugar público. Uma delas, lança a bola com mais força e atinge a mão de um barbeiro, justo na hora em que este estava, com uma navalha, fazendo a barba de um escravo. Com a bolada, o barbeiro passa a navalha na garganta do escravo que morre degolado. Naquela época, o escravo era um bem e, de acordo com a Lei Aquilea, quem causasse um dano a um bem de outro teria que responder pelo prejuízo que causou. No caso, de quem seria a responsabilidade? Ulpiano achava que o responsável era quem havia jogado a bola. Próculo entendia que a culpa era do barbeiro, porque ele estava executando seu trabalho num local onde poderia ser atingido por uma bola (e, logo, arriscado), cabendo ao barbeiro responder. Por fim, havia ainda quem defendesse que a culpa era do próprio dono do escravo, pois este admitiu que seu "bem" fosse fazer a barba num barbeiro situado em local de risco.

Logo se vê que a análise dessa responsabilidade requer muita atenção e apuro técnico do intérprete. O primeiro passo nessa apreciação é identificar os elementos da responsabilidade.

Tanto na responsabilidade pelo inadimplemento obrigacional, como na responsabilidade extracontratual,[5] há elementos comuns, cuja presença é sempre necessária para estabelecer o dever de indenizar.

Elementos que caracterizam a responsabilidade

Quatro são os pressupostos para se estabelecer a responsabilidade por reparar o ato ilícito, como permite deduzir a leitura atenta do artigo 186 do Código Civil: (1) a existência do ato ilícito; (2) o dano; (3) o nexo de causalidade entre o fato e o dano; e (4) a culpa do agente.

1º elemento: ato ilícito

Em primeiro lugar, deve haver o ato ilícito. Necessário que se demonstre a violação a um dever jurídico. Consoante a regra

4 "Art. 188. Não constituem atos ilícitos: I – os praticados em legítima defesa ou no exercício regular de um direito reconhecido; II – a deterioração ou destruição da coisa alheia, ou a lesão a pessoa, a fim de remover perigo iminente".

5 Os ilícitos contratuais estão dispostos nos artigos 389 e seguintes do Código Civil.

benigna do artigo 188, I, do Código,[6] os atos praticados no exercício regular de um direito não constituem ilícito.

Exercício regular de um direito

Assim, se uma pessoa constrói em seu terreno um prédio alto, mas de acordo com os limites estipulados pela prefeitura, não haverá ilícito, mesmo que isso cause um prejuízo aos seus vizinhos. Afinal, o proprietário está agindo em conformidade com seu direito, sem interesse em lesar ninguém.

Legítima defesa

Também não será ilícito o ato realizado em legítima defesa. Se um cachorro bravo pula em uma pessoa que, para se proteger, repele o animal, ferindo-o gravemente, não pode o proprietário do cão reclamar uma indenização daquele que se defendeu, agindo para proteger a sua integridade física, isto é, em legítima defesa. Sempre que se agir adequadamente, a fim de evitar uma agressão injusta, não haverá ilícito, afastando-se o dever de indenizar.

Para que a legítima defesa seja considerada lícita, ela deve ser imediata e moderada. Imediata porque precisa ser tão instantânea quanto possível para revidar o mal. Moderada porquanto necessário que seja proporcional à violação que a pessoa sofre. Se alguém vê sua casa sendo invadida, este pode colocar as pessoas que estão violando seu direito de propriedade para fora, usando, até mesmo, força física, desde que a sua reação seja imediata e proporcional (ele não pode, por exemplo, lançar uma bomba sobre os invasores). Caso não haja reação imediata, a pessoa, cuja casa foi ocupada, terá que solicitar ajuda ao Estado para retirar os intrusos. O ato pessoal, se não for imediato, será considerado ilícito, escapando do conceito referido no artigo 188, I, do Código Civil.

Estado de necessidade

O artigo 188, I, do Código menciona a legítima defesa e o exercício regular de um direito[7] como situações nas quais o ato realizado não será ilícito apesar de ter causado dano.

O artigo 188 do Código, no inciso II,[8] faz referência ao estado de necessidade. Trata-se da situação na qual, sem ter como evitar um mal maior que recairá sobre um bem, sacrifica-se um bem de terceiro, de menor valor.

Eis um exemplo: descobre-se que uma casa vazia está infestada de ratos, transmissores de uma peste, que assola toda a comunidade

6 "I – os praticados em legítima defesa ou no exercício regular de um direito reconhecido".

7 Na realidade, a legítima defesa nada mais é do que uma forma de exercício regular de um direito.

8 "II – a deterioração ou destruição da coisa alheia, ou a lesão a pessoa, a fim de remover perigo iminente".

do local. Os vizinhos, diante da situação de emergência, concluem que a única solução para reparar o mal maior consiste em queimar imediatamente a casa, o que fazem em seguida. Na hipótese, a ação foi realizada em estado de necessidade. Era, pois, preciso pôr fogo na casa, para evitar o dano mais elevado, que acometeria a todos os moradores daquele local. Esse ato não representa um ilícito.

Note-se que, no estado de necessidade, há um dano. Um bem qualquer é destruído ou deteriorado em prol de outro bem, que estava ameaçado, em perigo iminente. O artigo 929 do Código Civil[9] informa que se o lesado (o dono do bem destruído) não foi culpado do perigo, terá direito a receber uma reparação. Se o perigo foi causado por terceiro, diz o artigo 930,[10] este deve responder pelo prejuízo. A ação para reclamar a indenização pelo dano pode ser também ajuizada contra quem se beneficiou com a destruição do bem, assegura o parágrafo único do artigo 930.

No exemplo oferecido acima, da casa incendiada pela vizinhança, todos os moradores daquela redondeza tiveram proveito com a destruição. Todos, portanto, devem ressarcir o proprietário da casa antes infestada de ratos. Não terá, contudo, qualquer dever de ressarcir quem, por exemplo, morava em outra vizinhança e não se beneficiou do ato, mas apenas agiu por estado de necessidade.

A distinção fundamental entre a legítima defesa e o estado de necessidade está em que, na primeira, há uma reação contra uma agressão ilícita (condenada pelo ordenamento jurídico), dirigida apenas ao agressor;[11] ao passo que no estado de necessidade o ato pode decorrer de qualquer situação na qual haja justificável interesse de proteger um bem em perigo.

Ilícito por omissão

O ato ilícito normalmente resulta de uma ação do agente, mas nada impede que ele decorra de uma omissão. Caso o sujeito tenha deixado de adotar alguma atitude em transgressão de um dever jurídico, haverá ato ilícito. É o que ocorre, para dar um exemplo, com o salva-vidas que deixa de socorrer quem está se afogando.

9 "Art. 929. Se a pessoa lesada, ou o dono da coisa, no caso do inciso II do art. 188 , não forem culpados do perigo, assistir-lhes-á direito à indenização do prejuízo que sofreram".

10 "Art. 930. No caso do inciso II do art. 188 , se o perigo ocorrer por culpa de terceiro, contra este terá o autor do dano ação regressiva para haver a importância que tiver ressarcido ao lesado".

11 "O Código Penal, no artigo 25, define: "entende-se em legítima defesa quem, usando moderadamente dos meios necessários, repele injusta agressão, atual ou iminente, a direito seu ou a de outrem".

2º elemento: dano

O segundo elemento necessário à averiguação do dever de indenizar é o dano. Pode-se definir o dano como a lesão a um interesse. O ato ilícito deve ter causado uma perda, uma lesão a um bem jurídico. O lesado, a pessoa que reclama um ressarcimento, deve ter sofrido prejuízo patrimonial ou moral (a própria Constituição Federal, no artigo 5º,[12] garante a plena indenização por danos de ordem moral). Sem dano, não há que se falar em indenização.

3º elemento: nexo de causalidade

O terceiro componente é o nexo de causalidade, ou seja, a verificação de que por causa do ato ilícito houve o dano. Por todos os motivos, essa relação deve ser a mais direta. Conta-se, para demonstrar até que ponto pode chegar uma interpretação generosa e absurda, a história do sujeito que foi atropelado, sofreu apenas um arranhão, mas entrou com uma ação judicial contra o motorista reclamando uma fortuna de indenização. Segundo o lesado, no momento em que recebera o encontrão do automóvel, ele se dirigia a uma casa lotérica, onde iria adquirir um bilhete premiado. Assim, por causa do acidente, ele nunca comprou o bilhete e, logo, perdeu a chance de ficar milionário. Naturalmente que, nesse caso, não há a relação direta de causalidade que se exige entre o ato ilícito e o dano, necessária para estabelecer o vínculo. A relação entre o ato e o dano precisa ser sempre a de uma consequência lógica; "por resultado e causa do fato deu-se o dano". A relação entre o ato ilícito e o dano deve ser objetiva e plausível, direta e imediata, para repetir a redação do artigo 403 do Código.[13]

Haverá, por exemplo, nexo de causalidade no caso do comerciante que, para entregar as mercadorias que vendeu, contrata um caminhão. Como o caminhão não aparece no dia ajustado para realizar as entregas, o comerciante fica em atraso com seus fregueses, incide em multas pela falha e, assim, sofre prejuízo. Veja-se que, neste caso, a relação entre o ato ilícito (a falha contratual do dono do caminhão que simplesmente não apareceu no dia ajustado) e o dano (o dever de o comerciante arcar com as multas pelo atraso na entrega das mercadorias) é direta.

Ainda cuidando do nexo, é fundamental aferir até que ponto a vítima contribuiu para o acidente, como também se houve outra pessoa, ou circunstância, que auxiliou para que se chegasse

12 "V – é assegurado o direito de resposta, proporcional ao agravo, além da indenização por dano material, moral ou à imagem".

13 "Art. 403. Ainda que a inexecução resulte de dolo do devedor, as perdas e danos só incluem os prejuízos efetivos e os lucros cessantes por efeito dela direto e imediato, sem prejuízo do disposto na lei processual".

ao resultado lesivo. Além disso, pode ter havido uma situação extraordinária, absolutamente fora do controle, como um caso fortuito ou de força maior, que rompe com o nexo de causalidade. Tudo isso, que é matéria de prova e varia caso a caso, tem relevância no momento de aferir a responsabilidade e o valor da indenização.[14]

4º elemento: culpa

Por derradeiro, o quarto e último elemento que deve – na maior parte das vezes, mas não sempre – estar presente para que haja dever de indenizar é a culpa. Previna-se logo, a culpa é um complexo requisito.

Ao se realizar qualquer ato, desde chutar uma bola de futebol a escrever um bilhete, passando por discar um número telefônico e conversar com um amigo, há um procedimento que precisa ser adotado. Para chutar uma bola, por exemplo, deve-se olhar a bola, direcionar-se ao seu encontro e, numa distância próxima, mover o pé em sua direção para fazer com que ela se mova. Caso não se adote esse mínimo procedimento, não se atingirá o objetivo pretendido. A falha do procedimento é a culpa. Em outras palavras, a culpa consiste na violação dos deveres mínimos de diligência na realização do ato. Caso não se olhe a bola, é bem possível que jamais se consiga efetuar o chute, ou, ao menos, é quase certo que o chute sairá defeituoso. Essa imperfeição se relaciona à falta de cuidado ou mesmo imperícia de quem executava o ato, consoante o artigo 186 do Código Civil.

Utilizando-se de outra imagem: o caminho mais rápido entre dois pontos é uma reta. A culpa será o desvio desse traçado. A culpa, enfim, é a conduta que se afasta do procedimento normal, esperado, razoável. Age culposamente quem adota conduta distinta daquela que seria adotada pelo homem de bem, pelo bom pai de família.

No exame da culpa, fundamental examinar o homem médio, ou seja, como as pessoas normalmente procedem em uma dada situação. Entretanto, também se deve avaliar as qualidades específicas da pessoa. Um motorista profissional que bate de carro terá que se explicar melhor para afastar a imputação de negligência que sobre ele recai do que outro condutor, que não tenha as mesmas aptidões técnicas.

---

14 Artigo 945 do Código Civil:: "Art. 945. Se a vítima tiver concorrido culposamente para o evento danoso, a sua indenização será fixada tendo-se em conta a gravidade de sua culpa em confronto com a do autor do dano".

Imprudência, imperícia e negligência

O artigo 186 do Código Civil informa que a pessoa que, por imprudência ou negligência, violar direito e causar dano comete um ato ilícito (já se salientou que a existência de dano não é elemento do ato ilícito, mas do dever de reparar). O artigo 951 do Código fala, ainda, de imperícia.

Imprudência consiste na falta de cuidado normal. Imperícia está na ausência de certa habilidade necessária à realização do ato.[15] Finalmente, haverá negligência se o sujeito agir com desleixo, permitindo que a falha ocorra. A culpa no Direito civil é mais ampla do que no Direito penal, admitindo como ato culposo qualquer desvio da normalidade.

Dolo e culpa

Além disso, no Direito penal há relevantíssima distinção entre o dolo (este, apesar do mesmo nome, não se confunde com o vício do ato jurídico anteriormente examinado) e a culpa. Dolo é o descumprimento consciente do dever jurídico, enquanto na culpa inexiste a intenção de cometer o ilícito, embora ele ocorra.

Para fins do Direito penal esta diferença se justifica porque a punição irá variar conforme o ato for mais ou menos reprovável. Evidentemente, o ilícito penal cometido dolosamente será punido com maior severidade do que aquele no qual o sujeito agiu apenas culposamente.

Para o Direito civil, em princípio, a distinção entre dolo e culpa é, na grande maioria dos casos, irrelevante. Como a finalidade do Direito civil está em reparar, recompor o patrimônio de quem sofreu o ato lesivo na medida do dano e não punir, pouco importa se o sujeito agiu com as melhores ou piores intenções. Fundamental é diagnosticar o prejuízo decorrente do ato e garantir que o culpado responda por ele. Assim, no Direito civil, o dolo está inserido na culpa.

Há quem sustente que a culpa integra o conceito de ato ilícito, de sorte que não haverá ato ilícito se não houver culpa. Entretanto, bem analisada a questão, impõe-se reconhecer que as duas noções não se confundem. Na verdade, o ato ilícito, a violação a um dever jurídico, pode ocorrer independentemente de culpa. Esta será necessária apenas para avaliar a pertinência da obrigação de reparar.

15 Veja-se o artigo 951 do Código Civil:: "Art. 951. O disposto nos arts. 948, 949 e 950 aplica-se ainda no caso de indenização devida por aquele que, no exercício de atividade profissional, por negligência, imprudência ou imperícia, causar a morte do paciente, agravar-lhe o mal, causar-lhe lesão, ou inabilitá-lo para o trabalho".

Responsabilidade subjetiva

A regra geral, adotada pelo Código civil, é a de que apenas há dever de indenizar se houver culpa do agente. Historicamente, o nosso ordenamento, com relação à responsabilidade civil, sempre se filiou à teoria da responsabilidade subjetiva, isto é: para que houvesse dever de reparar era necessária a verificação da culpa. Em outras palavras, não há, em regra, responsabilidade sem culpa. Nesse sentido, inquestionavelmente, a redação do artigo 186 do Código de 2002.

Entretanto, a teoria da responsabilidade subjetiva, que atrela o dever de reparar à existência de culpa, tem sofrido duros abalos. Isto porque, cada vez mais, tem-se admitido a responsabilidade sem culpa, prestigiando-se a teoria objetiva.

Essa doutrina teve seu desenvolvimento mais acentuado modernamente, de forma mais notável a partir da revolução industrial. Naquela época, milhares de miseráveis trabalhavam horas a fio nas fábricas, em condições duríssimas, com máquinas primitivas, de manuseio perigoso. Nos casos de acidente no serviço, nos quais os trabalhadores sofriam lesões, os donos do negócio alegavam que não deveriam pagar qualquer indenização porque não poderiam ser culpados por defeitos da máquina ou por seu uso inadequado. Sensíveis a essa injustiça, notadamente juristas alemães e franceses passaram a entender que quem desfrutava das vantagens do negócio deveria, de outro lado, arcar com os seus riscos. Assim, o capitalista, dono da fábrica, estava sujeito a pagar os danos sofridos pelos seus empregados em decorrência de acidentes de trabalho, ainda que não tivesse culpa. Eis o embrião da teoria objetiva, que vai admitir a responsabilidade mesmo sem culpa, deixando-se de examinar, por completo, o aspecto psicológico.

A regra geral, entretanto, segue a de se exigir a prova da culpa para que haja responsabilidade e, por consequência, indenização. Contudo, o ordenamento admite hipóteses excepcionais, nas quais não se requer prova de culpa do agente. Basta que o ato tenha ocorrido e causado o dano para que o agente fique obrigado a ressarcir.

Os casos de responsabilidade objetiva estão referidos em lei – porquanto excepcionais –, e cuidam de casos especiais, como, por exemplo, o Código Brasileiro do Ar (Decreto-lei nº 483, de 8.6.1938), substituído pelo Código Brasileiro da Aeronáutica (Lei nº 7.565, de 19.12.1986), toda a legislação sobre acidentes de trabalho e o Código do Consumidor, que consagra a responsabilidade objetiva em uma série de situações, nas quais o fornecedor ou o prestador de serviço responderão ao consumidor independentemente de culpa, como no artigo 12, do Código de Defesa do Consumidor (Lei nº 8.078, de 11.9.1990).[16]

Responsabilidade objetiva no Código Civil

O parágrafo único do artigo 927[17] vem cristalizar o conceito de responsabilidade objetiva também no Código Civil, sendo certo, contudo, que a regra geral segue sendo a de responsabilidade subjetiva. Segundo o dispositivo do artigo 927, admite-se o dever de indenizar mesmo sem culpa nas hipóteses referidas em lei e naquelas nas quais a atividade do autor do dano "implicar, por sua natureza, risco para os direitos de outrem".

Em suma, a regra geral é a da responsabilidade subjetiva (com culpa), mas, excepcionalmente, a lei prevê algumas situações nas quais existe a responsabilidade sem culpa, ou se o negócio apresentar, por sua natureza, riscos.

Tome-se a situação de um banco, que guarda os valores de seus clientes. Se ele é assaltado, o que é um risco natural do negócio, o Código informa que haverá dever de reparar independentemente de culpa.

Presentes os quatro elementos – ato ilícito, dano, nexo de causalidade e culpa – haverá dever de indenizar. Importante ressaltar que é necessária a presença de todos esses quatro componentes; a falta de qualquer um deles retira a responsabilidade de ressarcimento (salvo nas hipóteses de responsabilidade objetiva, vistas acima, onde se responde mesmo sem culpa).

9.2. O abuso de direito

O artigo 188 do Código, já se ressaltou, resguarda que não haverá ato ilícito se o sujeito estiver agindo no exercício regular de um direito. Havia, no Direito Romano, o conceito de que neminem laedit qui iure suo utitur, isto é, não lesa a ninguém quem age dentro de seu direito. Porém, eventualmente, o titular de um direito pode exercê-lo de forma antijurídica e antissocial,

16 "Art. 12. O fabricante, o produtor, o construtor, nacional ou estrangeiro, e o importador respondem, independentemente da existência de culpa, pela reparação dos danos causados aos consumidores por defeitos decorrentes de projeto, fabricação, construção, montagem, fórmulas, manipulação, apresentação ou acondicionamento de seus produtos, bem como por informações insuficientes ou inadequadas sobre sua utilização e riscos".

17 "Parágrafo único. Haverá obrigação de reparar o dano, independentemente de culpa, nos casos especificados em lei, ou quando a atividade normalmente desenvolvida pelo autor do dano implicar, por sua natureza, risco para os direitos de outrem".

contrariando a sua real finalidade, violando o interesse social. Nesses casos, estará atuando com abuso de direito.

Com efeito, o poder de impor um dever jurídico deve sempre ser orientado no sentido de obter algum proveito para alguém (ainda que seja um benefício apenas moral), nunca o de somente causar um prejuízo, uma dificuldade ou um ônus.

O Direito não pode servir de instrumento de opressão, não pode alimentar um desprezível capricho, um meio de seu titular constranger desnecessariamente outrem.

Se, ao realizar o ato, o titular do direito se afasta do seu regular uso, comete abuso de direito, que o ordenamento trata tal qual um ato ilícito.

A propósito, vale citar o caso Clement-Bayard, um dos julgamentos emblemáticos acerca do tema, ocorrido na França, em 1913. Ocorreu que o vizinho de um hangar de dirigíveis resolveu erigir, em sua propriedade, duas enormes construções de madeira, com afiadas pontas de ferro no seu topo. Os espigões não tinham outra finalidade senão a de impedir que seu vizinho pousasse os balões no imóvel contíguo. Evidentemente, todo proprietário tem direito de construir em seu terreno. No caso, contudo, as construções visavam apenas a molestar o vizinho. Pior: o construtor dos espigões pretendia vender seu imóvel ao baloeiro por um preço superior ao do mercado. A questão foi julgada pelos tribunais franceses. Entendeu-se que o vizinho do baloeiro, que edificara os enormes espigões, havia atuado com abuso de direito, isto é, o titular estava exercendo sua faculdade de construir apenas para criar uma situação nociva ao seu vizinho, o que não se poderia admitir.

De fato, o Direito possui uma finalidade, uma razão de ser, protegida pela norma jurídica. Quer o ordenamento jurídico garantir a justiça, a segurança social e o bem comum. Deve-se, então, proteger essas finalidades reconhecidas. Se, contudo, o titular do direito, sujeito da relação, realiza seu ato com o propósito de atingir outro fim, haverá abuso de direito. Assim, abusará de seu direito quem o utilizar com um propósito antissocial, distinto da real finalidade do poder jurídico, por capricho, emulação, vingança.

Nesse ponto, vale transcrever a norma do artigo 334 do Código Civil português, que tratou do abuso de direito de forma apurada (e não se afasta muito do tratamento dado no artigo 187 do nosso Código[18]):

18 "Art. 187. Também comete ato ilícito o titular de um direito que, ao exercê-lo, excede manifestamente os limites impostos pelo seu fim econômico ou social, pela boa-fé ou pelos bons costumes".

> "É ilegítimo o exercício de um direito quando o titular exceda manifestamente os limites impostos pela boa-fé, pelos bons costumes, ou pelo fim social ou econômico desse direito."

Inicialmente, a teoria do abuso de direito suscitava uma análise do interesse psicológico do sujeito que realizava o ato. Era uma concepção subjetiva, no qual se pressupunha o desejo de prejudicar, havendo, portanto, um ato emulativo. Muito embora essa avaliação seja válida, hoje entende-se que o intérprete deva inclinar-se para uma análise do abuso com base em fatos objetivos da conduta do titular do direito. Caso o exercício de um direito se revele antissocial ou incompatível com a função social, pode-se suscitar o abuso, mesmo que não exista, por parte do titular, o interesse em prejudicar terceiros.

Conta-se o caso do milionário que adquiriu um quadro de girassóis amarelos de Van Gogh e, no seu testamento, pediu para ser enterrado com a obra de arte. Morto o ricaço, várias instituições e amantes de arte do mundo buscaram impedir a consumação da cláusula testamentária, que, na prática, iria impedir que o quadro fosse visto e admirado. Venceu a tese do abuso de direito. Haveria abuso do proprietário, ao destinar seu bem a ficar guardado para sempre em uma urna funerária. Não há dúvida de que é direito do proprietário dar aos seus bens o destino que bem entender. Ainda, ao que tudo indica, o milionário não pensou em lesar ninguém. Contudo, objetivamente, a pretensão do dono do quadro era contrária ao interesse social, de que as obras de arte devam ser preservadas.

Diante dessas situações de abuso de direito, o ordenamento funcionará para abrandar, enfraquecer o poder jurídico do titular, até o enquadramento da pretensão no que se admite como normal e razoável, no uso regular do direito, com fins justos e consequências adequadas. Corretamente, a doutrina entende, hoje majoritariamente, que sequer é necessário demonstrar a culpa do agente para apontar o abuso de direito. Basta identificar o ato contrário ao melhor interesse social para ver reconhecido o abuso.

Em suma, necessário avaliar qual a finalidade do Direito. Qual a razão de a norma jurídica o proteger. Se o titular do direito estiver agindo de acordo com a finalidade, se seu interesse se direcionar ao fim preconizado pelo ordenamento, o direito deve ser reconhecido. Caso contrário, haverá abuso. Por consequência, não se protegerá a pretensão do titular do direito, porque há um exercício antissocial desse poder. Impõe, portanto, proceder a uma análise teleológica do direito e do ato, para ver se ele se justifica sob o enfoque social.

10

O efeito do tempo nas relações jurídicas

O ordenamento jurídico deve garantir segurança às pessoas. O Estado, ao oferecer um sistema de leis aos seus cidadãos, quer que as relações jurídicas reguladas por essas normas reflitam certezas. Afinal, de nada vale um ordenamento se ele demonstrar insegurança e vacilação.

Uma pessoa deve a outra certo valor em dinheiro. Trata-se de uma relação jurídica obrigacional corriqueira. Entretanto, o credor não cobra a quantia devida. Simplesmente deixa de mencionar a existência da obrigação por, digamos, trinta anos, a ponto de o devedor ter esquecido o seu dever jurídico consistente no pagamento. Será que essa relação ainda tem força? Ficará o devedor vinculado ao credor para sempre? No caso mencionado, a resposta do nosso ordenamento é a de que o devedor pode recusar-se a pagar a dívida transcorrido o prazo. Esta se encontra prescrita, isto é, já não pode o titular exercer eficazmente seu poder jurídico, pelo decurso do tempo. O artigo 206, § 5º, I[1], do Código Civil fixa o prazo de cinco anos para cobrança de dívidas líquidas constantes de instrumento público ou particular.[2]

Finalidade dos institutos da prescrição e da decadência

O Direito trata da questão relativa aos efeitos do tempo na relação jurídica por meio dos institutos da prescrição e da decadência. O ordenamento entende, com razão, que permitir que um direito possa ser exercido eternamente causa instabilidade e incerteza nas relações, o que se pretende evitar.

Segurança social

Com efeito, não traria segurança à vida social permitir que uma pessoa ficasse vinculada por um período indeterminado a uma dívida quando seu titular, o credor, não se presta a cobrá-la.

Veja-se: o cônjuge pode suscitar a anulação de seu casamento, se demonstrar que casou com pessoa errada (pensava, por exemplo, que casava com Raquel, mas desposava Lia), hipótese

1 "Art. 206. Prescreve: § 5º Em cinco anos: I – a pretensão de cobrança de dívidas líquidas constantes de instrumento público ou particular".

2 O Código Civil de 1916 não tratava especificamente do prazo prescricional para cobrar dívidas líquidas fixadas em contrato. A hipótese era tratada pela regra geral do artigo 177 da Lei de 1916, que estipulava o prazo de 20 anos para prescrição dessas relações.

referida no artigo 1.556 da Lei Civil.[3] Entretanto, ele perde o direito de fazer esse requerimento de invalidade do casamento passadas décadas da realização do matrimônio (o prazo varia de 180 dias a três anos, dependendo da natureza do erro, consoante o artigo 1.560 do Código Civil[4]). O sistema jurídico impõe um prazo para que o cônjuge se manifeste, sob pena de ficar sem o direito de fazê-lo. Segundo o velho adágio latino, *Dormientibus non sucurrit jus*, ou seja, o Direito não socorre aos que dormem

Além do interesse em garantir a segurança jurídica nas relações, que é a maior finalidade de limitar a eficácia do direito com relação ao tempo, a razão de ser da prescrição e da decadência está, também, em constranger – e, do ponto de vista prático, punir – o titular de um direito que se mantenha inerte.

O ordenamento não protege os desidiosos, os indolentes, os preguiçosos. Com efeito, as regras de prescrição e da decadência sancionam o sujeito inativo de uma relação jurídica, que tem prejudicado o seu direito de reclamar seu poder jurídico, caso deixe de exercê-lo dentro de um período indicado pela lei.

Há, entretanto, exceções: direitos que não prescrevem nem estão sujeitos à decadência. Não se perdem pelo decurso do tempo: (a) os direitos personalíssimos, como o direito ao nome e o direito a ver reconhecida a paternidade; (b) os direitos sem pretensão (isto é, nos quais não exista o poder de o titular do direito impor a alguém uma conduta), como, por exemplo, a propriedade que permanece com a mesma pessoa e seus sucessores, a rigor, para sempre;[5] e (c) também não se perdem com a passagem do tempo as faculdades jurídicas. Isso ocorre, por exemplo, com o direito de construir em um terreno. Afinal, a pessoa pode ter

3 "Art. 1.556. O casamento pode ser anulado por vício da vontade, se houve por parte de um dos nubentes, ao consentir, erro essencial quanto à pessoa do outro".

4 "Art. 1.560. O prazo para ser intentada a ação de anulação do casamento, a contar da data da celebração, é de: I – cento e oitenta dias, no caso do inciso IV do art. 1.550; II – dois anos, se incompetente a autoridade celebrante; III – três anos, nos casos dos incisos I a IV do art. 1.557; IV – quatro anos, se houver coação".

5 Pode haver perda da propriedade se outra pessoa, distinta do dono, passar a utilizá-la com o interesse de tê-la para si, por um lapso de tempo razoável (a lei vai dizer qual é) e sem resistência do antigo proprietário. Trata-se da usucapião, regulada no Código pelos artigos 1.238 a 1.244 se relacionada aos bens imóveis, e 1.260 a 1.262, se referente aos bens móveis. A usucapião apenas ocorre porque há uma outra pessoa que passa a deter a coisa com a finalidade de tornar-se proprietário dela. Salvo essa situação (e a desapropriação, quando o Estado precisa da coisa por uma determinada razão), a propriedade permanece com a pessoa por tempo indefinido, independentemente de o dono tomar qualquer atitude, por isso diz-se que se trata de direito sem pretensão.

um terreno durante décadas sem realizar nenhuma obra sobre ele, mas não perderá a faculdade de erguer uma casa na área. O mesmo se aplica à faculdade de casar. Um solteirão convicto tem pleno direito de contrair matrimônio pela primeira vez aos 90 anos. Esses direitos são, pois, imprescritíveis.

Um bom exemplo dessa qualidade de "imprescritível" se verifica na ação de investigação de paternidade. Diante da relevância social do tema – que uma pessoa possa ter reconhecida a sua origem, o que afeta um direito personalíssimo –, entende-se que o direito de ajuizar essa demanda não prescreve. Entretanto, uma das consequências do reconhecimento da paternidade é o dever, pelo pai que tiver condições, de auxiliar com alimentos o filho necessitado. Cobrar essa obrigação de alimentos, contudo, é um direito subjetivo e, logo, está sujeita à prescrição. Dessa forma, embora não exista prescrição para ajuizar a ação de investigação de paternidade, o prazo para cobrança dos alimentos, se devidos, é de dois anos, a valer o artigo 206, § 2º,[6] do Código Civil.

10.1. A prescrição e a decadência

A ciência começa com a definição das palavras. Ou, ainda, *definitio est initium omnis disputationis* (a definição é o início de todas as disputas). Uma correta definição dos conceitos é fundamental na ciência jurídica, mormente quando se analisam questões técnicas. O único caminho para se diferenciar a prescrição e a decadência passa por uma rigorosa definição de alguns conceitos.

Os conceitos de direito subjetivo, direito potestativo, faculdade jurídica e poderes jurídicos especiais

Iniciemos por recordar conceitos conhecidos: direito subjetivo, direito potestativo, faculdade jurídica e poderes jurídicos especiais. Direito subjetivo é o poder de impor a outra pessoa que adote determinado comportamento (como exigir que uma pessoa pague a sua dívida). O direito potestativo consiste no poder de alterar a situação jurídica de outra pessoa, sem que esta nada possa fazer, senão se sujeitar (como revogar uma procuração). Faculdade jurídica, por sua vez, consiste no poder dado à pessoa pela norma que não corresponde a nenhuma sujeição de outra pessoa (como o direito de se casar). Poder jurídico em espécie, por fim, são situações especiais nas quais se confere a

6 "Art. 206. Prescreve: § 2º Em dois anos, a pretensão para haver prestações alimentares, a partir da data em que se vencerem".

alguém o poder para atuar protegendo o interesse de outra pessoa (como o direito do pai de impedir que seu filho, por quem ele é responsável, se case).

No momento em que se cobra uma dívida, exerce-se um direito subjetivo. Haverá a aplicação de um direito potestativo ao se revogar uma procuração. O proprietário que constrói uma casa em seu terreno faz uso de uma faculdade jurídica. Por último, o pai que não autoriza uma viagem ao exterior de seu filho menor exerce seu pátrio poder, num poder jurídico especial.

Mencionou-se acima que o objetivo da norma, ao limitar a atuação do direito no tempo, está, substancialmente, em evitar que uma pessoa fique indefinidamente sujeita a um interesse de outra. Busca-se impedir a permanência, sem limite temporal, de uma situação na qual uma pessoa tenha alguma forma de poder sobre a outra, gerando uma insegurança social.

No caso das faculdades jurídicas não há sujeição. Não há poder de uma pessoa sobre outra. Assim, como já se disse anteriormente, não haverá perda do direito pelo decurso do tempo. Afinal, não haverá incerteza para ninguém se o titular da faculdade exercê-la num momento futuro. As faculdades estão ilesas à prescrição e à decadência.

No poder jurídico especial, apesar de haver um poder de uma pessoa sobre outra, ele é exercido em benefício do sujeito passivo. O pai, apesar de titular do pátrio poder, tem, na realidade, o dever de zelar pelo filho. O mesmo ocorre com o tutor e o curador com relação ao tutelado e ao curatelado, respectivamente. Por esse motivo, enquanto perdurar a relação desse poder jurídico, o titular do direito poderá sempre exercê-lo, pois, afinal, o direito é invocado para proteger o sujeito passivo. Assim, o pai, durante o período em que exercer o pátrio poder, terá como fazê-lo atuar e esse direito não se extingue pela falta de uso no decurso do tempo.

Atente-se: não se confunde o poder jurídico especial com o direito que tem o pai de anular certo ato cometido pelo filho incapaz, sem a sua anuência. Este poder é um direito potestativo, como se vê, por exemplo, no artigo 1.560, §§ 1º e 2º,[7] do Código Civil, no qual o titular de um poder jurídico especial pode re-

7 "§ 1º. Extingue-se, em cento e oitenta dias, o direito de anular o casamento dos menores de dezesseis anos, contado o prazo para o menor do dia em que perfez essa idade; e da data do casamento, para seus representantes legais ou ascendentes. § 2 o Na hipótese do inciso V do art. 1.550, o prazo para anulação do casamento é de cento e oitenta dias, a partir da data em que o mandante tiver conhecimento da celebração".

querer a anulação do casamento da pessoa sujeita à guarda, tutela ou curatela, mas deve respeitar um prazo para esse exercício. Esse direito potestativo se perderá se não exercido no prazo referido na lei, mas continuará havendo o pátrio poder, a tutela e a curatela.

No direito subjetivo há o poder de uma pessoa exigir um determinado comportamento de outra. O sujeito passivo da relação, contra quem esse poder pode ser exercido, não deve ficar sujeito a esse dever, imposto pelo direito subjetivo, para sempre. A lei fixa os prazos nos quais o titular do direito subjetivo deve reclamar seu poder.

Veja-se que esse prazo só começa a fluir no momento em que há a lesão do direito subjetivo, isto é, a partir do instante em que o sujeito passivo da relação deixa de atender ao seu dever como se nota da leitura do artigo 189 da lei civil em vigor.[8] Segundo esse dispositivo legal, "violado o direito, nasce para o titular a pretensão, que se extingue, pela prescrição, nos prazos...". Veja-se que a faculdade, o poder jurídico especial e o direito potestativo não podem ser violados, apenas o direito subjetivo. Conclui-se, portanto, que a prescrição está intimamente ligada ao direito subjetivo.

Caso o prazo fixado na lei para exercício do poder transcorra, sem que o titular do direito subjetivo exija o cumprimento do dever, haverá a prescrição. Com a prescrição nasce para o sujeito passivo da relação de direito subjetivo o direito de se defender do titular do poder, sujeito ativo da relação.

Prescrição como defesa

Verificada a prescrição, o sujeito passivo pode opor-se ao cumprimento do poder imposto pelo direito subjetivo. Se o credor deixar de exigir o pagamento de uma dívida líquida por mais de cinco anos, o artigo 206, § 5°,[9] I, incide, indicando que transcorreu o prazo prescricional. O direito de cobrar o pagamento dessa dívida, assim, encontra-se prescrito.[10] Isso, note-se, não quer dizer que a dívida não possa ser paga, nem que ela não possa ser cobrada. A prescrição apenas representa a possibilidade de

8 "Art. 189. Violado o direito, nasce para o titular a pretensão, a qual se extingue, pela prescrição, nos prazos a que aludem os arts. 205 e 206".

9 "Art. 206. Prescreve: § 5° Em cinco anos: I – a pretensão de cobrança de dívidas líquidas constantes de instrumento público ou particular; II – a pretensão dos profissionais liberais em geral, procuradores judiciais, curadores e professores pelos seus honorários, contado o prazo da conclusão dos serviços, da cessação dos respectivos contratos ou mandato; III – a pretensão do vencedor para haver do vencido o que despendeu em juízo".

10 O Código Civil atual aponta um prazo prescricional bem mais curto para a mesma hipótese: cinco anos (artigo 206, § 5°, I), desde que a dívida seja líquida.

o devedor opor uma defesa à cobrança. Em outras palavras, a prescrição dá, ao sujeito passivo da relação de direito subjetivo (o devedor), o direito de impedir a exigência do poder do titular do direito subjetivo (o credor). Logo, a prescrição irá atingir a pretensão e não o direito.

De uma forma pouco técnica, o Código de Processo Civil admite que o juiz, mesmo sem que a parte suscite a questão, aponte a prescrição (e também a decadência) no caso a ele submetido. Nessas situações, segundo o artigo 487, II, do Código de Processo[11], deve o juiz extinguir o processo, apreciando seu mérito e declarando a prescrição do direito pleiteado. De acordo com o parágrafo único desse dispositivo, o julgador, para reconhecer a decadência ou a prescrição, deve, antes, permitir que as partes se manifestem, garantindo, assim, a ampla defesa. Além disso, o artigo 332 do Código de Processo Civil[12] ainda permite ao julgador julgar liminarmente a improcedência da causa, antes mesmo de citar a outra parte, se verificar a decadência ou a prescrição.

Essa, contudo, não foi uma boa opção do legislador. Afinal, a prescrição é uma defesa do sujeito passivo do direito subjetivo. Veja-se, por exemplo, que uma dívida prescrita ainda existe e, se for paga, o pagamento é absolutamente lícito. Pode, até mesmo, ser interesse da parte pagar uma dívida prescrita, por entender ser justo arcar com o débito. Portanto, correto seria que o juiz não pudesse reconhecer a prescrição, salvo se invocada pela parte. Aliás, até a alteração da lei ocorrida em 2006, o Código de Processo Civil, no mesmo dispositivo antes citado, somente admitia que o juiz conhecesse sem a provocação da parte se o caso fosse de decadência (como faz o artigo 210 do Código Civil,[13] de que logo adiante se falará, segundo o qual apenas existe a possibilidade de o juiz, de ofício (ou seja, sem que a parte requeira o exame), apreciar a decadência (e não a prescrição). Assim, a prescrição não é mais somente uma defesa, porém uma situação que pode ser reconhecida, pelo Judiciário, no momento em que o titular do direito decidir exercê-lo, impedindo que o tal direito seja concretizado, mesmo que a parte contra quem exista a pretensão não tenha suscitado a prescrição.

11 "Art. 487. Haverá resolução de mérito quando o juiz: II – decidir, de ofício ou a requerimento, sobre a ocorrência de decadência ou prescrição".

12 "Art. 322. O pedido deve ser certo".

13 "Art. 210. Deve o juiz, de ofício, conhecer da decadência, quando estabelecida por lei".

Decadência: perda do direito

No direito potestativo, como falamos, o titular tem o poder de modificar a situação jurídica de outra pessoa. O contratante que celebra negócio jurídico sob lesão tem o direito potestativo de requerer a anulação do contrato. Reconhecida a lesão, o outro contratante nada poderá fazer; em decorrência desse reconhecimento, haverá a alteração na situação jurídica de ambas as partes.

O Código Civil menciona o prazo no qual pode ser exercido esse direito potestativo. O prazo nasce junto do direito. No caso do exemplo acima citado, o prazo para questionar a validade do contrato é de quatro anos, segundo o artigo 178, II, do Código Civil.[14-15] O direito de questionar o contrato surge no mesmo momento em que se inicia o prazo para exercício desse direito. Essa hipótese não é de prescrição, mas de decadência. Assim, a decadência se relaciona aos direitos potestativos, ao contrário da prescrição, atrelada aos direitos subjetivos.

Verificada a decadência, o titular perde o seu direito potestativo. Não poderá mais invocá-lo. Se ajuizar uma ação com base nesse direito, o juiz deve reconhecer a decadência – pois, afinal, não existe mais direito, independentemente de a parte interessada suscitar a questão, segundo a regra do artigo 210 do Código (o artigo 487, II, do Código de Processo Civil, como antes se referiu, permite, na mesma linha da regra civil, que o juiz extinga o feito se verificar a decadência).

10.2. Os efeitos da prescrição e da decadência

Como se viu, as hipóteses de prescrição e de decadência são distintas, assim como seus efeitos não se confundem. O Código Civil de 1916, de forma imprópria, tratou das duas situações no mesmo momento. Cabia ao intérprete o trabalho, por vezes árduo, de identificar uma e outra hipótese.

Muitas vezes, embaralham-se os dois casos. Afinal ambas cuidam de avaliar os efeitos da passagem do tempo nas relações jurídicas. Ademais, os elementos das duas são os mesmos: a inércia do titular para exercer um poder e um período fixado na lei para que esse poder seja exercido. Os efeitos, de modo grosseiro, são semelhantes: na decadência perde-se o direito e na prescrição

14 "Art. 178. É de quatro anos o prazo de decadência para pleitear-se a anulação do negócio jurídico, contado: II – no de erro, dolo, fraude contra credores, estado de perigo ou lesão, do dia em que se realizou o negócio jurídico".

15 No Código Civil, esse prazo do pai para questionar a paternidade é imprescritível, consoante o artigo 1.601.

o sujeito passivo da relação pode opor uma defesa obstativa do exercício do direito subjetivo. A similitude está em que nos dois casos o titular terá seu poder restrito; totalmente na decadência, parcialmente na prescrição.

Distinção da prescrição e da decadência

É essencial saber distinguir os dois casos, porque seus efeitos, embora de certa forma análogos, são, como já se disse, distintos.

A prescrição atingirá a pretensão do titular do direito subjetivo. O titular do direito pode invocar a proteção do Estado para exercer seu direito, mas o sujeito passivo tem como abster-se de realizar a pretensão do sujeito ativo, com base no decurso do prazo.

Assim, como no exemplo citado logo no início deste capítulo, o credor que deixou passar 30 anos para cobrar a dívida ainda pode exigir o pagamento, mas o devedor tem condição de objetar o cumprimento daquele dever, com base na prescrição. Atente-se: a relação jurídica entre credor e devedor segue viva, tanto assim que, se o devedor resolver honrar a obrigação, o pagamento será válido (artigo 882 do Código[16]). Vê-se, com clareza, que não pereceu o direito pelo decurso do prazo prescricional.

A decadência, por sua vez, irá destruir o próprio direito potestativo. Na decadência, a relação jurídica extinguir-se-á, acabará pela ausência do poder jurídico. O artigo 1557, III,[17] combinado com o artigo 1.560, III,[18] ambos do Código Civil informam que o cônjuge tem três anos, contados da data do casamento, para invalidar o matrimônio feito com pessoa portadora de moléstia grave e transmissível. Passado esse prazo, havia a perda do direito de promover anulação.[19]

Na prescrição, como se mencionou, há um direito subjetivo lesado. O devedor deixa de pagar a dívida na data do vencimento. A lesão, nesse exemplo, deu-se no momento em que o devedor

16 "Art. 882. Não se pode repetir o que se pagou para solver dívida prescrita, ou cumprir obrigação judicialmente inexigível".

17 "Art. 1.557. Considera-se erro essencial sobre a pessoa do outro cônjuge: III – a ignorância, anterior ao casamento, de defeito físico irremediável que não caracterize deficiência ou de moléstia grave e transmissível, por contágio ou por herança, capaz de pôr em risco a saúde do outro cônjuge ou de sua descendência".

18 "Art. 1.560. O prazo para ser intentada a ação de anulação do casamento, a contar da data da celebração, é de: III – três anos, nos casos dos incisos I a IV do art. 1.557".

19 Eram casos de decadência no Código Civil de 1916: artigo 178, §§ 1º, 2º, 3º, 4º, I e II, 5º, II, II e IV, 6º, I, III, IV, XI, XII, XIII, 7º, I, 9º, IV; artigo 181, § 1º; artigos 208; 416, 576; 815, § 2º; artigos 1.153 e 1.584.

faltou com seu dever. Eis o início do prazo prescricional, como nascimento da pretensão (artigo 189 do Código Civil[20]).

Assim, passa a fluir o prazo prescricional a partir do instante em que o direito é violado. O artigo 206, § 3º,[21] V, dá o prazo de três anos para que aquele que sofreu um dano reclame uma indenização. O direito dessa ação surge no momento em que houver a lesão e deve ser exercido no período fixado na lei. Trata-se, ostensivamente, de um caso de prescrição.[22]

Início do prazo da decadência

Já na decadência, a lei irá apontar o momento em que se inicia o prazo, independentemente de lesão. A norma do artigo 178, I,[23] do Código Civil informa que, cessada a coação, o interessado tem o prazo de quatro anos para pleitear a anulação do contrato.[24] O direito nasce junto da ação e a lei informa o seu termo inicial, deixando clara a hipótese de decadência. Veja-se o exemplo do artigo 1.815 do Código Civil:

> "Art. 1.815. A exclusão do herdeiro ou legatário, em qualquer desses casos de indignidade, será declarada por sentença. Parágrafo único. O direito de demandar a exclusão do herdeiro ou legatário extingue-se em quatro anos, contados da abertura da sucessão.
>
> § 1º O direito de demandar a exclusão do herdeiro ou legatário extingue-se em quatro anos, contados da abertura da sucessão."

Quem pode invocar

O interessado na declaração da prescrição, garante o artigo 193 do Código,[25] pode invocá-la a qualquer momento. Esclareça-

---

20 "Art. 189. Violado o direito, nasce para o titular a pretensão, a qual se extingue, pela prescrição, nos prazos a que aludem os arts. 205 e 206".

21 "Art. 206. Prescreve: § 3º Em três anos; V – a pretensão de reparação civil".

22 O Código não trata especificamente da situação (dano à propriedade), mas fala genericamente do prazo prescricional de três anos para reclamar indenização por dano decorrente de ato ilícito na esfera civil (artigo 206, § 3º, V: "Em três anos: (...) a pretensão de reparação civil;").

23 "Art. 178. É de quatro anos o prazo de decadência para pleitear-se a anulação do negócio jurídico, contado: I – no caso de coação, do dia em que ela cessar".

24 O artigo 1.555 do Código Civil trata da mesma hipótese: "Art. 1.555. O casamento do menor em idade núbil, quando não autorizado por seu representante legal, só poderá ser anulado se a ação for proposta em cento e oitenta dias, por iniciativa do incapaz, ao deixar de sê-lo, de seus representantes legais ou de seus herdeiros necessários".

25 "Art. 193. A prescrição pode ser alegada em qualquer grau de jurisdição, pela parte a quem aproveita".

se, em tempo, que o interessado referido na lei não é "qualquer pessoa interessada" na situação. Interessado, aqui, é no aspecto jurídico. O resultado da discussão judicial deve atingir diretamente a esfera jurídica da pessoa, que sofrerá repercussões com o reconhecimento da prescrição. Por exemplo, não é interessado, para fins da lei, o tio, por mais preocupado que seja com a situação do seu sobrinho, ou do amigo. É interessada, por outro lado, o cônjuge, o sócio, se a dívida foi constituída em proveito da sociedade. Tem também interesse jurídico o fiador, que responde pela dívida se o devedor principal falhar.

Renúncia da prescrição

Como o fundamento da prescrição e da decadência é o interesse público de garantir a certeza das relações e, por isso, limitar no tempo a sua atuação, não se admite que as partes ajustem que certo direito, que, a rigor, teria a sua eficácia restrita ou mesmo se perderia com o decurso do prazo, seja declarado imprescritível ou não suscetível de decair.

O artigo 191 do Código Civil[26] afirma que, antes de consumada, a prescrição é irrenunciável. Isto é, não pode a parte, de antemão, excluir a incidência da prescrição. Eis, aqui, uma clara restrição ao princípio da autonomia da vontade.

O motivo desse dispositivo é claro: se fosse possível uma renúncia antecipada, todos os credores iriam exigi-la, desvirtuando o real interesse do instituto da prescrição, que é de interesse social, consistente em oferecer segurança jurídica às relações.

O devedor, contudo, uma vez exigido o cumprimento de obrigação prescrita, em vez de suscitar o decurso do tempo e obstar o poder do titular do direito subjetivo, pode, simplesmente, cumprir o dever jurídico solicitado. Haveria, assim, uma renúncia tácita.

Renúncia da decadência

O artigo 209[27] taxa de nula a renúncia da decadência fixada em lei.

10.3. Alteração dos prazos de prescrição

Na vigência do Código Civil de 1916, discutia-se a possibilidade de dilatar ou restringir o prazo prescricional referido na lei. A dilatação é rechaçada, pois, como se disse, trata-se de norma de interesse público, visando principalmente a garantir a segurança do sujeito passivo da relação jurídica.

26 "Art. 191. A renúncia da prescrição pode ser expressa ou tácita, e só valerá, sendo feita, sem prejuízo de terceiro, depois que a prescrição se consumar; tácita é a renúncia quando se presume de fatos do interessado, incompatíveis com a prescrição".

27 "Art. 209. É nula a renúncia à decadência fixada em lei".

No que se refere à cláusula de encurtamento dos prazos, havia grande debate na doutrina e nos tribunais acerca de sua possibilidade. O Código do Consumidor, no artigo 18, § 2º,[28] admite que as partes convencionem a redução ou a ampliação do prazo referido na lei para reclamação de vícios de qualidade e quantidade, que é, a princípio, de 30 dias. Entretanto, segundo o referido dispositivo, a redução não pode ser menor do que sete dias, nem superior a 180 dias.

O Código Civil traz a regra específica do artigo 192[29] a respeito da questão, vedando a alteração dos prazos prescricionais, tanto para dilatá-los quanto para restringi-los. Portanto, serão nulas as cláusulas pelas quais as partes estipulem a diminuição ou o aumento do prazo prescricional indicado na lei.

10.4. Suspensão e interrupção

Casos de suspensão e interrupção

Os prazos de decadência não se suspendem, nem se interrompem. Uma vez iniciados, em regra, vão até o fim, salvo se o titular exercer o direito. Segundo o artigo 196,[30] a prescrição iniciada contra uma pessoa segue correndo contra seu sucessor (seja essa sucessão em função da morte ou pela transmissão inter vivos de um direito). Esse fenômeno é denominado *accessio temporis*. Já os prazos de prescrição se suspendem e se interrompem, nas hipóteses mencionadas na lei.

Os artigos 197 a 199 do Código Civil arrolam as situações nas quais o prazo de prescrição fica suspenso. Suspensão é a paralisação do prazo prescricional, sem prejuízo do tempo que já passou.

O artigo 197[31] cuida dos casos onde, pela natureza da relação que une os sujeitos, seria imoral admitir a prescrição, e, logo, sua fluência fica suspensa.

Isso se dá na relação entre pai e filho, na constância do pátrio poder, ou entre cônjuges, durante o casamento. Embora a

28 "§ 2°. Poderão as partes convencionar a redução ou ampliação do prazo previsto no parágrafo anterior, não podendo ser inferior a sete nem superior a cento e oitenta dias. Nos contratos de adesão, a cláusula de prazo deverá ser convencionada em separado, por meio de manifestação expressa do consumidor".

29 "Art. 192. Os prazos de prescrição não podem ser alterados por acordo das partes".

30 "Art. 196. A prescrição iniciada contra uma pessoa continua a correr contra o seu sucessor".

31 "Art. 197. Não corre a prescrição: I – entre os cônjuges, na constância da sociedade conjugal; II – entre ascendentes e descendentes, durante o poder familiar; III – entre tutelados ou curatelados e seus tutores ou curadores, durante a tutela ou curatela".

lei não fale, parece correto assumir que essa suspensão engloba também o caso dos companheiros, pois a estes foi atribuída, por lei, situação equiparada ao do casamento.

O artigo 198 do Código,[32] por sua vez, determina a suspensão da prescrição em decorrência da situação especial que se encontra o sujeito passivo da relação, que pode, por exemplo, ser absolutamente incapaz, não sendo razoável que o prazo prescricional flua contra pessoa nessa condição.

Finalmente, o artigo 199 do Código[33] manda suspender o prazo prescricional em função da situação do crédito: se pendente sobre o direito condição suspensiva, se a obrigação ainda não puder ser cobrada (não venceu o prazo para que a dívida seja exigida) ou se está pendente ação de evicção (evicção é a situação na qual o adquirente perde a coisa porque outra pessoa demonstra ser a verdadeira proprietária. É o que ocorre, por exemplo, quando um sujeito adquire uma casa de outro, mas, posteriormente, um terceiro reclama que essa transferência não é válida, pois ele é o verdadeiro dono do imóvel). Nestas hipóteses, o prazo de prescrição fica suspenso.

Cessado o fato que determinou a suspensão, volta a correr o prazo prescricional, sendo computado o tempo que já decorreu antes de haver a suspensão.

Tome-se o seguinte exemplo: um homem se apaixona por sua professora de inglês, que lhe dava aulas semanais. Ele não pagou pelas aulas que recebeu. O artigo 206, § 5º, II, do Código[34] dá o prazo de cinco anos para que seja cobrado esse valor, cuja origem foi a remuneração pelas aulas dadas. A professora nada exige durante três anos, quando os dois, ela e seu aluno, se casam. Segundo o artigo 197, I, do Código,[35] fica suspenso o prazo prescricional durante o casamento. Sete anos mais tarde, o casal se separa. Reinicia, a partir de então, o prazo prescricio-

32 "Art. 198. Também não corre a prescrição: I – contra os incapazes de que trata o art. 3 o ; II – contra os ausentes do País em serviço público da União, dos Estados ou dos Municípios; III – contra os que se acharem servindo nas Forças Armadas, em tempo de guerra".

33 "Art. 199. Não corre igualmente a prescrição: I – pendendo condição suspensiva; II – não estando vencido o prazo; III – pendendo ação de evicção".

34 "Art. 206. Prescreve: § 5º Em cinco anos: II – a pretensão dos profissionais liberais em geral, procuradores judiciais, curadores e professores pelos seus honorários, contado o prazo da conclusão dos serviços, da cessação dos respectivos contratos ou mandato".

35 "Art. 197. Não corre a prescrição: I – entre os cônjuges, na constância da sociedade conjugal".

nal. Como três anos já haviam passado, a professora tem outros dois para exercer o seu direito de cobrar pelas aulas, sob pena de prescrição, que é, ao total, de cinco anos, por força do mencionado dispositivo.

Saliente-se, ainda entre os casos de suspensão, a hipótese do artigo 200.[36] Segundo o referido dispositivo, se a ação civil for originada de fato que deva ser apurado no juízo criminal, o prazo prescricional apenas começará a fluir com a decisão penal que reconhecer o ilícito, que ensejará uma reparação. É razoável: apenas depois de averiguado o culpado, reconhecida a efetiva existência de ato contrário à ordem jurídica, que justificará uma indenização, o lesado pode agir. Somente então passa a fluir o prazo prescricional.

Interrupção do prazo

Situação distinta da suspensão é a interrupção. Ela se dá nos casos referidos no artigo 202 do Código.[37] Com a interrupção, destrói-se o tempo já decorrido e inicia-se novamente o prazo. Isso se dá, veja-se um exemplo comum, no caso de o credor promover ação judicial, visando a receber seu débito. No momento em que o juiz determina que se proceda à citação do devedor, o prazo prescricional fica interrompido.

Quando o sujeito ativo da relação exerce quaisquer dos atos referidos no artigo 202 do Código, para fazer valer seu poder contra o sujeito passivo, a prescrição será interrompida. Naturalmente, caso o sujeito ativo, depois disso, volte à inércia, o seu direito de ação poderá prescrever. O Código Civil, no *caput* do artigo 202, diz que a interrupção somente ocorrerá uma única vez.

10.5. Os prazos de prescrição e de decadência

Prazos prescricionais no Código Civil de 1916

Havia, espalhados nos incisos do artigo 178 e em diversos outros do Código Civil de 1916, prazos de prescrição e de decadência especiais, relativos a casos específicos. A lei falava

36 "Art. 200. Quando a ação se originar de fato que deva ser apurado no juízo criminal, não correrá a prescrição antes da respectiva sentença definitiva".

37 "Art. 202. A interrupção da prescrição, que somente poderá ocorrer uma vez, dar-se-á: I – por despacho do juiz, mesmo incompetente, que ordenar a citação, se o interessado a promover no prazo e na forma da lei processual; II – por protesto, nas condições do inciso antecedente; III – por protesto cambial; IV – pela apresentação do título de crédito em juízo de inventário ou em concurso de credores; V – por qualquer ato judicial que constitua em mora o devedor; VI – por qualquer ato inequívoco, ainda que extrajudicial, que importe reconhecimento do direito pelo devedor".

da hipótese e, em seguida, informava qual o prazo que o titular teria para praticá-lo.

Para todos os demais casos não especificados no artigo 178, relacionados no Código de 1916, aplicava-se a regra geral do artigo 177 da antiga Lei,[38] como, inclusive, mencionava expressamente o artigo 179.[39]

Segundo a referida norma do artigo 177 da Lei de 1916, o prazo prescricional das ações pessoais era de 20 anos, enquanto o das ações reais era de 10 anos entre presentes e 15 entre ausentes. Ações reais são aquelas nas quais se discute a situação jurídica de alguma coisa. Relacionam-se, portanto, aos direitos reais. Questiona-se, por exemplo, a propriedade de um terreno: o autor da ação é quem vindica a coisa para si, ao passo que o réu é aquele contra quem a pretensão do autor é diferenciada.

A lei de 1916 fazia uma distinção curiosa entre ausentes e presentes para o fim de indicar o prazo prescricional das ações reais. Por presentes entende-se as pessoas que têm domicílio no mesmo município. Assim, se o autor da ação mora na mesma cidade do réu da demanda, na qual se discute a situação da coisa, o prazo prescricional era de 10 anos. Ausentes, por sua vez, são aquelas pessoas cujo domicílio se situa em município distinto. O prazo, na hipótese de ausentes, era, segundo o Código de 1916, de 15 anos. Assim, caso uma pessoa quisesse discutir a propriedade de um bem, na vigência do Código de 1916, ela teria que observar o prazo de 10 anos para agir, se a outra parte, contra quem ela dirigia a sua pretensão, estivesse domiciliada no mesmo município. O seu prazo, entretanto, era maior, de 15 anos, se a pessoa contra quem ela litigava estivesse domiciliada em município diferente.

Os prazos no Código Civil

O Código Civil de 2002 simplificou o tema. Não faz mais distinções entre ações reais ou pessoais, ou entre presentes e ausentes. Segundo o artigo 205[40], a prescrição, para todos os casos que não foram referidos na lei, é de 10 anos.

Deu-se, com o advento do Código de 2002, uma diminuição do prazo prescricional (no momento de promulgação do Código

38 "Art. 177. As ações pessoais prescrevem ordinariamente em trinta anos, a reais em dez entre presentes e, entre ausentes, em vinte, contados da data em que poderiam ter sido propostas".

39 "Art. 179. Os casos de prescrição não previstos neste Código serão regulados, quanto ao prazo, pelo art. 177".

40 "Art. 205. A prescrição ocorre em dez anos, quando a lei não lhe haja fixado prazo menor".

Civil de 1916, o prazo referido no artigo 177 era de 30 anos. Apenas posteriormente o dispositivo foi alterado para fixar em 20 anos a regra geral). Essa diminuição do prazo encontra-se inserida na tendência de garantir maior segurança, evitando que a possibilidade de impor a aplicação dos poderes jurídicos (o direito subjetivo e o direito potestativo) fique em aberto por longo período.

O artigo 206 da Lei civil relaciona as hipóteses de prescrição, ao passo que os casos de decadência estão mencionados ao longo do Código. Isso simplifica muito a vida do intérprete. Pela situação geográfica se torna mais fácil distinguir os dois fenômenos. Afinal, os casos de prescrição estão referidos na Parte Geral do Código, enquanto os demais, mencionados ao longo do Código de 2002, são em regra, de decadência.

Eis a longa lista de prescrição do artigo 206:

> "Art. 206. Prescreve:
>
> § 1º Em um ano:
>
> I – a pretensão dos hospedeiros ou fornecedores de víveres destinados a consumo no próprio estabelecimento, para o pagamento da hospedagem ou dos alimentos;
>
> II – a pretensão do segurado contra o segurador, ou a deste contra aquele, contado o prazo:
>
> a) para o segurado, no caso de seguro de responsabilidade civil, da data em que é citado para responder à ação de indenização proposta pelo terceiro prejudicado, ou da data que a este indeniza, com a anuência do segurador;
>
> b) quanto aos demais seguros, da ciência do fato gerador da pretensão;
>
> III – a pretensão dos tabeliães, auxiliares da justiça, serventuários judiciais, árbitros e peritos, pela percepção de emolumentos, custas e honorários;
>
> IV – a pretensão contra os peritos, pela avaliação dos bens que entraram para a formação do capital de sociedade anônima, contado da publicação da ata da assembléia que aprovar o laudo;
>
> V – a pretensão dos credores não pagos contra os sócios ou acionistas e os liquidantes, contado o prazo da publicação da ata de encerramento da liquidação da sociedade.

§ 2º Em dois anos, a pretensão para haver prestações alimentares, a partir da data em que se vencerem.

§ 3º Em três anos:

I – a pretensão relativa a aluguéis de prédios urbanos ou rústicos;

II – a pretensão para receber prestações vencidas de rendas temporárias ou vitalícias;

III – a pretensão para haver juros, dividendos ou quaisquer prestações acessórias, pagáveis, em períodos não maiores de um ano, com capitalização ou sem ela;

IV – a pretensão de ressarcimento de enriquecimento sem causa;

V – a pretensão de reparação civil;

VI – a pretensão de restituição dos lucros ou dividendos recebidos de má-fé, correndo o prazo da data em que foi deliberada a distribuição;

VII – a pretensão contra as pessoas em seguida indicadas por violação da lei ou do estatuto, contado o prazo:

a) para os fundadores, da publicação dos atos constitutivos da sociedade anônima;

b) para os administradores, ou fiscais, da apresentação, aos sócios, do balanço referente ao exercício em que a violação tenha sido praticada, ou da reunião ou assembléia geral que dela deva tomar conhecimento;

c) para os liquidantes, da primeira assembléia semestral posterior à violação;

VIII – a pretensão para haver o pagamento de título de crédito, a contar do vencimento, ressalvadas as disposições de lei especial;

IX – a pretensão do beneficiário contra o segurador, e a do terceiro prejudicado, no caso de seguro de responsabilidade civil obrigatório.

§ 4º Em quatro anos, a pretensão relativa à tutela, a contar da data da aprovação das contas.

§ 5º Em cinco anos:

I – a pretensão de cobrança de dívidas líquidas constantes de instrumento público ou particular;

> II – a pretensão dos profissionais liberais em geral, procuradores judiciais, curadores e professores pelos seus honorários, contado o prazo da conclusão dos serviços, da cessação dos respectivos contratos ou mandato;
>
> III – a pretensão do vencedor para haver do vencido o que despendeu em juízo."

Prescrição das dívidas da União

O poder público, com o Decreto 20.910, de 6.1.32, criou para si um regime excepcional. Limitou a cinco anos o prazo máximo de prescrição das dívidas e demais obrigações nas quais a União, os Estados e os Municípios figurem no polo passivo.

O Decreto-lei 4.597, de 19.1.42, aumentou a incidência da aplicação do referido prazo quinquenal, que passou também a valer para as dívidas das autarquias e entidades paraestatais (*vide* o artigo 2º[41]).

O prazo de cinco anos começa a fluir da data em que a dívida contra esses entes da Administração Pública for constituída. Há, nessas hipóteses, uma curiosa regra de interrupção. Caso haja interrupção depois de ultrapassada a metade dos cinco anos, o prazo não irá reiniciar por inteiro, mas penas pela metade. Eis uma forma criada pelo legislador para proteger as pessoas de direito público.

Prescrição nas obrigações sujeitas a condições

Pondere-se ainda, sobre o tema: quanto tempo deve subsistir a obrigação sujeita à condição? Imagine-se que se ajuste um contrato cuja eficácia se dará apenas no dia em que o credor passe no vestibular. Se o credor passar no vestibular, digamos, cinquenta anos depois de firmado o contrato com modalidade, ele poderá suscitar o cumprimento da obrigação?

Nas condições suspensivas, como há apenas uma possibilidade, um potencial, o prazo prescricional não começa a fluir senão depois de implementado o evento. Enquanto pendente a sua verificação, o prazo de prescrição não se inicia. No caso de um direito subordinado à condição resolutiva, como ele é exigível de imediato, o seu titular deve exercê-lo, sob pena de prescrição. Assim, caso seja fixado que um sobrinho tenha o direito de

41 "Art. 2º O Decreto nº 20.910, de 6 de janeiro de 1932, que regula a prescrição qüinqüenal, abrange as dívidas passivas das autarquias, ou entidades e órgãos paraestatais, criados por lei e mantidos mediante impostos, taxas ou quaisquer contribuições, exigidas em virtude de lei federal, estadual ou municipal, bem como a todo e qualquer direito e ação contra os mesmos".

exigir do tio uma mesada até que seu irmão mais novo se case (um fato futuro e incerto), mas esse sobrinho deixe de exercer a prerrogativa por 11 anos,[42] pode-se afirmar que seu direito de cobrar a mesada prescreveu, perdeu-se pelo decurso do tempo.

10.6. O confronto dos prazos prescricionais referidos no antigo e no novo Código

Resta examinar como se dará o confronto dos prazos prescricionais referidos no antigo e no novo Código. Veja-se que, em uma série de hipóteses, o Código de 2002 estipula um prazo prescricional distinto daquele mencionado na Lei anterior, de 1916.

Tome-se a situação dos honorários mensais cobrados pelos professores dos seus alunos. No Código de 1916, os professores tinham o período de um ano para realizar a cobrança, sob pena de prescrição (artigo 178, § 6º, VI[43]). Já o Código de 2002, para praticar o mesmo ato, o prazo prescricional foi majorado para cinco anos (artigo 206, § 5º, II[44]).

Pode ocorrer justo o oposto, isto é, o prazo prescricional estipulado no Código de 2002 ser mais breve, como ocorre, para citar um exemplo, com as pensões alimentícias. No antigo Código, o credor tinha o prazo de cinco anos para cobrar a pensão de alimentos antes que ela prescrevesse (artigo 178, § 10, I[45]). Com a Lei de 2002, o prazo foi encurtado para dois anos (artigo 206, § 2º[46]).

Em todas as situações, transcorrido o prazo antes de 12.1.2003 (data em que passa a vigorar o Código Civil), ou seja, consumada a prescrição, não há que se avaliar o prazo mencionado na Lei nova. Isto porque, verificada a prescrição, o ato se aperfeiçoa e a nova lei já não poderá afetá-lo, mesmo se mais benigna. Afinal, o ordenamento protege o ato jurídico perfeito, como meio de garantir a segurança jurídica.

42 Artigo 205 do Código Civil: "Art. 205. A prescrição ocorre em dez anos, quando a lei não lhe haja fixado prazo menor".

43 "Art. 178. Prescreve: (...) § 6º Em um ano: VI. A ação dos professores, mestres ou repetidores de ciência, literatura, ou arte, pelas lições que derem, pagáveis por períodos não excedentes a um mês; contado o prazo do termo de cada período vencido."

44 "Art. 206. Prescreve: (...) § 5º Em cinco anos: II – a pretensão dos profissionais liberais em geral, procuradores judiciais, curadores e professores pelos seus honorários, contado o prazo da conclusão dos serviços, da cessação dos respectivos contratos ou mandato".

45 "§ 10. Em cinco anos: I. As prestações de pensões alimentícias".

46 "§ 2º. Em dois anos, a pretensão para haver prestações alimentares, a partir da data em que se vencerem".

De outro lado, se o prazo mencionado não tiver fluído por inteiro e seu termo final se der depois de 11.1.2003, quando aplicável o Código, as duas normas, a do Código de 1916 e a do de 2002, terão que interagir.

Infelizmente, o Código Civil de 2002 não trata especificamente do confronto dos prazos de prescrição. O artigo 2.028[47], um dos últimos do Código, incluído entre as disposições finais e transitórias, oferece apenas indicações de como se contar o prazo no caso de ele ter iniciado na vigência da Lei antiga e terminar depois de 11 de janeiro de 2003. Diz o dispositivo que, em regra, aplicam-se os prazos ajustados na nova Lei. Entretanto, valem os prazos da lei de 1916 se (a) os prazos forem reduzidos pelo Código de 2002 e (b) se, em 12 de janeiro de 2003 (dia em que passou a vigorar a nova Lei), "já houver transcorrido mais da metade do tempo estabelecido na lei revogada". O tempo aí referido é o do prazo geral de prescrição antes estabelecido.

Note-se que a lei usa a conjunção aditiva "e", o que pode ser interpretado como indicação de que os prazos referidos no Código de 1916 somente serão aplicáveis se, ao mesmo tempo, a Lei de 2002 tiver reduzido o período para que se dê a prescrição ou a decadência e, ainda, se já tiver passado, no momento em que o Código entrou em vigor, mais da metade do prazo aludido pela norma antiga.

Digamos que um professor deu uma aula particular de espanhol no dia 1.2.2002. Na vigência do Código de 1916, o seu direito de cobrar os honorários pela aula prescrevia em 1.2.2003, porque, como se referiu, o prazo para exercer esse poder (sem que se possa invocar a sua prescrição) era de um ano. Entretanto, no dia 12.1.2003 entrou em vigor o Código, que oferece um prazo mais extenso, de cinco anos. Logo, o prazo do professor para cobrar seus honorários será de cinco anos, que se iniciaram em 1.2.2002 e apenas findarão em 2007. Isso porque o prazo aumentou e, logo, se aplica o da nova Lei, mais generoso.

Na hipótese de o prazo ter encurtado, a solução pode ser diversa, como já se referiu, por conta do artigo 2.028 do Código de 2002. Digamos que uma pessoa tenha um crédito alimentício, cujo prazo prescricional iniciou em 30.6.1998. No antigo Código, a data da prescrição da ação era de 30.6.2003 (cinco anos, por

47 "Art. 2.028. Serão os da lei anterior os prazos, quando reduzidos por este Código, e se, na data de sua entrada em vigor, já houver transcorrido mais da metade do tempo estabelecido na lei revogada".

força do artigo 178, § 10). Em junho de 2003, o prazo prescricional é regulado pela nova Lei, que prevê um prazo menor do que a antiga norma que regia a matéria (de apenas dois anos, de acordo com o artigo 206, § 2º). Neste exemplo, como já se passou mais da metade do prazo referido na Lei revogada, aplica-se, consoante o artigo 2.028, o prazo referido no Código Civil de 1916. Diante disso, será reconhecida a prescrição da obrigação em 30.6.2003.

Entretanto, a resposta será distinta se o crédito alimentício houvesse surgido, por exemplo, poucos dias antes da entrada em vigor do Código. Nesta hipótese, como não houve o transcurso da metade do prazo referido na Lei anterior – que era de cinco anos –, aplica-se o estipulado na nova norma civil, de forma que o prazo prescricional se dará em 2005, de acordo com o artigo 206, § 2º, e o já mencionado artigo 2.028.

Reconheça-se, contudo, que a adoção do critério referido, decorrente de uma interpretação puramente literal do artigo 2.028, pode redundar em situações absurdas. Tome-se o caso do sujeito que bateu de carro no primeiro dia de 1999. O ato ilícito, decorrente do abalroamento do automóvel, causa um dano e o lesado pode reclamar uma indenização. De acordo com a Lei de 1916, aplicando-se a regra geral do artigo 177 então em vigor, o lesado tinha 20 anos para propor a demanda antes da prescrição. Logo, ele poderia ajuizar a ação até o ano de 2019. O Código de 2002 dá um prazo de três anos (artigo 206, § 3º, V[48]). O prazo prescricional, neste particular, foi violentamente restringido. Caso se aplique literalmente a regra do artigo 2.028 do Código, pode-se chegar à esdrúxula conclusão de que o prazo para que o lesado do acidente de carro proponha a sua ação já prescreveu com a entrada em vigor da nova Lei. Isso porque o artigo 2.028 manda aplicar o prazo da Lei antiga apenas se houver diminuição do prazo (como ocorreu no exemplo) e se já houver transcorrido mais da metade do tempo total (o que não se deu). Ao aplicar a Lei nova à hipótese, o prazo de três anos contados a partir de 1999 teria encerrado em 2002, antes mesmo de entrar em vigor a nova Lei. Naturalmente, não se pode admitir essa leitura da norma.

A solução encontrada para esses casos, segundo a jurisprudência do Superior Tribunal de Justiça, foi a de reconhecer

48 "Art. 206. Prescreve: (...) § 3º. Em três anos: (...) V – a pretensão de reparação civil".

a entrada em vigência do Código Civil (11.1.2003) como termo inicial para contagem do prazo prescricional.[49]

A medida em que o tempo passa, deixarão, por completo, de existir quaisquer questões relacionadas ao confronto dos prazos prescricionais do atual Código Civil com o revogado.

49 "Agravo interno no agravo (Artigo 544 do CPC/73) – ação condenatória – decisão monocrática que negou provimento ao reclamo. insurgência da requerida. 1. Consoante jurisprudência desta Corte, na hipótese de os prazos prescricionais aplicáveis serem os do diploma civil vigente, o termo inicial para a contagem é a data da entrada em vigor do novo Código Civil (11/01/2003). (...) 4. Agravo interno desprovido. (AgInt no AREsp 829.887/SP, Rel. Ministro Marco Buzzi, Quarta Turma, julgado em 08/.02/.2018, DJe 23/.02/.2018)

11

A Forma e a Prova dos Atos Jurídicos

Em regra, a validade e a eficácia das declarações de vontade não necessitam obedecer a uma forma específica para obter reconhecimento. O ordenamento, a princípio, não se apega ao aspecto formal das declarações de vontade para que elas possam produzir efeitos. Contudo, em relação a alguns atos específicos, todos referidos na lei, a formalidade será exigida, principalmente para dar segurança ao negócio.

O casamento, por exemplo, não pode ser realizado por quem não esteja investido de poderes específicos para celebrá-lo, nem poderá, por exemplo, ser provado com uma declaração feita em um pedaço de papel arrancado de um bloco de anotações.

Para certos atos, que o ordenamento considera de maior relevância (como o casamento, a que se referiu), a lei determina quais as formalidades cuja atenção é necessária. A falta de observância dessas formalidades implicará a inexistência, invalidade ou ineficácia do ato, conforme o caso.

O casamento celebrado por uma criança é inexistente porquanto figura entre os elementos essenciais desse ato que ele seja realizado por pessoa devidamente capacitada para conduzir a solenidade (como um juiz de paz, ou um padre). A adoção feita sem qualquer registro será inválida e a falta de notificação ao devedor de que seu crédito foi cedido torna o ato (a cessão) ineficaz em relação a ele.

Em alguns casos, portanto, a forma é essencial para que o ato seja reconhecido. Não observadas essas formalidades, o ato não chega a se constituir. Reconhece-se, nesses casos, que a forma é *ad substantiam*, isto é, da substância do ato. Assim, se a forma for fundamental para que se considere válido o ato, ela fará parte da sua substância (*ad substantiam*). Em outras circunstâncias, a forma do ato serve apenas para prová-lo (e, nesses casos, diz-se *ad probationem*).

Prova do negócio jurídico

Outra questão de relevância diz respeito à prova do ato. O Código Civil trata, nos artigos 212 a 232, de como as pessoas devem comprovar os negócios, exigindo, na maioria dos casos, um mínimo de formalidade. Vale aqui salientar que o Código Civil cuida de definir os meios de prova, ao passo que o Código de Processo Civil trata da forma de valoração dessas provas. Nas hipóteses nas quais não houver litígio, a parte interessada na prova de um negócio deve atentar ao Direito civil para verificar como provar o ato. Caso sobrevenha uma ação judicial, na qual as partes discutam a efetiva realização do ato, terão que se valer do Direito processual para verificar a forma como deverão apresentar a prova no Judiciário.

Aliás, o artigo 369 do Código de Processo Civil oferece importante regra segundo a qual "as partes têm o direito de empregar todos os meios legais, bem como os moralmente legítimos, ainda que não especificados neste Código, para provar a verdade dos fatos em que se funda o pedido ou a defesa e influir eficazmente na convicção do juiz".

No Código Civil de 1916, as provas dos atos eram tratadas conjuntamente com a forma. No Código Civil de 2002, o Título V do Livro III da Parte Geral examina exclusivamente a prova.

O artigo 212 do Código[1] estabelece que os atos jurídicos nos quais a lei não exigir uma forma específica podem ser comprovados por confissão, documento, testemunha, presunção e perícia. Os incisos da mencionada norma fazem referência aos meios pelos quais se pode demonstrar a existência do ato.

Muitas das regras estabelecidas no Código Civil acerca da prova dos atos já haviam sido absorvidas pela legislação processual e estão repetidas em outros dispositivos legais, principalmente no Código de Processo Civil.

Atente-se que, ao se falar de prova, trata-se da demonstração de um fato. Em regra, não se prova o direito ou a consequência jurídica de determinado fato. A prova se limita a comprovar o fato.

O Código Civil menciona os seguintes meios de prova:

Confissão

(a) confissão: é o ato pelo qual uma pessoa, contra quem se reclama certo direito, reconhece e confirma o fato. Qualquer documento pode servir para esse fim: telegramas, cartas, bilhetes.

Evidentemente, só pode confessar algum fato quem tenha capacidade e, ademais, possua disponibilidade acerca do objeto

1 "Art. 212. Salvo o negócio a que se impõe forma especial, o fato jurídico pode ser provado mediante: I – confissão; II – documento; III – testemunha; IV – presunção; V – perícia".

da confissão (artigo 213[2]). Se uma pessoa confessa que deve a outra certa quantia, essa declaração surte efeitos. O mesmo não acontece se terceiro diz que uma pessoa deve a outra certa quantia. A consequência jurídica é distinta (para provar uma dívida, em regra, a prova testemunhal – que se examinará logo adiante – isoladamente só serve de forma subsidiária ou complementar da prova por escrito, diz artigo 227, parágrafo único[3]).

A princípio, a confissão não admite revogação afirma o artigo 214.[4] Entretanto, como ocorre com todos os demais atos jurídicos, a confissão pode ser revogada se a vontade foi viciada, ou seja, se houve erro, dolo ou coação.[5]

Instrumento particular

(b) instrumento particular: são, como menciona o artigo 221 do Código Civil,[6] os documentos firmados pelas pessoas que realizaram o ato, no qual elas ajustam as bases do negócio celebrado.

O artigo 219 do Código esclarece que "os documentos assinados presumem-se verdadeiros com relação aos seus signatários". Consoante registra o velho provérbio latino, *verba volant, scripta manent*, ou seja, as palavras faladas voam, enquanto as escritas ficam.

Antes, o artigo 135 do Código de 1916 exigia,[7] para que se pudesse fazer prova da obrigação de qualquer valor, a assinatura de, pelo menos, duas testemunhas. O artigo 221 do Código vigente aboliu essa exigência. Para que o acordo particular possa gerar efeitos que alcancem terceiros, basta que ele seja apresen-

2 "Art. 213. Não tem eficácia a confissão se provém de quem não é capaz de dispor do direito a que se referem os fatos confessados."

3 "Parágrafo único. Qualquer que seja o valor do negócio jurídico, a prova testemunhal é admissível como subsidiária ou complementar da prova por escrito"

4 "Art. 214. A confissão é irrevogável, mas pode ser anulada se decorreu de erro de fato ou de coação".

5 A redação do mencionado artigo 214 diz que a confissão é anulável se "decorreu de erro de fato ou de coação". Não se pode, contudo, entender que os casos de dolo não ensejariam, igualmente, a invalidade da confissão.

6 "Art. 221. O instrumento particular, feito e assinado, ou somente assinado por quem esteja na livre disposição e administração de seus bens, prova as obrigações convencionais de qualquer valor; mas os seus efeitos, bem como os da cessão, não se operam, a respeito de terceiros, antes de registrado no registro público."

7 "Art. 135. O instrumento particular, feito e assinado, ou somente assinado por quem esteja na disposição e administração livre de seus bens, sendo subscrito por duas testemunhas, prova as obrigações convencionais de qualquer valor. Mas os seus efeitos, bem como os da cessão, não se operam, a respeito de terceiros (art. 1.067), antes de transcrito no registro público".

tado ao Registro de Títulos e Documentos garantindo-se, dessa forma, a sua publicidade.

Instrumento público

(c) instrumento público: é o documento produzido por oficial público competente, no qual se observam as formalidades exigidas pelo ato, anota o artigo 215 do Código.[8] Como o oficial possui fé pública, há presunção de veracidade dos atos realizados sob sua assistência.

Testemunha

(d) testemunha: trata-se, possivelmente, do mais antigo meio de comprovar um fato; um terceiro, que teve ciência do ocorrido, declara o que sabe acerca de uma situação. Em grego, "mártir" significa testemunha. Os primeiros cristãos muitas vezes morriam por testemunhar a sua fé. Daí o "martírio". A testemunha diz o que sabe, o que viu, aquilo que presenciou. Tamanha a importância desse meio de prova desde a antiguidade que ela é referida especialmente entre os dez mandamentos: "Não levantarás falso testemunho", diz a oitava regra.

Em primeiro lugar, é fundamental saber se a pessoa que irá testemunhar encontra-se apta para tanto. Cumpre avaliar se ela está em boas condições mentais de declarar os fatos. Averígua-se, ainda, se a testemunha possui algum interesse em beneficiar uma das pessoas envolvidas na questão que se deve provar (por todos os motivos, não serve o testemunho do pai de uma das partes, pois é claro que ele buscará, mesmo que inconscientemente, proteger seu filho). O momento para afer-

8 "Art. 215. A escritura pública, lavrada em notas de tabelião, é documento dotado de fé pública, fazendo prova plena. § 1º Salvo quando exigidos por lei outros requisitos, a escritura pública deve conter: I – data e local de sua realização; II – reconhecimento da identidade e capacidade das partes e de quantos hajam comparecido ao ato, por si, como representantes, intervenientes ou testemunhas; III – nome, nacionalidade, estado civil, profissão, domicílio e residência das partes e demais comparecentes, com a indicação, quando necessário, do regime de bens do casamento, nome do outro cônjuge e filiação; IV – manifestação clara da vontade das partes e dos intervenientes; V – referência ao cumprimento das exigências legais e fiscais inerentes à legitimidade do ato; VI – declaração de ter sido lida na presença das partes e demais comparecentes, ou de que todos a leram; VII – assinatura das partes e dos demais comparecentes, bem como a do tabelião ou seu substituto legal, encerrando o ato. § 2º Se algum comparecente não puder ou não souber escrever, outra pessoa capaz assinará por ele, a seu rogo. § 3º A escritura será redigida na língua nacional. § 4º Se qualquer dos comparecentes não souber a língua nacional e o tabelião não entender o idioma em que se expressa, deverá comparecer tradutor público para servir de intérprete, ou, não o havendo na localidade, outra pessoa capaz que, a juízo do tabelião, tenha idoneidade e conhecimento bastantes. § 5º Se algum dos comparecentes não for conhecido do tabelião, nem puder identificar-se por documento, deverão participar do ato pelo menos duas testemunhas que o conheçam e atestem sua identidade."

ição da capacidade e da legitimidade da testemunha é aquele no qual ela oferece sua declaração. Veja-se o seguinte exemplo: a mulher não pode testemunhar em favor de seu marido, pois sua isenção está comprometida (artigo 228, V). Se uma pessoa presta um testemunho num dia e, tempos depois, vem a se casar com o interessado de sua declaração, seu depoimento seguirá válido. Afinal, no tempo da declaração não havia o vínculo que justifica o impedimento.

O artigo 447 do Código de Processo Civil[9] se refere às pessoas incapazes, impedidas ou suspeitas para testemunhar. O mesmo faz o0 artigo 228[10] do Código Civil. O Código de 2002 e o Código de Processo Civil de 2015 não repetiram a regra do artigo 405, § 3º, inciso II, do Código de Processo Civil de 1973,[11] que vedava o testemunho de pessoa que "por seus costumes, não for digno de fé". De fato, o conceito exposto na antiga regra processual era perigosamente vago. Andou bem a lei civil e processual em não coonestá-lo.

Ressalte-se, ainda, o artigo 448 do Código de Processo Civil,[12] que absolve do dever de servir como testemunha de certos fatos a pessoa que deva guardar sigilo por seu estado ou profissão. Não há sentido em exigir, por exemplo, que o psicólogo de um dos envolvidos num negócio seja chamado para prestar declarações acerca de um fato do qual seu paciente participou. Isso, por todos os motivos, violaria os deveres de sigilo e discrição que a profissão do psicólogo exige. O mesmo se diz, por exemplo, dos advogados, padres e médicos. O dispositivo ainda exclui da obrigação de depor aquele que, com a sua declaração, possa causar dano à própria honra, ou a de terceiro, ou, por fim, que exponha alguém a perigo.

Antes, dizia-se *testis unus testis nullus*, ou seja, "testemunha única, testemunha nenhuma". Adotava-se a ideia de que apenas

---

9 "Art. 447. Podem depor como testemunhas todas as pessoas, exceto as incapazes, impedidas ou suspeitas".

10 "Art. 228. Não podem ser admitidos como testemunhas: V – os cônjuges, os ascendentes, os descendentes e os colaterais, até o terceiro grau de alguma das partes, por consangüinidade, ou afinidade".

11 "Art. 405. Podem depor como testemunhas todas as pessoas, exceto as incapazes, impedidas ou suspeitas. § 3º São suspeitos: II – o que, por seus costumes, não for digno de fé".

12 "Art. 448. A testemunha não é obrigada a depor sobre fatos: I – que lhe acarretem grave dano, bem como ao seu cônjuge ou companheiro e aos seus parentes consanguíneos ou afins, em linha reta ou colateral, até o terceiro grau; II – a cujo respeito, por estado ou profissão, deva guardar sigilo".

uma testemunha não era suficiente e não bastava para prova dos fatos. Hoje esse brocardo encontra-se superado. Basta que se considere a verossimilhança do que a testemunha declara, mesmo que seja uma.

Presunção

(e) presunção: é a conclusão a que se chega por meio de um raciocínio lógico. O processo consiste em se partir de um fato conhecido para chegar a outro, que inicialmente se desconhece. O nome deste processo é ilação, ou inferência. Os romanos diziam: *ex digito gigas*, ou seja, pelo dedo se conhece o gigante. Trocando em miúdos, não é necessário ver todo o tamanho de um gigante, basta medir o dedo dele para verificar a sua grandeza.

Atente-se, contudo, que a presunção não é uma forma de prova do ato. Ela vai ter valia quando, pelas circunstâncias, não for possível obter uma prova direta, e, então, deve-se buscar aferir os fatos por indícios.

Há dois tipos de presunção: aquelas referidas pelo legislador (e, por isso, denominadas de presunções legais) e as não mencionadas em lei, mas às quais se chega pela experiência de conhecer o que normalmente acontece (daí serem chamadas de presunções de fato).

Um conhecido exemplo de presunção legal se dá na comoriência, que anteriormente comentamos. Segundo a regra do artigo 8º do Código Civil:

> "Art. 8º Se dois ou mais indivíduos falecerem na mesma ocasião, não se podendo averiguar se algum dos comorientes precedeu aos outros, presumir-se-ão simultaneamente mortos."

Veja-se o seguinte exemplo de presunção de fato: quer-se comprovar que certo valor percentual de um negócio entre duas pessoas foi depositado em conta bancária. Demonstra-se que na relação comercial entre essas mesmas duas pessoas sempre foi feita por meio do depósito de percentual na mesma conta bancária de um terceiro. Se elas sempre agiam de uma forma nos demais negócios, é razoável presumir que a conduta se repetiu. É o que se denomina *quod plerumque fit accidit*, ou seja, observando-se o que habitualmente ocorre. É claro que, em todos os casos, caberá prova em contrário, a fim de afastar a presunção. Esse tipo de presunção é a denominada *hominis*, isto é, funda-se naquilo que costuma ocorrer.

As presunções examinadas por lei, por sua vez, podem ser relativas ou absolutas. Na presunção relativa (ou *iuris tantum*), a lei menciona a presunção, mas admite prova em contrário. Há, por exemplo, presunção de que o marido da mãe seja o pai da criança. Admite-se, contudo, a demonstração de que essa presunção não retrata a verdade, por isso, diz-se que ela é relativa. Há, ainda, a presunção absoluta (ou *iuris et de iure*), na situação em que a lei cria a presunção e não permite prova em contrário. É o caso já examinado da presunção de que todos conhecem a lei. Neste caso, não se admite sequer que se busque demonstrar o oposto.

Perícia

(f) perícias, exames e vistorias: indicam, como o próprio nome já revela, a possibilidade de haver uma pessoa, especialista em algum assunto, que irá investigar um fato, inspecionar um local, analisar certo projeto, para tirar conclusões acerca dele. Na hipótese de a pessoa tentar provar que não é o responsável por uma batida de carro, ele pode contratar um engenheiro, especialista em acidentes, para elaborar um laudo técnico que demonstre a sua falta de culpa no sinistro.

Uma última referência quanto à perícia revela-se pertinente: o artigo 231 do Código[13] diz que ninguém pode tirar proveito de negar a realização de exame médico necessário. O artigo 232, [14] mais especificamente, assevera que a recusa de uma pessoa à perícia médica determinada judicialmente pode funcionar como um reconhecimento do fato de que se quer provar. Assim, se foi ajuizada contra o sujeito ação de investigação de paternidade e o juiz determina que se faça um exame de DNA, a negativa do réu da ação em se submeter ao exame "poderá" suprir a necessidade de prova, para se entender existente a relação de paternidade apontada por quem propôs a ação. Atente-se que, embora a lei use o termo "poderá", a interpretação deve ser a de que a recusa injustificada de se submeter ao exame pericial deva funcionar como um reconhecimento do que se alega, salvo se não houver qualquer verossimilhança na interpretação. Caso uma pessoa proponha um teste de DNA, para comprovar que um sujeito é pai de um potrinho, porque teria cruzado com a sua égua, o tal sujeito pode recusar-se de fazer o exame e isso não fará com que o juiz reconheça a paternidade – o exemplo é absurdo, exatamente para

13 "Art. 231. Aquele que se nega a submeter-se a exame médico necessário não poderá aproveitar-se de sua recusa".

14 "Art. 232. A recusa à perícia médica ordenada pelo juiz poderá suprir a prova que se pretendia obter com o exame".

demonstrar a importância de a norma ser lida com razoabilidade. Outro caso é o da mulher que aponta seu ex-namorado como o pai de seu filho. O ex-namorado que se nega ao exame, por força do artigo 232, será reconhecido como o pai da criança.

Hoje, a rigor, com o advento da Lei nº 12.004, de 29.7.09, que disciplina a ação de investigação de paternidade, a norma dispõe que "a recusa do réu em se submeter ao exame de código genético – DNA gerará a presunção de paternidade, a ser apreciada em conjunto com o contexto probatório." Assim, há uma presunção legal relativa (como era já objeto da Súmula 301 do STJ), que, contudo, pode ceder, diante dos demais fatos que cercarem o caso.

Valoração das provas

Muitas vezes, a discussão acerca da existência e a amplitude de certo fato é levada ao Judiciário (ou mesmo a uma arbitragem). Nesse momento, o julgador deve apreciar as provas, a fim de proferir sua decisão. No passado, vigorava o conceito de que as provas tinham uma valoração previamente fixada. Hoje, entende-se que as provas podem ser livremente apreciadas. Entretanto, essa liberdade não é total, na medida em que o intérprete deve indicar os motivos de seu convencimento, evitando-se, dessa forma, o arbítrio. É o que se chama de livre convencimento fundamentado.

Provas vedadas

Não se admitem as provas ilícitas: aquelas obtidas em agressão às garantias legais. Será, por exemplo, ilícita a prova de uma escuta telefônica clandestina, ou a confissão obtida por meio de tortura.

Também proibida é a prova colhida em violação às regras processuais, como a de uma testemunha que se apresenta sem ter sido previamente informada à outra parte, ou o testemunho, por exemplo, do pai do interessado (e, logo, inadmitida como testemunha, por força do artigo 228 do Código Civil,[15] ou mesmo impedida, na redação do artigo 447, § 2º, do Código de Processo Civil[16]).

15 "Art. 228. Não podem ser admitidos como testemunhas: I – os menores de dezesseis anos; IV – o interessado no litígio, o amigo íntimo ou o inimigo capital das partes; V – os cônjuges, os ascendentes, os descendentes e os colaterais, até o terceiro grau de alguma das partes, por consangüinidade, ou afinidade.§ 1º Para a prova de fatos que só elas conheçam, pode o juiz admitir o depoimento das pessoas a que se refere este artigo. § 2º A pessoa com deficiência poderá testemunhar em igualdade de condições com as demais pessoas, sendo-lhe assegurados todos os recursos de tecnologia assistiva".

16 "§ 2º São impedidos: I – o cônjuge, o companheiro, o ascendente e o descendente em qualquer grau e o colateral, até o terceiro grau, de alguma das partes, por consanguinidade

Importante salientar, por derradeiro que, atualmente, com grandes avanços tecnológicos, a prova de alguns atos vem-se tornando mais fácil. Em busca da verdade, deve-se utilizar de todos os tipos de prova disponíveis. No começo do século XX, não havia uma prova definitiva da paternidade, que era determinada por meio de presunções. Hoje, a demonstração desse vínculo se dá por meios científicos, cuja possibilidade de erro é desprezível.

Com efeito, no momento em que o Código Civil de 1916 foi promulgado, não havia fax, internet ou computadores. O Código também não pode adivinhar quais as novidades tecnológicas que o futuro nos reserva. O intérprete deve sempre ler a norma com os olhos de seu tempo, com as ferramentas de que dispõe, sem qualquer restrição na sua pesquisa em busca da verdade, salvo, evidentemente, as de natureza legal e, principalmente, moral.

ou afinidade, salvo se o exigir o interesse público ou, tratando-se de causa relativa ao estado da pessoa, não se puder obter de outro modo a prova que o juiz repute necessária ao julgamento do mérito; II – o que é parte na causa; III – o que intervém em nome de uma parte, como o tutor, o representante legal da pessoa jurídica, o juiz, o advogado e outros que assistam ou tenham assistido as partes".

12

O Melhor Livro de Direito Civil

Aqui encerramos nossa conversa sobre a parte geral do Direito civil. Espero que, além de apresentar conceitos gerais acerca do tema, esta introdução tenha despertado no leitor o interesse por outras opiniões, ou mesmo o nascimento de dúvidas, o que fará brotar o prazer de pesquisar em melhores fontes e chegar a conclusões por si só.

Como se alertou desde o início, este trabalho tem a finalidade de abrir uma porta, introduzindo o estudante aos institutos da parte geral do Direito civil. Adiante, o leitor deve partir para outras obras, novos pontos de vista e fundamentos. Mas qual livro escolher? Nas livrarias, bibliotecas, há tantos tratando do mesmo tema... Curso de Direito Civil, Resumo de Direito Civil, Instituições de Direito Civil etc., etc. Afinal, qual é o melhor livro de Direito Civil?

Em primeiro lugar, livro é uma questão pessoal. O estilo que fascina a um pode não agradar a outro.

O que é melhor, "Dom Casmurro", de Machado de Assis, ou "O Alquimista", de Paulo Coelho? Ambas as obras são conhecidíssimas. O primeiro é um clássico consagrado. Escrito no final do século XIX, o autor tem um impecável domínio da língua e narra uma história deliciosa com uma fina ironia. O segundo livro é um *best seller* mundial, uma linda história de autoconhecimento. Pois qual desses livros é melhor? Será que eles são comparáveis? Eu tenho uma opinião e o leitor pode ter outra. Só mesmo lendo os dois para decidir.

Com os livros de direito não é diferente. Trata-se, como se disse, de uma questão pessoal. Da mesma forma como cada um de nós tem seus filmes, seus discos e romances preferidos, assim também ocorre com os livros de Direito.

Infelizmente, nós não temos tempo para ler todos os livros que passam pela nossa frente. Na verdade, sequer temos tempo para ler os bons livros... Antes, devemos nos ater aos ótimos livros. Mas, para conhecer os ótimos livros – ou, ao menos, os livros ótimos para cada um de nós –, temos que lhes dar uma chance.

Um primeiro cuidado no momento de escolher o livro consiste em conhecer o autor. Quem é ou quem foi. Há muitas obras que, hoje, são apenas curiosidades, ao passo que outras se tornaram clássicas. Saber quem é o autor revela-se fundamental na escolha da obra na medida em que a fonta é importante.

Orlando Gomes, por exemplo, foi um famosíssimo professor baiano de Direito Civil e escreveu uma coleção inteira sobre a matéria. Na parte geral, ele tem uma excelente obra: "Introdução ao Direito Civil", que, embora elaborada de acordo com a Lei Civil de 1916, foi revisada por outro grande professor, Humberto Theodoro Júnior, para fazer referência ao Código Civil de 2002.

O autor vale também pela sua autoridade. Com efeito, tem enorme valia saber se o autor goza do respeito dos demais doutrinadores e dos tribunais, que aplicam o Direito. Orlando Gomes foi, durante muito tempo, o civilista mais citado pelo Supremo Tribunal Federal, o órgão judicial mais importante do país. Isso diz muito. Numa discussão, a opinião de Orlando Gomes tem enorme peso. Isso, entretanto, não significa de modo algum que o Orlando Gomes esteja sempre certo. Em muitos casos, ele tem opiniões defasadas ou mesmo isoladas, contrariando o resto da doutrina. Ademais, como o Direito é uma ciência viva, o tempo pode exercer uma força destrutiva sobre determinadas opiniões, que ficam ultrapassadas.

Eis uma outra grande lição: o perigo do leitor ler um só livro. Muitas vezes, quem conhece apenas uma obra acaba traído por uma opinião ultrapassada ou isolada do autor, que o leitor toma como pacífica. Diz-se, com uma dose de exagero, que o leitor de um só livro causa dano maior do que aquele que não leu nenhum. Assim, deve-se ler a doutrina sempre com olhos críticos, questionando a informação. Isso torna viva a obra e faz com que a leitura seja um diálogo, com melhor proveito para o leitor.

Não há dúvida, ademais, de que a segunda leitura, de um outro autor sobre um tema já estudado, é muito mais fácil do que a primeira. O confronto entre duas obras permite ao leitor raciocinar melhor, interagir, escolher uma de duas opiniões acerca de um assunto, ou mesmo rejeitar a ambas, para adotar uma terceira linha.

Uma crítica que se faz ao Orlando Gomes, insignificante na minha opinião, é a de que ele cita pouco a lei escrita. Convido o leitor a opinar sobre o assunto, mas, antes, terá que ler o professor baiano.

Outra coleção clássica são as "Instituições de Direito Civil", de Caio Mário da Silva Pereira, professor também falecido, que escreveu a partir do Código de 1916, mas teve seu trabalho, na parte geral, atualizado pela brilhante professora Maria Celina Bodin de Moraes, que oxigenou a obra, mantendo, contudo, a sua preciosa essência. Caio Mário é outro mestre de mão cheia. Corajoso, analisa as questões com profundidade a ponto de, muitas vezes, afugentar os alunos novatos. Não se intimidem. O esforço é logo recompensado, quando o leitor descobre o perfeito raciocínio do mineiro que adotou o Rio de Janeiro como sua cidade.

Além dos autores acima citados, há outros dois, ambos paulistas, que formam a quadra mais popular de livros indicados aos iniciantes de Direito Civil: são o "Curso de Direito Civil", de Washington de Barros Monteiro, e o "Direito Civil", de Silvio Rodrigues. Duas admiráveis obras, tanto na parte geral, como nas demais áreas do Direito Civil, examinadas com o mesmo talento. Ambos os professores já morreram e escreveram seus excelentes trabalhos com base na Lei Civil agora revogada. Os seus livros, no entanto, já se encontram atualizados com a Lei de 2002.

Washington de Barros Monteiro, que foi professor da Universidade de São Paulo e juiz, fez um livro que parece um romance, tamanha a clareza com que expõe a matéria. Silvio Rodrigues, outro professor da USP e advogado militante, escreveu, muito merecidamente, outra obra que educou gerações de bacharéis em Direito.

Igualmente recomendável na parte geral é o "Curso de Direito Civil" de Miguel Maria de Serpa Lopes. Uma obra fascinante, feita nos anos 50, por esse culto juiz carioca. Serpa Lopes revelou-se um doutrinador muito criativo e examina alguns pontos que o resto da doutrina sequer cogita. É uma pena que seu trabalho não esteja atualizado com o Código Civil de 2002, embora valha a pena lê-lo.

Voltando ainda mais no tempo, há algumas obras, na parte geral do Direito Civil, que não se encontram atualizadas, mas cujo estudo recomenda-se vivamente. Uma delas é o Código Civil de 1916, comentado por Clóvis Bevilaqua, que foi o principal autor daquela Lei. No livro, o elegante e erudito Beviláqua expõe o motivo de ter adotado esse ou aquele conceito e fornece preciosas referências ao Direito comparado, ou seja, como outros ordenamentos (da França, da Alemanha, da Itália, por exemplo) tratam determinados temas. Beviláqua explica ainda quais foram as bases adotadas na elaboração da norma de 1916.

Como muitos dispositivos do Código de 2002 simplesmente repetem o de 1916, a obra de Beviláqua ainda tem muita valia. O mesmo se pode dizer do "Código Civil Brasileiro Interpretado", de Carvalho Santos. Trata-se de uma empreitada colossal, com 36 volumes, no qual Carvalho Santos examina um a um os artigos do Código Civil, citando casos e fazendo referência à jurisprudência (hoje, contudo, desatualizada). Evidentemente, não se vê sentido em adquirir esses tantos volumes, que podem ser consultados numa biblioteca, quando se desejar uma opinião sobre um ponto específico. Essa obra de Carvalho Santos não foi atualizada. Por isso, talvez, tanto o Código de Beviláqua como o "Código Civil Brasileiro" de Carvalho Santos não são reeditados e, hoje, só se encontram, para a venda, em sebos, onde se adquirem livros de segunda mão.

Outra obra clássica a que me referi é o "Tratado de Direito Privado" de Pontes de Miranda. Pontes foi, possivelmente, o maior jurista da nossa história. Escreveu sobre Direito administrativo, constitucional, processo e conhecia profundamente Direito civil. O seu tratado é composto de mais de 60 volumes. Nele, há passagens sublimes e outras que desafiam a inteligência do leitor, tamanha a sua complexidade. Certos temas apenas se encontram examinados, na nossa doutrina, por Pontes de Miranda. A obra, também, foi feita analisando a Lei de 1916 e seria um trabalho insano a sua atualização. A leitura do "Tratado", de toda sorte, é estimulante. A obra pode ser encontrada nas boas bibliotecas. Sugiro que, por experiência, se leia um ou outro tema, apenas para tomar gosto pelo estilo desse grande jurista.

Tratando das obras clássicas que examinam a parte geral do Direito Civil, mister citar ainda o "Programa de Direito Civil", de San Tiago Dantas. Este foi um aclamado professor e homem público. O "Programa", na verdade, não é uma obra feita com o propósito de ser um livro, mas uma compilação das aulas de San Tiago Dantas, ministradas na Universidade Federal do Rio de Janeiro. Alguns de seus alunos criticaram a ideia de fazer um livro a partir das anotações de sala de aula, jamais revisadas pelo mestre. De toda forma, o "Programa de Direito Civil" foi relançado e atualizado recentemente, por um grupo de notáveis civilistas, capitaneados pelo professor Gustavo Tepedino. O resultado é excelente. A linguagem do livro tem a agilidade de uma aula, dinâmica e viva. Um prazer de leitura.

Por fim, especificamente como uma apresentação ao direito civil, seguindo o exemplo encontrado na literatura estrangeira, quem tiver acesso deve ler a "Introdução ao Estudo do Direito Civil", de Eduardo Espínola. Apenas "quem tiver acesso", porque o livro, hoje, só se encontra em sebos e bibliotecas (infelizmente, não foi reeditado). Nesse trabalho, o professor baiano expõe, sempre com abundantes referências a outros doutrinadores e ao Direito estrangeiro, conceitos fundamentais de todo o Direito Civil, ressaltando os pontos relevantes de cada uma de suas áreas: além da parte geral, o Direito de família, o Direito real, o das obrigações e o Direito sucessório. É um livro antigo – foi editado pouco depois do advento do Código de 1916 –, mas ainda útil.

Até aqui se fez referência aos livros, todos recomendáveis, que examinaram o Direito Civil na ótica da Lei de 1916, elaborados por uma geração dourada de juristas, cujo valor, hoje, é o mesmo que desfrutavam antes da Lei de 2002. Cumpre citar, porquanto também muito boas, algumas obras já feitas sobre a égide do Código. Essa atualização, deve-se ressaltar, não se dá apenas pela referência à nova Lei, senão também por espelhar os mais modernos valores que animam o Direito civil, como a busca mais concreta da justiça no caso particular, o amparo à dignidade da pessoa humana, o objetivo de pavimentar o caminho para uma sociedade solidária.

Uma grande escolha é o livro do experiente professor Francisco Amaral, "Direito Civil – Introdução". Inserido no contexto das novas conquistas do Direito Civil, o trabalho é primoroso.

A PUC de São Paulo, numa invejável prodigalidade acadêmica, deu à doutrina obras de quatro grandes professores: Maria Helena Diniz, Renan Lotufo, Fabio Ulhoa Coelho e Carlos Roberto Gonçalves. A primeira já tinha o seu "Curso de Direito Civil Brasileiro" consagrado entre os alunos e trata-se, de fato, para muitos, do livro preferido pela objetividade na exposição e pela excelente indicação bibliográfica. O "Código Civil Complementado", de Renan Lotufo, segue o esquema de comentar artigo por artigo, mas sem, entretanto, perder a cadência da obra, o que e justifica pela cultura e experiência do autor. Cite-se, ainda, o igualmente valioso "Curso de Direito Civil" de Fábio Ulhoa Coelho. Este autor, que também é um aclamado comercialista, escreveu um livro dinâmico e informativo, com ênfase aos novos vetores do Direito Civil. Por fim, vale exaltar a excelente obra de Carlos Roberto Gonçalves, "Direito Civil Brasileiro", na qual se examina a matéria com muita precisão. Todas essas escolhas são acertadas.

Ainda de São Paulo, Silvio de Salvo Venosa, refletindo a experiência de 25 anos de magistratura, nos deu o seu "Direito Civil", como boa opção de leitura na parte geral e nas demais áreas.

Do Rio, vale citar a valiosa introdução ao "Direito Civil" do professor Francisco Amarl, justificadamente com muitas edições. O magistrado carioca Paulo Nader, por sua vez, elaborou o excelente "Curso de Direito Civil", servindo de um primoroso guia ao leitor da parte geral. Outro livro que encanta a muitos é o "Novo Código Civil Anotado", de J.M. Leoni Lopes de Oliveira. Nessa obra, o professor carioca tem o mérito de elaborar objetivos resumos sobre os temas que aborda. Merece destaque, como uma ótima opção de livro referente à parte geral do Direito Civil, a obra do respeitado professor e magistrado Guilherme Calmon Nogueira da Gama. Mais recentemente, Anderson Schreiber apresentou seu "Manual de Direito Civil Contemporâneo", que se destaca por ter tratado da matéria de forma sintonizada com as tendências contemporâneas do fenômeno jurídico.

Uma excelente opção, ainda, é o "Direito Civil", do professor alagoano Marcos Ehrhardt Jr. De agradável leitura, o livro é profundo e objetivo ao mesmo tempo.

Outra valiosa opção é "A parte geral do novo Código Civil", feito por mestres e doutores da pós-graduação da Universidade do Rio de Janeiro, primorosamente organizada pelo professor Gustavo Tepedino.

O leitor também não se arrependerá se adquirir a "Parte Geral do Código Civil", do magistrado gaúcho Arnaldo Rizzardo. O livro é ótimo, particularmente rico em exemplos práticos, sempre muito elucidativos.

Mais recentemente, a "Teoria Geral da Parte Civil", organizada por Renan Lotufo e por Giovanni Ettore Nanni, professores da Pontíficia Universidade Católica de São Paulo, traz um estudo aprofundado dos institutos da parte geral do Código Civil.

Na linha de comentários aos dispositivos da Lei de 2002, pode-se citar o "Código Civil Interpretado Conforme a Constituição da República", uma obra coletiva sem precedentes na literatura nacional, organizada por três grandes expoentes do Direito Civil contemporâneo, Gustavo Tepedino, Maria Celina Bodin de Moraes e Heloisa Helena Barboza. Outra grande escolha são os comentários aos artigos 185 a 232, do Código Civil, feitos por Humberto Theodoro Júnior, na coleção organizada pelo ilustrado professor e magistrado Sálvio de Figueiredo Teixeira, publicada pela editora Forense. Os "Comentários ao Novo Código Civil" da editora Saraiva, cuja Parte Geral foi dividida entre os professores João Baptista Villela e Antônio Junqueira de Azevedo. Essas obras lançadas após a edição do Código Civil de 2002, também se notabilizam pela preciosidade de seu conteúdo. O mesmo se pode dizer do "Código Civil Comentado", dos professores Anderson Schreiber, Flávio Tartuce, José Fernando Simão, Marco Aurélio Bezerra de Melo e Mario Luiz Delgado.

Evidentemente, o aluno deve, primeiro, familiariza-se com o Direito pátrio e, apenas depois, estudar as obras estrangeiras. Há, evidentemente, livros espetaculares da parte geral de autores franceses, italianos, alemães, portugueses, argentinos, entre outros. Citem-se apenas três exemplos, cuja leitura será proveitosa mesmo ao aluno recém-iniciado no mundo jurídico: "Instituições de Direito Civil – Parte Geral", de Roberto de Ruggiero, "Tratado de Direito Civil – Parte Geral", em dois tomos, de António Menezes Cordeiro, "O Direito – Introdução e Teoria Geral", de José de Oliveira Ascenção. Ruggiero era italiano e seu trabalho foi o livro de cabeceira de brilhantes juristas brasileiros, como San Tiago Dantas e Ebert Chamoun. Ruggiero surpreende pela inteligência e pelo talento em fazer o leitor compreender o Direito. Já o português António Menezes Cordeiro, no livro acima citado, faz uma apresentação do Direito civil moderno com toda a sua "problematização", seus atuais propósitos, seus possíveis caminhos. O autor dedica sua obra "A todos os juristas, formados ou estudantes, de língua portuguesa." O último trabalho citado, do angolano José de Oliveira Ascenção, catedrático da Faculdade de Direito de Lisboa, é uma aula memorável de introdução ao Direito.

Cabe, ainda, uma rápida referência a alguns bons livros de Direito Romano, cujo estudo não se restringe a uma curiosidade – o que, aliás, já valeria com sobras perder tempo com isso –, mas se revela útil à perfeita compreensão do Direito Civil. José Carlos Moreira Alves, ex-ministro do Supremo Tribunal Federal e o autor do projeto de lei da parte geral do Código de 2002, tem um excelente "Direito Romano" em dois volumes. Igualmente bom o "Instituições de Direito Romano", do grande mestre Ebert Chamoun, autor do projeto de lei do nosso atual Código, na parte dos Direitos reais. Outro clássico é o "Curso de Direito Romano" de José Carlos de Matos Peixoto, devendo-se, infelizmente, registrar que este e a obra do professor Chamoun encontram-se esgotadas. Por fim, cite-se o objetivo e prático "Curso Elementar de Direito Romano", do professor paulista Thomas Marky. Todas as obras aqui referidas darão ao seu leitor um bom conceito do Direito Romano.

Na lista acima, há apenas referências aos livros que tratam de toda a parte geral. Todavia, como se viu, cada assunto pode ser esmiuçado microscopicamente. Há tratados apenas sobre o negócio jurídico e livros inteiros cuidando somente desse assunto, como é o caso do trabalho do professor paulista Antônio Junqueira de Azevedo. Ou, para dar outro exemplo, o clássico "Da Prescrição e da Decadência", de Antônio Luiz da Câmara Leal, examinando exclusivamente o assunto que dá o nome à obra. O objetivo agora, todavia, consiste em indicar apenas obras mais abrangentes, que introduzam o leitor à toda a parte geral. Tenha-se presente, de toda sorte, que nem elas são exaustivas.

Aliás, nesse ponto, deve-se chamar a atenção do leitor ao fato de que a doutrina civilista, hoje, se movimenta mais por meio de artigos do que efetivamente pelos livros. Não se pode perder de vista que o Direito Civil se expandiu muito. Nasceram novos temas, cada qual merecendo uma análise detida e particular. No meio do século passado, por exemplo, não havia comércio pela internet ou aluguel de barriga, apenas para citar dois exemplos de assuntos que justificam, atualmente, uma detida análise da doutrina. Assim, depois de ler os livros que introduzem ao Direito Civil e à sua parte geral, o leitor deve estar atento às revistas de Direito, que apresentam artigos sobre os mais variados temas. A "Revista dos Tribunais" (ou simplesmente "RT"), a "Revista Forense", a "Revista Trimestral do Direito Civil" são bons exemplos dessas publicações periódicas com vários artigos de Direito. Há, entretanto, muitas outras revistas. Os tribunais de cada Estado, por exemplo, têm suas revistas, em regra de excelente nível, como é o caso da Revista da Escola da Magistratura do Rio de Janeiro (EMERJ).

Muitas obras, de grande nível e significativas, escaparam desta lista. Não era o objetivo mencionar todos os livros, mas apenas alguns, que me parecem recomendáveis e úteis, tanto ao iniciante como quem faz do Direito sua prática. Ademais, uma lista dessa natureza jamais poderia ser exaustiva. Aliás, tratando-se de Direito Civil, vale ler tudo, o que passar pela frente, tanto para descobrir novos autores e seus pontos de vista, ou mesmo para criticá-los, reforçando os nossos conceitos.

Feita essa apresentação, entrego ao leitor a pergunta: qual o melhor livro de Direito Civil?

Bibliografia

AGUIAR DIAS, José. *Da Responsabilidade Civil*, 10ª ed., Rio de Janeiro, Forense, 1997.

AMARAL, Francisco. *Direito Civil*, 9ª ed., Rio de Janeiro: Saraiva, 2017.

AMORIM FILHO, Agnelo. *Critério científico para distinguir a prescrição da decadência e para identificar as ações imprescritíveis, in Revista de Direito Processual Civil*, nº 3, p.95, 1961.

ARAÚJO LIMA, Viviane. *A Saga do Zangão, uma Visão Sobre o Direito Natural*, Rio de Janeiro: Renovar, 2000.

ASCENÇÃO, José de Oliveira. *O Direito – Introdução e Teoria Geral*, 13ª ed., Lisboa: Almedina, 2005.

BARASSI, Ludovico. *Instituciones de Derecho Civil,* Barcelona: Bosh, 1955.

BARROS MONTEIRO, Washington de. *Curso de Direito Civil*, 33ª ed., São Paulo: Saraiva, 1995.

BENETTI, Giovana. *Dolo no Direito Civil*, São Paulo: Quartier Latin, 2019.

BETTI, Emílio. *Teoria Geral do Negócio Jurídico*, tomo I, Coimbra: Coimbra Ed., 1969.

BEVILÁQUA, Clóvis. *Teoria Geral do Direito Civil* (revisada e atualizada por Caio Mário da Silva Pereira), Rio de Janeiro: Rio Ed., 1975.

BOBBIO, Norberto. *Teoria do Ordenamento Jurídico*, 10ª ed., Brasília: UnB, 1999.

CÂMARA LEAL, Antônio Luiz da. *Da prescrição e da decadência*, 2ª ed., Rio de Janeiro: Forense, 1959.

CARVALHO SANTOS, João Manuel de. *Código Civil Brasileiro Interpretado*, Rio de Janeiro: Freitas Bastos, 1963.

CASTRO, Guilherme de Couto. *A Responsabilidade Civil Objetiva no Direito Brasileiro*, 3ª ed., Rio de Janeiro: Forense, 1997.

CASTRO NEVES, José Roberto de. *A Invenção do Direito,* Rio de Janeiro: Edições de Janeiro, 2015.

CAVALIERI FILHO, Sergio. Programa de Direito do Consumidor, São Paulo, Atlas, 2008.

_______. Sergio. *Programa de Responsabilidade Civil*, 2ª ed., São Paulo: Malheiros, 2000.

CHAMOUN, Ebert Vianna. *Instituições do Direito Romano*, 5ª ed., Rio de Janeiro: Forense, 1968.

COSTA, Mário Júlio de Almeida. *Direito das Obrigações*, 9ª ed. refundida, Coimbra: Almedina, 2004.

_______. *Noções Fundamentais de Direito Civil*, 4ª ed., Coimbra: Almedina, 2001.

DEL VECCHIO, Giorgio. *Sobre os Princípios Gerais do Direito*, Rio de Janeiro: Jornal do Comercio, 1937.

DÍEZ-PICAZO, Luis. *Experiências jurídicas y teoria del derecho*, 3ª edición, Barcelona, Editorial Ariel, 1993.

DIGESTO – *Les Cinquante Livres du Digeste*, Tome Second, Paris, A. Metz, Chez Behmer et Lamort Imprimeurs-Librairies, 1804.

DINIZ, Maria Helena. *Curso de Direito Civil Brasileiro*, 1º vol., São Paulo: Saraiva, 1997.

DOLINGER, Jacob. *Direito Internacional Privado (Parte Geral)*, 5ª ed., Rio de Janeiro: Renovar, 1997.

EHRHARDT JR., Marcos. *Direito Civil*, vol 1, Salvador, Editora JusPodium, 2009.

ESPÍNOLA, Eduardo. *Introdução ao Estudo do Direito Civil*, Rio de Janeiro: Livraria Editora Freitas Bastos, 1939.

FERRARA, Francesco. *Tratado di Diritto Civile Italiano*. Vol. I, Roma: Athenaenn, 1921.

_______. *A Simulação dos Negócios Jurídicos*, Campinas: Red. Livros, 1999.

_______. *Interpretação e Aplicação das Leis*, 4ª ed., Coimbra: Armênio Amado – Editor Sucessor.

FERRO, Marcelo Roberto. *O Prejuízo da Fraude contra Credores*, Rio de Janeiro: Renovar, 1998.

FICHTNER PEREIRA, Regis. *A Responsabilidade Civil Pré-Contratual*, Rio de Janeiro: Renovar, 2001.

GAMA, Guilherme Calmon Nogueira da. *Direito Civil – Parte Geral*, São Paulo: Editora Atlas, 2006.

GENY, Francisco. *Método de Interpretación y Fuentes em Derecho Privado Positivo*, Madrid, Hijos de Reus Editores, 1902.

GILISSEN, John. *Introdução Histórica ao Direito* (trad. de A. M. Hespanha e L.M. Macaísta Malheiro), Lisboa: Gulbenkian, 1988.

GOMES, Orlando. *Introdução ao Direito Civil*, vol. I, 12ª ed., Rio de Janeiro: Forense, 1996.

GONÇALVES, Carlos Roberto. *Direito Civil Brasileiro*, vol. I, São Paulo: Saraiva, 2003.

GROSSI, Paolo. *Mitologias Jurídicas da Modernidade*, 2ª ed., Florianópolis, Boiteux, 2007.

GUSMÃO, Paulo Dourado de. *Introdução ao Estudo do Direito*, 18ª ed., Rio de Janeiro: Forense, 1995.

HART, H.L.A. *O conceito de direito*, São Paulo, Martins Fontes, 2009.

LARENTZ, Karl. *Derecho Civil; parte general*, Madrid: Edersa, 1978.

LIMA, Hermes. *Introdução à Ciência do Direito*, 28ª ed., Rio de Janeiro: Freitas Bastos, 1986.

LOTUFO, Renan. *Código civil Comentado*, Parte Geral, São Paulo: Saraiva, 2003.

MARQUES, Claudia Lima. *Contratos no Código de Defesa do Consumidor*, 3ª ed., São Paulo: RT 1999.

MARTINS-COSTA, Judith. Diretrizes teóricas do Novo Código Civil Brasileiro, São Paulo, Saraiva, 2002.

MARTINS-COSTA, Judith. *A Boa-Fé no Direito Privado, critérios para a sua aplicação,* São Paulo: Marcial Pons, 2015.

MAXIMILIANO, Carlos. *Hermenêutica e Aplicação do Direito*, 19ª ed., Rio de Janeiro: Forense, 2002.

MENEZES CORDEIRO. *Da boa-fé no Direito Civil*, Coimbra: Almedina, 1997.

MESSINEO, Francesco. *Doctrina General del Contrato*, tomo I, Buenos Aires: Ediciones Jurídicas Europa-América, 1986.

_______. *Manuale di Diritto Civile e Commerciale*. Volume Primo, Milão: Giuffrè Editore, 1957.

MIRANDA ROSA, Felippe Augusto de. *Sociologia do Direito*, 16ª ed., Rio de Janeiro: Jorge Zahar, 2001.

MONCADA, Luís Cabral de. *Lições de Direito Civil*, 4ª ed., Coimbra: Almedina, 1995.

MOREIRA ALVES, José Carlos. *Direito Romano*, 6ª ed., Rio de Janeiro: Forense, 1987.

NADER, Paulo. *Curso de Direito Civil*, Parte Geral, 5ª ed., Rio de Janeiro: Forense, 2008.

NITSCKE, Guilherme Carneiro Monteiro. *Lacunas Contratuais e Interpretação*, São Paulo: Quartier Latin, 2019.

PEDROSA, Ronaldo Leite. Direito em História, 6ª Ed., Rio de Janeiro, Lumen Juris, 2008.

PEREIRA, Caio Mário da Silva. *Instituições do Direito Civil*, vol. I, 16ª ed., Rio de Janeiro: Forense, 1994.

_______. *Direito Civil: Alguns aspectos de sua evolução*, Rio de Janeiro: Forense, 2001.

_______. *Comentários ao Código Civil de 2002*, vol. I., Rio de Janeiro: GZ, 2017.

PERLINGIERI, Pietro. *Perfis do Direito Civil*, Rio de Janeiro: Renovar, 1997.

PLANIOL, Marcel. *Traité Élémentaire de Droit Civil*, tome premier, septième édition, Paris: Librairie Générale de Droit et de Jurisprudence, 1915.

PONTES DE MIRANDA, Francisco Cavalcanti. *Tratado de Direito Privado*, vols. I ao VI, Rio de Janeiro: Borsói, 1954.

REALE, Miguel. *Filosofia do Direito*, 9ª ed., São Paulo: Saraiva, 1982.

_______. *Lições Preliminares de Direito*, 22ª ed., São Paulo: Saraiva, 1995.

RIPERT, Georges. *Le Declin du Droit*, Paris, LGDJ, 1949.

RODRIGUES, Silvio. *Direito Civil*, vol. I, 14ª ed., São Paulo: Saraiva, 1995.

RUGGIERO, Roberto de. *Instituições de Direito Civil* (tradução da 6ª ed. italiana por Paulo Roberto Benasse), São Paulo: BookSeller, 1999.

SAN TIAGO DANTAS, Francisco Clementino. *Programa de Direito Civil* (aulas proferidas na Faculdade Nacional de Direito), vol. I, 4ª tiragem, Rio de Janeiro: Rio Ed., 1978-79.

_______. *Programa de Direito Civil, Teoria Geral,* Rio de Janeiro: Forense, 3ª ed., 2002.

SCHREIBER, Anderson. *Manual de Direito Civil Contemporâneo*, São Paulo: Saraiva, 2018.

- *et. al. Código Civil Comentado*, Rio de Janeiro: Forense, 2019.

SERPA LOPES, Miguel Maria de. *Curso de Direito Civil*, 9ª ed., Rio de Janeiro: Freitas Bastos, 2000.

STEINER, Renata C. *Reparação de Danos: Interesse Positivo e Interesse Negativo*, São Paulo: Quartier Latin, 2018.

TEPEDINO, Gustavo. *Temas de Direito Civil*, Rio de Janeiro: Renovar, 1999.

_______. *A Parte Geral no Novo Código Civil* (Cordenador), Rio de Janeiro: Renovar, 2002.

_______. *et. al, Código Civil Interpretado, Conforme a Constituição da República*, vol. I, Rio de Janeiro: Renovar, 2004.

VENOSA, Silvio de Salvo. *Direito Civil* (Parte Geral), São Paulo: Atlas, 2001.

WIEACKER, Fraz. *História do Direito Privado Moderno*, 2ª ed., Lisboa: Fundação Calouste Gulbenkian, 1993.

WOLKMER, Antonio Carlos (org). *Fundamentos de História do Direito*, Belo Horizonte, Del Rey Editora, 2009.

Índice remissivo

(os números referem-se as páginas)

O

Impressão e acabamento

psi7 | book7
psi7.com.br book7.com.br